L'OURS ET LA CHANDELLE

ou

FAUT-IL DETRUIRE AMNESTY INTERNATIONAL ?

L'OURS ET LA CHANDELLE

ou

FAUT-IL DETRUIRE AMNESTY INTERNATIONAL ?

par

NIKOLAI A. DAVIDOFF

(avec la collaboration de Jean NERLE)

Si vous souhaitez être tenu au courant des publications de l'éditeur de cet ouvrage, il vous suffit de nous adresser votre carte de visite à :

Éditions Ulysse, service bulletin
91, rue Bernard-Adour, 33200 Bordeaux

Vous recevrez régulièrement et sans engagement de votre part le bulletin des nouveautés.

« J'ai été trompé, je me suis trompé, j'ai trompé »
(Jean-François Lambert, président démissionnaire de la Section Française d'Amnesty International 1979-1982)

« Amnesty International n'est plus respectable à partir du moment où elle ment »
(Sa Majesté Hassan II, roi du Maroc)

TABLE DES MATIERES

CONCLUSION

INTRODUCTION

LA MACHINE ANGÉLIQUE

INTRODUCTION

LA MACHINE ANGELIQUE

Nous n'avons pas cherché Amnesty International, personne n'a besoin de chercher Amnesty International pour la trouver. C'est elle qui vient vous encombrer chaque jour à domicile de ses accusations sanglantes, sa bonne conscience « impartiale » et ses « communiqués »[1].

UNE ORG... RESPECTUEUSE

Amnesty International se disait forte, en 1995, de 1,1 million d'adhérents mettant en œuvre 4.329 *groupes locaux* et 2.444 *réseaux d'action* dans plus de 170 pays et territoires. Cette assertion, peut-être exagérée mais toutefois possible, n'a guère d'importance. Certes, les militants exercent « une pression directe et incessante en adressant des appels aux gouvernements, aux ministres, aux ambassades »[2], mais le travail de l'*organisation* se situe ailleurs, au travers d'institutions internationales. Les *chercheurs* du *centre de Londres*, puisque le siège social de l'*organisation* se situe dans la capitale britannique, ont su se ménager au gré de divers procédés un statut consultatif auprès du Conseil Economique de l'Organisation des Nations Unies, auprès de l'Unesco et du Conseil de l'Europe: ils travaillent en relation avec l'Organisation de l'Unité Africaine, l'Organisation des Etats Américains, l'Organisation Internationale du Travail, etc...

Ces cadres d'Amnesty International jouissent d'une réputation presqu'unanime, bien qu'aucun fait ne vienne l'étayer, de probité et

---

1 — Hugues Kéraly, *Enquête sur un organisme au-dessus de tout soupçon -Amnesty International* in *Itinéraires*, Paris novembre 1980.
2 — *Permanences* n° 164, Paris novembre 1979.

d'impartialité. Il leur sufit de se dire investis d'une mission qu'ils promeuvent, Saints Georges laïcs faisant profession d'agnosticisme supérieur et emmenant des légions d'hommes de bonne volonté au sein d'un *mouvement mondial indépendant de toute idéologie (et de) toute croyance religieuse, (jouant) un rôle nettement déterminé* [sic] *dans la défense des droits de l'homme* » , pour avoir un droit préférentiel de cité. Le XXème siècle n'est pas celui de la liberté de penser mais celui des mécanismes de terrorisme intellectuel qui empêchent de critiquer. Si bien qu'à peine les grands prêtres ont-ils parlé qu'Amnesty International devient sans conteste « la plus importante organisation internationale privée pour la défense des droits de l'homme »[3], une institution « humanitaire, privée et apolitique »[4] : malheur au profanateur qui ne rend pas le culte aux tabous essentiellement démocratiques.

En fait, Amnesty International animait à son échelon un immense réseau de mensonges, de désinformation et de déstabilisation dans le monde entier. « Chef d'œuvre du Kgb »[5], elle était subordonnée non aux intérêts d'un vague anarchisme de gauche dédié à la destruction des Etats ou d'un mythique « bloc marxiste » qui n'a jamais existé mais, très pragmatiquement, aux plans d'expansion soviétique. Elle n'agissait pas indépendamment mais sur ordres stricts, et il convient donc d'insister sur le contenu réel de certains termes-clés auxquels elle recourait: le *centre de Londres* signifie « le relais de Moscou installé à Londres » parce que les décisions d'écrire tel ou tel rapport de telle ou telle manière (négative aussi bien que positive) se prenaient sans doute quelque part sur la Place Rouge et que les locaux d'Amnesty International à Londres ne servaient que de caisse de résonance; *chercheurs* (ils étaient 150 employés à plein temps) signifie « désinformateurs » parce qu'ils ne traitaient dans un sens pré-établi que les données qu'ils recevaient; *organisation humanitaire* signifie « association de criminels » parce qu'Amnesty International, tranquillement et en toute impunité, banalisait les massacres utiles à la cause de l'Urss, en cours ou à venir. Ce petit

---

3 — *The Encyclopedia Americana* 1980, t.1, p.751.
4 — *Le Grand Dictionnaire Encyclopédique Larousse,* Paris 1982-1985, t.1, p.414.
5 — L'expression est du professeur Pierre Debray-Ritzen lors d'une conversation privée (été 1985). Cette assertion est bien sûr à ne pas prendre au pied de la lettre. On ne sait pas de qui Amnesty International relève; on ne peut qu'émettre des conjectures: pour nous, l'*organisation* dépendrait d'une cellule autonome qui agissait au sein du ministère soviétique des Affaires Etrangères (où elle serait aujourd'hui « en sommeil » pour diverses raisons) travaillant étroitement avec de rares contacts au sein du Kgb et du politburo -on ne peut donc que penser à Andrei Gromyko. L'essentiel est, ici, de constater qu'« Amnesty International est capable ou de colporter, ou de susciter, ou d'inventer des mensonges. Inventer ou susciter, nous ne savons pas. Colporter, c'est démontré » -selon Jean Madiran in *Enquête sur un organisme au-dessus de tout soupçon- Amnesty International* in *Itinéraires*, Paris novembre 1980.

glossaire paraîtra extrême aux prudents qui n'ont d'ailleurs la plupart du temps rien lu de la prose indigeste que le *centre de Londres* distille à un public acquis par avance, à peu près totalement ignorant de la chose politique et habitué à toutes les errances et les outrances démocratiques; les pages suivantes devraient démontrer aux sceptiques qu'il est « au-dessous de la vérité »[6].

UN MONSIEUR TRES COMME IL FAUT

Un homme s'est identifié à Amnesty International : Sean Mac Bride. Né à Paris en 1904 (et décédé à Dublin en 1988) d'un père irlandais fusillé par les Anglais en 1916 pour avoir fomenté le « soulèvement [sanglant] de Pâques » et d'une mère actrice de théâtre et activiste hystérique, le jeune Sean passe tôt, à 16 ans, corps et âme [7] à la Révolution.

Il est la figure de proue de l'aile non catholique et marxisante de l'Armée Républicaine Irlandaise (Ira) au moment où les nationalistes irlandais luttent pour l'indépendance; à ce titre, il va à Londres en 1921 participer aux négociations entre les insurgés et l'empire britannique: le processus qui s'ensuit, renforçant le pouvoir de l'Eglise et des réactionnaires, ne le satisfait pas. Jeté en prison en 1922 pour sa participation à des troubles anti-gouvernementaux qui ont coûté la vie à 65 personnes, l'apôtre de la non-violence qui ne se déplace jamais sans une arme, est à nouveau arrêté quand le ministre de la Justice de l'Eire, Kevin O'Higgins, est assassiné en 1927. On le relâche, non faute de preuves, mais grâce à l'immunité de facto dont il bénéficie -on n'accuse pas un Mac Bride! Chef d'état-major de l'Ira à 24 ans, peut-être « récupéré » par les Soviétiques au plus tard à l'occasion d'un congrès anti-colonialiste auquel il assiste en 1928, il poursuit la lutte au service exclusif de l'Urss. Il s'associe au Fianna Fail (Ff) de Eamon De Valera parce qu'il voit en lui le moyen de vaincre le premier ministre William Cosgrave, trop conciliant vis-à-vis de l'Angleterre. L'alliance ne dure pas malgré la victoire du Ff aux élections de 1932. Toutefois, en 1933, l'Allemagne se dote d'un système national-socialiste, ce dont s'inquiète Staline. Moscou ne veut plus affaiblir les démocraties libérales en les

---

6 — Dans une lettre datée du 11 décembre 1986, Francis Bergeron écrit que « Jean-François Lambert, ex-président d'Amnesty (1979-1982), et Teddy Follenfant fondateur d'Amnesty-France, (...) considèrent que *Cinq continents accusent Amnesty International* était bien en-dessous de la vérité »

7 — Il finira d'ailleurs par laperdre puisque l'Eglise catholique, qu'il abominait, l'excommunia pour ses violences - selon *Cinq continents accusent Amnesty International*, Dominique Martin Morin, Bouère 1982, p.305.

minant de l'intérieur et en les prenant à revers à partir de Dublin mais le gouvernement bolchevique désire les voir forger un front occidental agissant de concert avec la démocratie communiste. Les militants relevant du Comintern reçoivent l'ordre tactique de déposer les armes et de se réconcilier avec toutes les forces « avancées », bourgeoises et libérales comprises.

1936 est l'année cruciale des fronts populaires: pour Mac Bride, il s'agit là d'un tournant. Par obéissance à l'appareil, il abandonne ses fonctions au sein de l'Ira parce que « désormais il était possible d'aboutir à nos objectifs par la voie électorale » : il ne fait que répéter les instructions émanant de ses supérieurs. Du coup, le marginal à l'activité qui déclinait redevient un personnage respectable. Il semble que les Soviétiques le mettent en « veilleuse » lors des années de crise afin de le recycler. Sa véritable ascension reprend dès 1945, alors qu'il a accédé au barreau.

Il dirige le Parti Républicain qu'il a fondé et dont la prestation aux élections de 1947 lui vaut de recevoir le portefeuille des Relations Extérieures. Le poste présente des avantages stratégiques puisqu'il lui permet d'empêcher l'Irlande de s'intégrer à l'Otan sous prétexte que Dublin ne pourrait coopérer avec Londres tant que les provinces septentrionales de la république ne seraient pas rétrocédées par les Britanniques : une fois encore, l'Europe de l'ouest se trouve menacée sur ses arrières. Il est président du Conseil de l'Europe en 1950 où il joue « un rôle éminent » [8]. Vice-président de l'Ocde concurremment à son poste de ministre de 1948 à 1951, il est aussi conseiller privé du tyranneau ghanéen Kwane N'Krumah. Nouvelle date cruciale dans l'itinéraire de Mac Bride: 1973. Depuis peu, l'Onu a un nouveau secrétaire général, Kurt Waldheim, élu à ce poste en décembre 1971. A cause d'un curriculum vitae non sans taches aux yeux de la morale alors prévalant [9], il serait l'otage de l'Urss depuis avant cette date. On assure

---

8 — *Note interne SF 83 E 94* du 27 avril 1983.

9 — Waldheim ne fut qu'un militaire non-combattant. Arriviste, il savait qu'il aurait à se méfier de tout, même de ce qui n'était pas répréhensible. La princesse de Kent, épouse d'un cousin de la reine Elizabeth, sera au centre d'un « scandale » quand la presse anglaise révélera que son père, le baron Gunther von Reibnitz, aurait été un officiel national-socialiste. Elle devra donc entrer à l'hôpital Edouard VII pour échapper à ses tortionnaires bien-pensants (selon *The Japan Times* circ. fin juin 1985). John O. Koehler, à peine nommé directeur des Communications à la Maison-Blanche, se retrouvera sous les feux de la presse « indépendante » parce qu'il avait appartenu à la Hitlerjugend à l'âge de 10 ans. Insistant qu'il ne démissionnerait pas malgré les articles du *Washington Post*, notamment parce qu'il n'avait rien à se reprocher (il aurait quitté ce mouvement de masse « parce qu'il s'y ennuyait », après y avoir participé seulement quelques semaines), il devait pourtant courber l'échine et se démettre une semaine après sa prise de fonction -selon *The Japan Times*, 23 février et 11 mars 1987.

12

« qu'il a été élu non pas quoique nazi » mais bien parce que nazi. Il paraît que les pays de l'Est n'étaient pas fâchés d'apporter leur soutien à un homme à qui on pouvait, en cas de mauvaise volonté, rappeler à tout moment son passé »[10]. Ceci expliquerait qu'il cherchât « à jouer un rôle actif »[11] pour se dédouaner et que les Occidentaux observassent qu'il prévilégiait constamment une « politique (...) qui penchait du côté de l'Est »[12]; l'Urss sera si satisfaite de sa besogne que l'Université de Moscou lui décernera « un diplôme honoraire de docteur ès Sciences pour ses activités fructueuses dans le domaine de la coopération internationale et pour son combat actif pour l'affermissement de la paix et de l'amitié entre les peuples » [13]. En 1972, Mac Bride visite donc Waldheim dans son bureau; et, en 1973, le secrétaire général de l'Onu le nomme secrétaire général adjoint avec pour mission de trouver une solution finale à la question namibienne si chère aux chœurs de l'Armée Soviétique.

La date correspond à une nouvelle étape dans la vie de Mac Bride. Jusqu'en 1936, il est ouvertement révolutionnaire ; de 1937 à 1973, il pose comme un « humaniste » et, *Le Monde*, jamais en retard pour coopérer sciemment avec le camp marxiste, le définira d'ailleurs un jour comme « un humaniste qui demeura un révolutionnaire »[14]. A partir de 1973, Leonid Brejnev, sous couvert de détente, pratique la violence en Asie et en Afrique ainsi que l'intimidation en Europe. Mac Bride se fait moins prudent et retrouve de sa virulence refoulée de jeune homme. Président du Congrès des Forces Mondiales pour la Paix, « il aide à organiser le Congrès Mondial des Forces Pacifistes et le Forum des Forces Pacifistes tenus à Moscou respectivement en 1973 et 1977 » [15]. Il reçoit le très controversé Prix Nobel de la Paix en 1974. En 1977, il est le récipiendaire du Prix Lénine de la Paix [16]. En semi-retraite en 1977,

---

[10] — *Le Nouvel Observateur,* Paris 19-25 février 1988.

[11] — *Le Grand Dictionnaire Encyclopédique Larousse,* 1982-1985, t.19, p.10884.

[12] — Christine Ockrent et Alexandre de Marenches *Dans le secret des princes*, Stock, Paris 1986, p.142.

[13] — *The Great Soviet Encyclopedia*, Moscou 1973-1983, t.30, p.681.

[14] — *The Japan Times*, 17 janvier 1988.

[15] — *The Great Soviet Encyclopedia* 1973-1983, t.30, p.681.

[16] — Sa dénomination exacte est « le Prix International Lénine pour l'Affermissement de la Paix entre les Nations ». Il s'appelait à l'origine et par décret du président du soviet suprême en date du 20 décembre 1949, « le Prix International Staline etc... », mais le pouvoir bolchevique trouva plus seyant de remplacer le nom du disciple par celui du maître, et le Prix Staline devint le Prix Lénine, placé sous l'autorité du présidium. Le jury se composait de 15 Soviétiques et de « représentants des forces démocratiques » de pays étrangers. Le (ou les: depuis un énième décret du présidium le 8 mars 1961, le jury pouvait sélectionner cinq personnes la même année) candidat recevait, une fois les résultats annoncés le 1er mai, une médaille à l'effigie de Lénine ainsi que 25.000 roubles -selon *The Great Soviet Encyclopedia* 1973-1983, t.15, pp.64-65.

année où il met fin à ses fonctions officielles à l'Onu, il ne détèle pourtant pas. A titre d'exemple, il participe, peu avant sa mort, à Londres en janvier 1985, à un Tribunal pour la Paix réuni « à la requête » du Comité Britannique pour la Campagne pour le Désarmement Nucléaire et du Comité des Juristes pour le Désarmement Nucléaire. Les orateurs, privés de la présence du professeur soviétique Tair Tairov (responsable du Conseil Mondial pour la Paix auquel le gouvernement conservateur avait refusé son visa d'entrée), appelèrent de leur estrade les Occidentaux à s'opposer au financement de « l'effort de guerre » du Monde-Libre « par des moyens même extraordinaires »[17]. Il adhère aussi au Comité Vérité (pour) Serguei Antonov, ce Bulgare compromis dans une tentative de meurtre contre le pape Jean-Paul II et que le Kremlin voudrait voir libérer des prisons italiennes afin qu'il puisse se soustraire aux questions indiscrètes des enquêteurs.

Mais le chef d'œuvre de Mac Bride, ou du moins celui dont il a endossé la paternité [18], c'est Amnesty International. Il en dépose les statuts avec un autre juriste, Peter Benenson, fils de Flora Benenson (1895-1984) née Solomon et épouse d'un militant sioniste d'envergure fondateur de la chaîne de magasins Marks and Spencer [19]. Benenson, peu auparavant, a publié un appel, forcément déchirant, « en faveur des prisonniers oubliés »[20]. *Le Monde* et *The Observer*, les habituels porte-paroles des extrémistes démocrates, lui accordent chacun une double page en guise de faire-part de naissance, tandis que la Commission Internationale des Juristes (dont Mac Bride sera le secrétaire général de 1963 à 1970) [21] applaudit à une telle initiative. La date du lancement de l'*organisation*, qu'on décide de qualifier d'*humanitaire*, est importante : le 28 mai 1961, jour de la Sainte Trinité, « de façon que cette fête

---

On notera que *The Encyclopedia Americana* 1980, t.1, p.751, de même que *Le Grand Dictionnaire Encyclopédique Larousse*, 1982-1985, t.1, p.414, s'ils mentionnent unanimement l'attribution du Prix Nobel (accepté sans nuance par les bien-pensants) par Mac Bride, font preuve d'une touchante pudeur quand ils omettent soigneusement de se référer à son Prix Lénine...

[17] — *The Japan Times*, janvier (ou février) 1985.

[18] — Yann Moncomble *L'irrésistible ascension du mondialisme*, Faits et Documents 1981, p.138, accorde beaucoup trop à Mac Bride quand il estime « (qu') avec sa seule volonté, (il aurait) frappé un grand coup ». Mac Bride ne fut jamais, en effet, qu'un exécutant besogneux, sinon de génie du moins de talent; mais il ne fit jamais qu'obéir en tant que tacticien et non en tant que stratège. Son rôle fut certainement mineur lors de la gestation d'Amnesty Internationnal.

[19] — Richard Abraham *Alexander Kerensky -the First Love of the Revolution* , Sidgwick and Jackson, Londres 1987, p.482. Cf aussi *The Encyclopaedia Judaïca*, Hebrew University, Jerusalem 1977, t. et col. non répertoriés.

[20] — *Confidentiel*, Paris 1979 (trimestre non répertorié), pp.19-35.

[21] — Moncomble 1981, p.136.

religieuse prenne une signification laïque »[22]. On touche là une obsession des révolutionnaires, libéraux ou marxistes, aigris de constater que l'Eglise s'est « approprié » le Temps en le rythmant par les prières rituelles, les jours de fête, etc... Aussi, quand ils le peuvent, s'essaient-ils à la moquer assez piteusement. Mac Bride entend participer à la curée: en agissant tel qu'il le fait le 28 mai 1961, il blasphème, jouissance perverse, ensemble contre le Père, le Fils et le Saint-Esprit. Joli coup, camarade.

L'union avec Benenson, type parfait du nicodème politique, ne dure pas. Le délicat gentleman britannique est secoué d'états d'âme. Il démissionne de ses postes en 1967, mais en évitant de créer un scandale à une époque où *The Daily Telegraph* et *The Sunday Telegraph* suggèrent, après l'interview d'une militante d'Amnesty International expulsée de Rhodésie (l'actuel Zimbabwe - sic), que les fonds recueillis par le *centre de Londres* vont à la guérilla communiste [23]. Mac Bride le progressiste reste sans rival libéral; c'en est fini d'une vague direction bicéphale. Président de l'*organisation* de 1963 à 1973, il continue à la façonner selon les principes léninistes du centralisme démocratique: « tout document qui porte la signature d'Amnesty provient en droite ligne de son département Recherche »[24]. Les sections nationales, puis locales, n'ont qu'à répercuter les directives sans rechigner ni comprendre.

Appelé aux hautes fonctions que l'on sait à l'Onu, Mac Bride peut quitter, serein, les locaux d'Amnesty International. L'entreprise, en effet, n'a plus besoin de son savoir-faire. Un « chrétien athée », Paul Ostreicher, fils d'un juif allemand converti au catholicisme, « connu pour son soutien au Viet Cong » [25], la dirige un temps. Lui succède alors le doyen de l'université de Tasmanie, Derek Rœbuck ; *membre du Parti Communiste Australien, (il avait) fait acte de candidature (...). Son dossier était excellent et il fut embauché* [26]. Amnesty International avait toutefois été un peu loin et certains de ses membres, les rares à ne pas être complètement abrutis, se demandèrent si, finalement, son action n'était pas cousue de fil rouge. Pour apaiser les critiques, Rœbuck, que l'Association Internationale des Juristes Démocrates avait reçu en tant

---

22 — Sean Mac Bride *L'exigence de la liberté*, Stock, Paris, p.152.
23 — Ministère Sud-Africain de l'Information 1978, p.2 (titre de l'opuscule non-répertorié).
24 — *Cinq continents accusent Amnesty International*, Dominique Martin Morin, Bouère 1982, p.301.
25 — *Cinq continents accusent Amnesty International*, Dominique Martin Morin, Bouère 1982, p.299.
26 — *Note interne SF 83 E 94* du 27 avril 1983.

qu'hôte d'honneur à Moscou, doit céder son fauteuil. Ses remplaçants successifs se garderont de toute publicité et travailleront dans l'anonymat bureaucratique: la présente étude observera les différentes équipes trimant, falsifiant, lors des grandes périodes de troubles en Asie, c'est-à-dire de 1975 (chute de l'Indochine, fin du « gauchisme » chinois) à la fin des années 1980 (le ministre soviétique des Affaires Etrangères Andrei Gromyko étant tombé en défaveur et l'Urss entrant en agonie).

PREMIERE PARTIE : ETUDE DE CAS PARTICULIERS

✔ L'IRAN : L'IMAM-CIPATION KHOMEINISTE

✔ LA GAFFE AFGHANE : LE CRIME DE RESISTER

✔ CAMBODGE : L'ORDONNATEUR DES PHNOM-FUNEBRES

✔ VIETNAM : LE BOL DE RIXE, LA PAIX ET LA LIBERTE

✔ COREE : SYMETRIE A GEOMETRIE VARIABLE

CHAPITRE I

IRAN : L'IMAM-CIPATION KHOMEINISTE

Depuis leurs origines, les relations de voisinage entre l'Iran et la Russie n'ont jamais été faciles. La Perse, trop faible, ne pouvait qu'inciter Saint-Pétersbourg, Petrograd ou Moscou à tenter de s'étendre dans cette direction aussi. Pierre Ier posa les bases d'un accord, signé en 1723 avec la monarchie séfévide, qui prévoyait qu'en échange d'une aide militaire destinée à juguler les Afghans soulevés contre Ispahan l'année précédente (ils obtiendraient leur indépendance en 1747), la Perse cèderait les provinces dépendant des villes de Derbent et de Bakou. Alexandre Ier étendit les marches méridionales de son empire, à l'issue d'un conflit qui dura de 1804 à 1813: il obtenait le rattachement du Dagestan ainsi que du nord de l'Azerbaïdjan. Nicolas Ier profitait des heureux résultats de ses armées pour acquérir une partie de l'Arménie de même que des khanats d'Erivan et de Nakhitechevan en 1828. Quelques années plus tard, les deux empires s'accordaient enfin sur une frontière dont le tracé était définitif ou réputé tel: c'est-à-dire tant que la Grande-Bretagne soutiendrait la Perse afin de stopper l'avance russe vers les Indes.

Les effets de la révolution d'Octobre 1917 ne tardèrent pas à se faire sentir. Des détachements de l'Armée Rouge des Ouvriers et des Paysans envahissaient les provinces septentrionales de l'empire perse et proclamaient une république bolchevique. Un journaliste intelligent, Sayid Zia-al-Din, conscient du danger, implora la garde nationale des cosaques de Téhéran, commandée par Reza Khan, pour qu'elle délogeât les intrus indésirables. Reza Khan s'était voué au métier des armes; soldat plus que militaire, il était dénué d'états d'âme. En quelques expéditions rondement menées, il écrasait les sécessionistes ainsi qu'il en avait reçu l'ordre. Dès lors, son prestige et son ambition parfaitement justifiés lui firent songer à un destin national. La vieille monarchie turco-mongole des Qadjars ne tenait qu'à un fil, celui précisément du sabre de Reza Khan. Profitant de la situation, celui-ci mit fin en 1925 à cent trente neuf années de règne étranger: il fut couronné roi des rois le 25 avril 1926.

Staline n'avait pas perdu les grandes leçons de l'expansionisme des tsars que l'Urss avait caricaturé. Si Lénine avait dénoncé les traités bilatéraux antérieurs à la révolution bolchevique le 26 février 1921, son successeur prit, lui, l'initiative d'un traité de garantie et de neutralité le 1er octobre 1927. Ce fut le premier d'une longue série d'autres accords, tel celui portant sur le commerce et la navigation du 29 mars 1940.

Lorsqu'éclata la Seconde Guerre Mondiale, Reza Chah Pahlavi se prononça pour la neutralité, ce qui déplut fort à la coalition démo-cratique. Londres, Moscou et Washington (encore officiellement non-belligérante) s'associèrent pour contraindre le monarque à abdiquer au profit de son fils, le 16 septembre 1941. Mohammed, l'héritier, monta sur le trône, entouré de ses trois tuteurs jaloux qui convoitaient les puits de pétrole.

La reddition de l'Allemagne en mai 1945 entraîna la reprise de la traditionnelle lutte d'influence russo-anglaise. Pendant que Westminster se livrait à des joutes électorales savantes, l'Armée Rouge envahissait et occupait l'Azerbaïdjan dès l'automne 1945. Après des succès mitigés, les troupes de Moscou durent se retirer sous la pression de l'Organisation des Nations Unies puisque l'Iran n'appartenait pas à la sphère d'influence reconnue à l'Urss lors des accords de Yalta de février 1945; les grandes compagnies pétrolières aussi étaient intervenues.

Staline mourut en 1953 et un aréopage composé de Nikolaï Boulganine, Nikita Krouchtchev et Georgi Malenkov lui succéda. « Monsieur K », ayant écarté ses rivaux, eut juste le temps de superviser la signature d'un accord portant sur la construction d'un vaste complexe hydro-électrique le 27 juillet 1963, et c'est son successeur, Leonid Brejnev, qui développa cette politique de bonne entente par le moyen de nombreux traités: accords de paiements le 20 juin 1964, de coopération industrielle le 13 janvier 1966, sur l'exportation de gaz naturel à destination de l'Urss, sur l'importation d'équipement industriel pour la période 1970-1989, le même 13 janvier 1966. Nouveaux accords de commerce à long terme le 30 juillet 1970, sur la formation de techniciens iraniens le 7 octobre 1970, sur la coopération scientifique et technique le 25 février 1971, sur les priorités à définir pour la mise en pratique de ladite coopération le 12 octobre 1972, sur la modernisation des complexes métallurgiques le 15 mars 1973, etc.

D'autres textes régirent les relations à caractère beaucoup plus politique: traité sur l'établissement des frontières le 14 mai 1957, remanié et reconduit grâce au protocole du 7 mai 1970, échange de notes du 15 septembre 1961 qui interdisait à l'Iran, dans la foulée de la crise américano-soviéto-cubaine, de concéder des bases de missiles à des puissances étrangères, accord culturel du 21 août 1966, accord sur la prévention des détournements aériens du 7 août 1973, etc.

A ce moment, l'Urss était globalement satisfaite de ses relations avec Téhéran [1] -ce qui ne l'empêchait pas de nourrir l'espoir d'y prendre le pouvoir un jour si l'occasion se présentait. Elle resta aussi neutre que possible, c'est-à-dire dans les limites extensibles de sa nature comploteuse et agressive, quand Ruhollah Khomeiny, leader de fait du clergé chiite en 1962, avait fomenté des troubles et avait été placé en résidence surveillée à Qom en juin 1963. L'Union Soviétique voyait plutôt d'un bon œil les réformes sociales du chah dont le père avait été l'inspirateur dès son accession au trône: le découragement de la polygamie, les nouvelles lois sur le divorce, l'enseignement aux femmes et aux classes les plus pauvres, la réforme agraire enfin sapaient les fondements de la société traditionnelle. L'Iran s'enrichissait. Une classe moyenne nombreuse se développait partout et envoyait sa progéniture dans les facultés européennes et américaines prestigieuses où elle se frottait souvent à un marxisme-léninisme aseptisé qu'elle ramenait dans ses valises d'un air snob. Le pays reprenait confiance en son destin. Le chah continua l'œuvre entreprise malgré les humiliations reçues d'un John Kennedy; il parvint à doter l'Iran d'une armée dynamique et moderne au service d'une diplomatie magistrale. Téhéran aspirait désormais à jouer un rôle capital dans toute cette partie de l'Asie et à rééquilibrer une politique capable de corriger les incohérences de Washington, fréquentes dans la région à cause d'intérêts contradictoires. Moscou pouvait penser que cette évolution lui serait favorable. La capitale soviétique se trompait.

---

1 — *The Great Soviet Encyclopedia,* Moscou 1973-1983, t.10, p.388 notait que « dans les années 60, l'Iran commençait à s'éloigner progressivement de sa politique d'alignement sur les Etats-Unis et les pays capitalistes européens ».

ET KHOMEINY IM-MOLLAH L'IRAN

Subitement, en janvier 1978, des milliers de manifestants scandèrent le nom de Khomeiny à Qom. On voyait marcher au coude-à-coude dans les rues les partisans de l'imam ou, en tout cas, prétendus tels, des professionnels de l'agitation qui essayaient de prendre le train en marche [2] et qui ameutaient les habituels crétins, penseurs et autres « philosophes » aux génies ignorés. Les autorités n'avaient nullement prévu ce chahut, et les troubles s'étendirent à la vitesse du dromadaire au galop. Depuis Neauphle-le-Château, l'hôte de Valéry Giscard d'Estaing avait envoyé des milliers de cassettes à ses coreligionnaires pour les appeler à la guerre sainte. Comme la suite le fit bien voir, même si certaines transitèrent par l'Allemagne de l'est, les Soviétiques ne contrôlaient pas la préparation de la djihad.

Le chah crut pouvoir juguler le mouvement en proclamant la loi martiale le 8 septembre. Mais, dans le même temps, il interdit à la police secrète, la mythique Savak et à l'armée forte de 600.000 hommes -bien entraînés et bien encadrés- de neutraliser les meneurs par des moyens appropriés qui auraient indigné le président Jimmy Carter et les grandes consciences. Le chah alla encore plus loin: il limogea ses conseillers les plus proches et leur substitua des politiciens modérés. Finalement, affaibli par la maladie et abandonné de tous (sauf de l'Egyptien Anouar el Sadate), il consentit à l'ultime sacrifice auquel un monarque puisse consentir: le 19 janvier 1979, il quittait l'Iran que sa famille avait hissé au rang des grandes nations en moins d'un demi-siècle. Ce qui ne fit bien sûr que précipiter la révolution. A travers cet épisode tragique se vérifiait la remarque de Chateaubriand: « le pouvoir qui se dégrade ou la liberté qui capitule n'obtient pas de merci de ses ennemis ».

On avait éliminé le bienfaisant chah, on eut Khomeiny. Celui-ci s'envola de France le 1er février 1979. Une foule, estimée à quatre millions de personnes, l'attendait à l'aéroport de Téhéran pour le porter en triomphe.

---

2 — Comme le notait un ancien chef de l'espionnage français, Alexandre de Marenches, les Soviétiques « ne fabriquent pas tous les trains »; mais, quand l'un d'entre eux semble aller dans la bonne direction (et dans ce cas précis qui les dérouta, ils se trompaient car, à la lecture des *Rapports* d'Amnesty International recoupés par d'autres sources, l'Iran de Khomeiny s'avéra pour l'Urss, bien plus dangereux que celui du chah), ils montent dedans et activent la chaudière (politique également pratiquée par « l'Ouest ») - selon Christine Ockrent - Alexandre de Marenches *Dans le secret des princes*, Stock, Paris 1986, p.296.
Ici, les Soviétiques n'agirent qu'avec la plus extrême prudence, surpris par l'ampleur du phénomène religieux alors qu'ils auraient misé sur une insurrection laïque. Ils n'ont nullement déclenché la révolution et n'ont guère influencé son cours.

Il se forma autour du chef religieux ce que les communistes appelaient un « front uni » destiné à rassembler les « forces nationales et démocratiques » pour balayer l'ancien régime avant d'en découdre entre alliés de la veille [3]. Le dernier gouvernement impérial dirigé par Chahpur Baktiar, à la fois courageux mais rempli de profonds défauts politiques, s'effondra après une semaine de coups portés par les mollahs, leurs bandes et les intellectuels-concernés du Monde-Libre. Bazargan assura l'intérim vers un régime totalitaire lorsque lui échut le poste de premier ministre qui combla sa vanité. Khomeiny proclama l'avènement de la République Islamique le 1er avril 1979.

La seconde phase de la révolution consistait pour les divers clans à s'éliminer les uns les autres. La tactique varie selon les pays, mais les sages avaient cru pouvoir tirer une logique d'un processus historique maintenant bicentenaire. Cette loi aurait voulu que, le roi trahi par un certain clergé et parti en exil, les progressistes s'alliassent aux libéraux contre les religieux avant d'imposer leurs vues exclusives: ainsi s'étaient déroulées schématiquement les « grandes révolutions » en 1789 en France et de 1907-1917 en Russie, contre les âmes françaises et russes. Les sages allaient être surpris.

Car, en toute logique, on s'attendait à une alliance Bazargan-moudjahidins pour évincer Khomeiny. Or, l'iman prit les devants, il démit le progressiste Sanjabi de ses fonctions à la satisfaction des libéraux. Puis, ayant organisé le Parti Républicain Islamique (Pri) en août, il congédia le premier ministre auquel il reprochait ses sympathies libérales envers le « Grand Satan Américain », quelques jours avant la date mémorable du 4 novembre qui vit la prise d'assaut de l'ambassade américaine. Dès lors, il ne restait dans l'arène qu'un courant socialiste déchiré en tendances hostiles (du gauchisme modéré au marxisme orthodoxe) et un courant religieux divisé sur la définition de l'ennemi prioritaire (l'Amérique ou l'Urss).

A ce stade, Moscou compte surtout les points, refusant à se risquer dans des intrigues auxquelles personne ne comprend grand-chose. Cela ne signifie pas que le Kremlin reste inactif. Sa courroie de transmission en Iran, le Toudeh [4] dénonçait les bourgeois libéraux de Bazargan et les

---

[3] — Un tel front avait été établi le 5 novembre 1978 en France. Il rassemblait Khomeiny, le « bourgeois-libéral » Mehdi Bazargan et le « national-démocrate » Karim Sanjabi.
[4] — Le terme signifie « les masses ».
Le Parti Communiste d'Iran avait été fondé en juin 1920 mais, interdit en mai 1931, avait été anéanti en 1937-1940. Le Toudeh lui succéda en octobre 1941. Interdit à son tour en mai 1949,

moudjahidjins non-khomeinistes « contre-révolutionnaires ». Dans son élan pour instaurer le Grand Soir qui semblait bien proche, le Toudeh livrait ainsi à la justice islamique une faction maoïste qui avait critiqué en son sein même « la ligne du parti » 5.

A ce stade, Amnesty International, qui n'avait pas eu de mots assez forts pour condamner le régime du chah, reste quasiment muette. C'est à peine si elle publie un *éditorial* sur la prise d'otages américains, incident que Brejnev désapprouve parce qu'il craint d'avoir à se retrouver avec une affaire semblable sur les bras et qui serait autrement embarrassante pour lui 6. En juin et octobre, Amnesty International parle d'*exécutions après procès réguliers* 7 alors que les journalistes étrangers, gourmands de célébrations macabres, retransmettent « sur le vif » des parodies de jugements immédiatement suivies de meurtres légaux.

La marge de manœuvre de Brejnev est étroite. Il fait un pas en direction des mollahs, prélude éventuel à un hypothétique rapprochement géopolitique. A cette époque encore, des éléments du Toudeh participent, aux côtés des hezbollahis (intégristes islamiques), à la marginalisation des moudjahidins (progressistes vaguement islamiques) favorables au président de la république Habol Hassan Bani Sadr pourtant élu à ce poste le 25 janvier 1980 avec l'investiture du Guide de la Révolution. Massacres, assassinats, soulèvements ponctuent les mois qui suivent. Khomeiny porte l'estocade: Bani Sadr perd son titre de commandant en chef des forces armées le 10 juin 1981; le 22, Khomeiny le destitue de la présidence de la république et le remplace par un « conseil provisoire de la présidence ». Bani Sadr se terre et s'enfuit en France. A peine est-il installé qu'il planifie d'autres complots aussi dérisoires que meurtriers.

Brejnev, décidément pas au mieux de sa forme, s'est trompé. Il a gravement sous-estimé le fanatisme de Khomeiny ainsi que ses capacités d'organisation. Il a aussi privilégié, dans ses laborieuses analyses sclérosées par l'idéologie, le facteur politique au détriment des constantes religieuses et raciales. Si bien que la quatrième phase de la

---

légalisé en 1951-1953, il fut à nouveau interdit à cette date - selon *The Great Soviet Encyclopedia* 1973-1983, t.10, p.401 et t.12, p.712.

5 — Samih Vaner *La république islamique d'Iran face à l'URSS (1979-1984): realpolitik ou répulsion* in *La revue d'études internationales*, Paris mars 1986.

6 — L'imam avait déclaré en 1964: « L'Angleterre est pire que les Etats-Unis, les Etats-Unis que l'Angleterre et l'URSS est pire que les deux » - selon Vaner 1986.

7 — *Lettre SF 43 69 E* du 7 septembre 1983 adressée à la revue *Lectures Françaises*.

révolution voit le Toudeh en position non pas difficile mais critique: il est désespérément seul (même si des gauchistes le rejoignent), face au Pri qui rejette ses ouvertures -et il sait qu'il n'y aura pas de « syrianisation » ou de « libyanisation » de la révolution. Celle-ci étant essentiellement religieuse, il prône l'athéisme. Il se réclame de l'amitié avec l'Urss, or l'Urss soutient l'Irak qui a envahi l'Iran. Il discourt sur l'internationalisme, quand le pays se referme sur lui-même pour mieux peaufiner son universalisme. Toutefois, il conserve une chance de s'en tirer et joue son va-tout de manière concertée, c'est-à-dire avec le concours d'Amnesty International dont il ignore la complicité.

L'*organisation humanitaire*, quatre jours après la déchéance de Bani Sadr, réunit une conférence de presse à Londres. D'après les informations dont elle disposerait maintenant, prétend-elle, elle est en mesure d'annoncer que les pasdarans (les gardiens de la révolution) ont procédé, depuis février 1979, à 1.600 exécutions [8]. Coïncidence? le 28 juin 1981, une explosion provoquée « par la gauche marxiste-léniniste »[9] ravage les locaux du Pri, y tuant soixante-dix hauts dignitaires. Le 30 août, le successeur et ennemi personnel de Bani Sadr, le pésident Mohammad Ali Radjai -élu le 24 janvier 1981 lors d'un scrutin très démocratique- est à son tour assassiné en compagnie du premier ministre Mohammad Djavad Bahonar. La guerre civile redouble d'intensité et, progressivement, le Pri balaie l'opposition marxiste. Coïncidence? en 1980, 1981 et 1982, Amnesty International engage quatorze *interventions* en Iran. Le 2 juin 1981, elle lance un *appel mondial pour l'arrêt des exécutions en Iran*[10]. Au fur et à mesure que paraissent les rapports, l'*Organisation* enregistre l'accroissement desdites exécutions. Dans le *Rapport Annuel* 1982, il est signalé que *la forte croissance du nombre des exécutions à partir de juin 1982 a coïncidé avec une aggravation du conflit entre les défenseurs du Parti de la République Islamique au pouvoir et ses opposants, parmi lesquels des organisations comme les Mojahidim-Khalk* »[11].

Rien ne va plus entre le Kremlin et Téhéran. Le 3 septembre 1982, une permanence du Toudeh, sise à proximité de la frontière soviétique, est fermée par les pasdarans, et des militants sont incarcérés. Coïncidence? le *Rapport Annuel* 1983 *enregistre* 4.605 exécutions depuis février 1979 dont *624 pour l'année* 1982. Et Amnesty International

---

8— *Lettre SF 43 69 E* du 7 septembre 1983 adressée à la revue *Lectures Françaises*.
9— *Le Grand Dictionnaire Encyclopédique Larousse*, Paris 1982-1985, t.8, pp.5674-5676.
10— *Rapport Annuel* 1982, annexe 2, p.419.
11— *Rapport Annuel* 1982, p.382.

dépose ses conclusions devant le comité des droits-de-l'homme de l'Onu, saisi en octobre 1982: *il semble que les arrestations soient totalement arbitraires*; c'est-à-dire qu'elles visent en l'occurence des éléments pro-soviétiques...

En janvier 1984, le gouvernement iranien prie sans recours le correspondant de l'agence Tass de quitter le pays [12], parce qu'il a manqué à la stricte « déontologie journalistique ». Une semaine ne s'est pas écoulée que le quotidien *Azadegam* accuse l'Urss d'occuper l'Afghanistan [13], de soutenir l'effort de guerre irakien et de « feindre des sentiments amicaux envers l'Islam » [14]. Le 9 février, le secrétaire général du Toudeh, Nuredin Kiamuri, est mis sous les verrous. Les interrogatoires, que l'on peut supposer « musclés », commencent. Coïncidence? Amnesty International publie, dès mars, un rapport sur la torture en Iran [15]. Début mai, le procureur général Hussein Musavi Tabrizi décrète la dissolution du Toudeh, « traître et pro-soviétique »[16], malgré les vertueux démentis de Tass qui accuse les enquêteurs d'avoir agi avec des procédés qui avaient, dit-elle, cours au temps de la police impériale. Téhéran affine sa campagne de calomnies contre la patrie des prolétaires, lesquels (c'est bien connu) n'en ont pas (de patrie): dix-huit diplomates reçoivent leur ordre d'expulsion. Moscou réagit: des unités de l'Armée Soviétique pénètrent en plusieurs points et sur plusieurs kilomètres de profondeur en territoire iranien. Coïncidence? le même mois, Amnesty International lance un *appel aux autorités iraniennes, leur demandant de renoncer à exécuter des membres du Toudeh (communiste)*[17] [18] ; elle termine l'année en recensant 5.447 exécutions depuis 1979. Amnesty International suggère, comme elle l'a déjà fait, que le *chiffre total réel est certainement plus élevé* [19].

Mikhaïl Gorbatchev s'installe au Kremlin en mars 1985. Il se montre affable, son épouse charme les journalistes. Mais les affaires sont les

---

12 — Selon *The Japan Times*, Tokyo 22 janvier 1983, il était le premier journaliste soviétique à subir ce sort.

13 — L'Iran avait proposé officiellement, par la bouche du secrétaire d'Etat aux Affaires Etrangères, Ahmad Azizi, le 10 novembre 1981, une solution « islamique » en deux points pour résoudre la question afghane: évacuation sans condition de l'Armée Soviétique et libre choix de la population survivante à déterminer la forme des institutions qui la régirait. Andrei Gromyko rejeta ce projet, avec « irritation », en février 1986.

14 — *The Japan Times*, 28 janvier 1983.

15 — *Lettre SF 83 69* E du 7 septembre 1983 à la revue *Lectures Françaises* .

16 — *The Japan Times*, 7 mai 1983.

17 — *Rapport Annuel* 1984, p.393 et annexe 2, p.433.

18 — Elle déclarait à la presse, le 28 septembre, que de nouvelles preuves d'exécutions secrètes et de torture dans les prisons lui étaient parvenues.

19 — *Rapport Annuel* 1984, p.393.

affaires. Téhéran est revenu aux enseignements réformés de Mahomet et
« Gorby » n'aime pas cela du tout [20]. Les mollahs tissent des liens
politico-économiques avec le Pakistan et la Turquie [21]; or, le Pakistan
compte parmi les plus solides alliés « objectifs » de la Maison-Blanche [22]
malgré les coups bas que lui porte sans désemparer le lobby libéral.
Quant à la Russie, d'antan ou soviétique, elle a toujours éprouvé une
crainte irrationnelle envers la Turquie qui représente le péril turco-
mongol [23]. Cela donne à réfléchir, surtout quand on sait l'ampleur du
rapprochement irano-chinois [24]. Puisque Khomeiny refuse toute
concession avec la Place Rouge, le Kremlin a l'impression que « les
bonnes intentions dont il fait montre sont à sens unique »[25]. Gorbatchev,
qui passe pour être un des hommes les mieux habillés du monde [26], en
tire les conclusions qui s'imposent. Il n'envoie pas les blindés mais
rappelle plutôt les huit cents techniciens qui sont encore en Iran. Le
résultat immédiat en est la désorganisation d'une infrastructure fragilisée
par la révolution. Une fois encore Amnesty International joue le rôle
d'appui tactique; le 15 février 1985, elle adresse *une communication
écrite à la 41ème session de la Commission des Droits de l'Homme à
l'ONU (pour résumer) les préoccupations de l'organisation en ce qui
concerne l'Iran* [27]. Le 28 novembre, elle envoie *une communication
écrite au comité des affaires politiques du Parlement européen à*

---

[20] — Alors qu'il se rendait en Inde resserrer les liens déjà étroits avec New Delhi, en novembre
1986, il s'arrêta dans la capitale de l'Ouzbékistan musulman, Tachkent, et, discourant devant les
responsables locaux du parti, il leur recommanda de n'accepter « aucun compromis dans leur lutte
contre la religion » -selon *The Asahi Evening News*, Tokyo 23 novembre 1986.

[21] — Le commerce bilatéral progressa de plus de 1000% depuis février 1979 dans le cadre
d'une Organisation de Coopération Economique -selon *The Far Eastern Economic Review*, Hong
Kong 13 juin 1985.

[22] — Le Pakistan du président Zia ul Haq avait autorisé l'armée de l'air américaine à utiliser
certaines de ses bases depuis 1983, et la marine à mouiller régulièrement dans ses ports -selon *The
Far Eastern Economic Review*, 20 novembre et 18 décembre 1986.

[23] — Cf, entre autres, *The Far Eastern Economic Review* 10 avril 1986 et 5 février 1987, qui
montrent l'influence jouée au congrès par les libéraux et leur porte-parole Stephen Solarz, président
du comité des affaires étrangères de la chambre des Représentants. Cf aussi *The Japan Times* 22
décembre 1986 et le Centre Français d'Etude des Relations Internationales/département Asie-
Pacifique *Chronologie des relations américano-pakistanaises*, décembre 1986.

[24] — Téhéran signa, en effet, un accord de 1,6 milliard de dollars avec Pékin au début de 1985
pour s'approvisionner en armes via l'Arabie Saoudite (qui reconnaissait diplomatiquement Taïwan et
soutenait alors l'Irak...). Le président de l'assemblée nationale Ali Akbar Hasheni Rafsanjani visita
aussi Pékin en juin suivant pour promouvoir les échanges économiques et politiques -selon *The
Japan Times* 1er et 29 mars, 28, 29, et 30 juin 1985. Cf aussi *Monde et Vie*, Paris 28 juin 1985; *The
Far Eastern Economic Review* 13 juin 1985; cf enfin, pour l'année suivante, *The Japan Times* 21
juillet, 28 et 31 août 1986 ainsi que Centre Français d'Etude des Relations Interna-
tionales/département Asie-Pacifique *Chronologie des relations sino-iraniennes* décembre 1986.

[25] — *The Japan Times* 20 juin 1985, citant des diplomates est-européens.

[26] — La Fondation Américaine pour la Mode le sélectionna comme l'un des dix hommes les
mieux habillés du monde -selon *The Japan Times*, 30 décembre 1986.

[27] — *Rapport Annuel* 1986, p.362.

l'occasion d'un débat public sur les Droits de l'Homme en Iran **28**. En décembre (les *chercheurs* suggèrent qu'il s'agit là du résultat de leurs actions tous azimuts), l'assemblée générale de l'Onu a *adopté la résolution exprimant sa profonde préoccupation (sur ce sujet)*, notamment quant au destin des membres de l'*Organisation des fedayin du people* [sic], l'*Organisation des modjahedin du peuple, le Parti toudeh (communiste), le Peykar, le Razmadegan et l'Union des communistes* **29**. Pour le militant ou le diplomate de base de l'Onu, ces appellations ne recouvrent pas grand-chose. Mais pour un professeur d'université japonaise spécialisé dans l'étude des affaires iraniennes qui considère, lui aussi, que, pour l'Urss, l'avènement de Khomeiny est une très mauvaise chose, l'Ofp rassemble des maoïstes abandonnés par Pékin et récupérés par Moscou, l'Omp se définit comme un mouvement « islamo-marxiste » de tendance pro-soviétique, le Peykar oscille entre le léninisme et le léninisme-trotzkysme; voilà pourquoi Amnesty International s'en occupe et s'en préoccupe.

En revanche, elle n'a pas un mot ou presque pour l'opposition monarchiste dont il n'est fait mention que deux fois en six ans. Il n'est question, vaguement, que d'*autres groupements qualifiés de monarchistes* **30** ou de *monarchistes exécutés* avec des Bahaï, des Kurdes, etc. Pourtant, rien qu'à la fin du mois de décembre 1981, « quatorze monarchistes accusés d'avoir participé au coup d'Etat avorté du 9 juillet 1980 (...) ont été condamnés (et exécutés) pour complot contre la République Islamique, corruption sur terre, participation aux activités de l'organisation Pars et de plusieurs autres mouvements dits de libération »**31**. Leur tort, aux yeux d'Amnesty International qui les ignore, est seulement de vouloir restaurer la grandeur de leur pays.

---

28 — *Rapport Annuel* 1986, p.362.
29 — *Rapport Annuel* 1986, p.362.
30 — *Rapport Annuel* 1982, p.182.
31 — *Le Figaro*, Paris 23 décembre 1981.

CHAPITRE II

LA GAFFE AFGHANE : LE CRIME DE RESISTER

L'Afghanistan a toujours attiré les conquérants: Alexandre le Grand au quatrième siècle avant Jésus-Christ, Gengis Khan au début du troisième siècle et Tamerlan à la fin du quatorzième siècle. Quatre cent cinquante ans plus tard, l'Angleterre impériale, soucieuse de protéger les frontières nord de ses possessions indiennes (futur Pakistan occidental compris) où s'exerçait alors la très forte pression de la Russie tsariste, essaya de subjuguer les populations pour transformer les montagnes afghanes en un infranchissable glacis. Il en résulta trois guerres, de 1839 à 1919, au terme desquelles Londres dut se résigner, vaincue et humiliée, à admettre l'indépendance de Kaboul en novembre 1921.

Avec de tels antécédents, il était normal que la Russie soviétique s'intéressât très tôt à ce pays. La première de toutes les puissances, elle reconnut l'Afghanistan comme nation pleinement souveraine dès le 27 mars 1919, alors que l'Angleterre y maintenait encore un semi-protectorat. Le 28 février 1921, elle établissait des relations diplomatiques dans le cadre d'un traité d'amitié qui se concrétisait quelque temps plus tard par l'installation dans la capitale de cent vingt-cinq « conseillers » chargés de superviser les réformes de société entreprises, avec leur aide, par le roi Aman Allah. Kaboul et Moscou signaient un traité de neutralité et de non-agression le 31 août 1926. Malgré des résistances conservatrices qui s'inquiétaient de ce rapprochement, le roi Nader Khan, successeur de Aman Allah, poursuivit et favorisa cette politique. Il eut cependant la prudence d'obtenir de Staline, qui s'engageait d'ailleurs peu, que l'Urss n'essaierait pas de renverser la monarchie afghane, et conclut à cette fin un traité de non-ingérence dans les affaires intérieures le 24 juin 1931.

Zahir, fils et successeur de Nader Khan, qui avait cultivé ses humanités à Paris, en revint gagné aux « idées de progrès » et ne suivit en rien les sages précautions de son père. Jusqu'à la fin de la Seconde Guerre Mondiale les conséquences des errements du jeune roi monté sur le trône en 1933 furent de peu d'importance. En effet, jusqu'en 1945, Londres représentait une force telle dans la région que Moscou (surtout préoccupée par les problèmes européens et extrême-orientaux) n'imaginait pas encore défier la Grande-Bretagne dans cette partie de l'Asie. Avec la reddition de l'Allemagne, l'environnement politique basculait. Les travaillistes britanniques affichaient leurs intentions de tenir les engagements pris par leurs prédécesseurs conservateurs de se retirer des Indes auxquelles l'indépendance fut accordée, ainsi qu'au Pakistan, le 15 août 1947. Dès lors, Kaboul ne pouvait plus jouer de l'antagonisme soviéto-anglais pour conserver une indépendance toujours mal assurée. Un engrenage infernal s'enclencha.

Dès l'immédiat après-guerre, les accords bilatéraux entre l'Urss et l'Afghanistan se multiplièrent: le 13 juin 1946 sur le respect des frontières (trois textes furent paraphés ce seul jour). Le 18 janvier 1958, encore sur le respect des frontières. A partir de 1962, accords sur la participation d'experts soviétiques à l'élaboration et à la réalisation des plans quinquennaux. Le 8 juillet 1972, accords sur la prévention des détournements aériens. La liste des accords commerciaux, qui marquent l'emprise chaque fois grandissante de l'Union Soviétique, est quant à elle très longue.

Les choses commencèrent à se gâter pour le Kremlin (et combien plus pour les peuples afghans!) à partir de 1963. Le roi Zahir, imbu d'écrits « philosophiques », était toujours plus envahi de scrupules. Sa couronne lui apparaissait comme le symbole d'une usurpation et le reflet d'un anachronisme insupportables. Il ne connut pas de plus vifs désirs que de se retirer de la vie politique, tout en gardant les honneurs dus à son rang et auxquels il s'était habitué. Plutôt que de se laisser enivrer par « le contrat social » du divin Jean-Jacques, il aurait dû méditer la devise des premiers capétiens: « Qui laisse l'épée, laisse le sceptre ». Avec une imprudence rare, il destitua en 1963 son parent le premier ministre Mohammed Daoud, qui le secondait depuis dix ans, pour le remplacer par une équipe de jeunes technocrates libéraux et progressistes, dont l'objectif était de mettre au point un projet de constitution destinée, après plusieurs années de transition, à transférer la totalité du pouvoir politique hors de la famille royale. Zahir, heureux de voir s'accomplir ses « idées », approuvait cette orientation en octobre 1964 et commença à s'effacer.

Dans la nuit du 16 au 17 juillet 1973, alors que le roi était en voyage en Italie, Daoud prit le pouvoir, décréta l'abolition de la monarchie et proclama la république. Il annonça en même temps qu'il cumulerait les fonctions de président et de premier ministre. L'Urss, qui s'accommodait fort bien d'une monarchie nominale mais sans substance et n'approuvait pas beaucoup les remous, donna cependant son aval au nouveau maître: une fois encore, elle était la première (avec l'Inde d'Indira Gandhi) à reconnaître la nouvelle république dès le 17 juillet.

En mai 1974, un bureau commercial afghan inaugurait ses locaux en Union Soviétique. Le 9 juin de la même année, Kaboul et le Kremlin signaient un communiqué commun selon lequel « l'URSS continuera d'apporter son soutien actif au peuple afghan pour le renforcement de sa souveraineté nationale »[1]. Ces marques d'amitié et d'intérêt n'apaisaient toutefois pas Daoud de plus en plus soumis aux pressions du Parti Démocratique du Peuple d'Afganistan (communiste) qui l'avait soutenu sinon dans, du moins depuis la conquête du pouvoir et exigeait maintenant des réformes d'envergure. Pour donner des gages au Pdpa et se prémunir face à des événements impromptus qu'il devinait, le président reconduisait le traité de non-ingérence de 1931, signé avec Leonid Brejnev le 10 décembre 1975. Cependant Daoud se sentait encore très vulnérable et s'aperçut, comme tant d'autres mais un peu tard, que l'allégeance à Moscou devait aller beaucoup plus loin dans la soumission pour assurer la durée. Impopulaire et isolé à l'intérieur, « alarmé par la pénétration soviétique dans l'appareil d'Etat afghan, (il) négocia avec l'Iran et le Pakistan pour briser l'influence de l'URSS sur l'armée, la bureaucratie et l'économie »[2].

Le Kremlin ne s'inquiète pas immédiatement de ces développements. Amnesty International, de son côté, interprète parfaitement la situation nouvelle, prête à faire pencher le plateau de la balance selon les exigences de la situation, en vertu d'un procédé qu'elle utilisera à la même époque au Cambodge, comme on le verra plus loin. Le secrétaire général de l'*Organisation*, Martin Ennals, écrit à Daoud en

---

1 — *The Great Soviet Encyclopedia*, Moscou 1973-1983, tome non répertorié, pp. 342-343.
2 — *The Far Eastern Economic Review*, Hong Kong 19 mai 1988.

1977 *pour saluer l'introduction dans la constitution de dispositions concernant les droits de l'homme mais également pour exprimer son inquiétude à la suite de récits non confirmés (faisant état de violations des droits de l'homme)* [3]. A cette époque, le régime de Daoud n'est pas assez politiquement défini pour qu'on tranche son cas de manière radicale. Le Kremlin réserve ainsi à Amnesty International la possibilité de vérifier les *récits non confirmés* ou les oublier, au gré de ses analyses.

Mais le Kremlin est surtout préoccupé par la « finlandisation » de l'Europe de l'ouest, gagnée du nord au sud par la social-démocratie. Les affaires d'Afrique australe, d'Angola, du Mozambique, de la Guinée, du Cap-Vert, le rapprochement nippo-chinois, l'avenir de l'Indochine sont vraiment plus importants et Brejnev croit disposer infailliblement des moyens pour faire régner l'ordre à Kaboul.

DE CHARYBDE EN AMIN

Les difficultés vinrent, pour lui, du côté où il ne les attendait certainement pas, à savoir du Parti Démocratique du Peuple d'Afganistan.

Le Pdpa avait été fondé en 1965, mais depuis 1967 deux factions s'en disputaient le contrôle. L'une, le « Khalk » (le peuple) était de tendance national-communiste, l'autre, le « Parchan » (le drapeau), s'alignait de très près sur le Parti Communiste d'Union Soviétique et soutenait en conséquence Daoud, dont il semblait que dépendît la stabilité du pays.

La situation échappa à Brejnev lorsque le colonel Abdul Kader, commandant la garde présidentielle et membre du Pdpa Khalq assassina, le 27 avril 1978, le président Daoud et son frère Mohammad Naïm. Le chef de la faction, Nur Mohammad Taraki, devint immédiatement chef d'une République Démocratique. L'assassin ne fut pas oublié et, dès le 2 mai suivant, fut promu ministre de la Défense avant de disparaître à son tour à la mi-août [4].

Dès le 30 avril, c'est-à-dire le jour même où Radio-Kaboul annonce la nomination de Taraki à la tête du gouvernement, l'Urss reconnaît la légitimité du putschiste. Quelques mois plus tard, en décembre, l'Afghanistan signe un traité de coopération et d'amitié avec l'Urss qui

---

3 — *Rapport Annuel* 1977, page non répertoriée.
4 — *The Japan Times*, Tokyo 3 mai 1978.

autorise notamment l'intervention sur le territoire afghan de l'Armée Soviétique pour protéger éventuellement le pays contre une agression extérieure. Ce texte se révélera déterminant.

Le 19 juin, soit moins de deux mois après l'assassinat de Daoud et le début des purges sanglantes qui s'ensuivirent, Amnesty International écrit à Taraki *pour le féliciter de ses déclarations à propos du respect des droits de l'homme* [5].

Le 27 septembre 1978, nouveau message d'Amnesty International à Taraki, *le félicitant pour son intention déclarée d'adhérer au principe de la déclaration des droits de l'homme*. En réalité, Taraki « régénère » l'Afghanistan à sa façon: en dix-sept mois, on compte trois cent mille tués, disparus, blessés ou exilés et quelque cent cinquante mille prisonniers. Un imbécile de l'agence United Press International parlera, onze années plus tard (le 24 avril 1989), « des réformes » de Taraki.

Mais les Soviétiques ont fini par conclure que Taraki n'est décidément pas l'homme de la situation et ils songent à le neutraliser physiquement. Ils lui cherchent un remplaçant et pensent même, un moment, l'avoir trouvé en la personne du ministre des Affaires Etrangères, Hafizullah Amin. Le Kremlin le connaît bien, de par sa position dans le gouvernement afghan qui en fait un interlocuteur privilégié. Chose curieuse, deux délégués d'Amnesty International, dont le Turc Mümtaz Soysal, l'ont rencontré lors d'une *mission* du 19 au 24 octobre 1978 à Kaboul. On est fondé de penser que les *entretiens très poussés* [6] qui eurent alors lieu étaient peut-être une manière de le sonder, de l'évaluer. Quoi qu'il en soit, le Kremlin l'impose dans un premier temps comme premier ministre à Taraki: le *centre de Londres* adresse alors un télégramme en avril 1979 à *Monsieur Hafizullah Amin le félicitant de sa nomination* [7]. A cette date, Amnesty International ménage encore Taraki et Amin. Mais très vite, la situation se dégrade. Le 31 mai, soit sept mois après son *enquête*, Soysal porte à la connaissance de l'Onu, sous forme d'un procès-verbal, ce que tout le monde sait: les autorités afghanes *violent gravement et systématiquement les droits de l'homme*. Taraki, qui connaît la menace qui pèse sur lui, ne se tient pas pour battu. Il parvient à se réconcilier avec Brejnev à Moscou à l'occasion d'une halte qui le ramène de La Havane où il a assisté à un sommet des non-alignés. Non seulement il regagne les grâces du

---

5 — *Rapport Annuel* 1978, p.153.
6 — *Rapport Annuel* 1979, p.102.
7 — *Rapport Annuel* 1979, p.104.

Kremlin mais encore il obtient la collaboration des Soviétiques pour assassiner Amin [8]. Le piège est mis en place par Taraki le 14 septembre, soit quatre jours après qu'il eut conversé avec son hôte soviétique.

Amin a, d'ailleurs, raconté cet épisode à Sayyed Fazi Akbar, qui fut le président de la radio nationale de 1978 à 1980: « Quelques heures avant que l'avion de M. Taraki ne se posât à l'aéroport de Kaboul, après un voyage à la Conférence des Pays Non-Alignés à La Havane et son entretien avec M. Brejnev à Moscou, j'appris de mes hommes l'existence d'un complot destiné à m'éliminer à l'aéroport au moment où je m'apprêterais à accueillir M. Taraki, complot ourdi par le chef de la police secrète, les ministres de l'Intérieur et de la Communication.

« Dès que j'eus connaissance de ce projet, je pris des mesures immédiates, remplaçant le personnel de la police par des hommes loyaux.

« Une fois rassuré, j'allais accueillir le président Taraki et parvins à l'aéroport quelques minutes avant son atterrissage. Quand il me vit, il fut surpris et comprit que j'avais eu vent de son plan. Il essaya de rester calme et sourit. Pour des raisons de sécurité, je refusai de revenir dans une voiture du cortège officiel et regagnai aussitôt mon bureau au ministère des Affaires Etrangères.

« Deux jours plus tard, M. Taraki m'appela au téléphone et me demanda de me rendre au palais pour effacer tout malentendu qui aurait pu naître entre nous.

« Mais plusieurs personnes du palais, notamment M. Taroun, chef de la garde, me prévinrent d'un autre complot et me déconseillèrent de me rendre à son bureau.

« En conséquence, je m'excusai auprès du président Taraki, arguant d'une indisposition chez ma fille qui m'empêchait de me libérer. J'évoquai la question avec de hauts conseillers soviétiques travaillant avec moi, les assurant que M. Taraki voulait me tuer. Les conseillers me dirent qu'ils enquêteraient et me donneraient bientôt une réponse: ils ne le firent jamais.

« Le jour suivant, M. Taraki me rappela pour me dire que l'ambassadeur Poujanov était dans son bureau pour arbitrer notre différend: il me pria de venir « aussi vite que possible ».

« La présence du diplomate me rassurait car je pensais que ni M. Taraki ni ses amis n'oseraient quoique ce fût contre moi en sa présence. Tout de même, je pris certaines précautions. Je renforçai mes gardes du corps et me rendis au palais accompagné de huit, et non de quatre hommes.

---

8 — *Afghan Realities* n° 6, citant Sayyed Fazl Akbar auquel Amin s'était confié.

« Quand j'atteignis le palais présidentiel, mon ami Taroun vint à moi et me supplia de ne pas entrer dans le bureau présidentiel parce qu'on y attenterait à ma vie. Mais je rétorquai que je ne craignais pas cette éventualité tant que l'ambassadeur soviétique serait là. Je montai les marches et le garde stationné devant la porte du bureau de M. Taraki me dit qu'il avait des ordres pour ne laisser entrer que moi. Mais Taroun, en sa qualité de supérieur hiérarchique, le repoussa et me précéda dans la pièce; dès qu'il entra, des coups de feu retentirent et il s'écroula, mortellement atteint ».

Amin put s'enfuir, gagna le ministère de la Défense et donna l'ordre d'arrêter Taraki. Les trois lieutenants de celui-ci demandèrent l'asile politique, chose rare, à l'ambassade d'Union Soviétique dont le principal diplomate fut bientôt rappelé.

Une épreuve de force s'engage alors entre le nouveau président, Amin, et Brejnev.

Daoud avait voulu s'appuyer sur l'Arabie Saoudite et l'Iran réactionnaire du chah. Amin tente de desserrer l'étau soviétique et il opte pour la solution chinoise. Il s'abouche avec un mouvement de guérilla qui dépend de Pékin pour sa logistique et son idéologie [9]. Les temps lui sont peu propices. La Chine règle ses comptes autour du corps encore tiède de Mao Zedong, elle n'a pas pu secourir Pol Pot quand le Viet Nam a envahi le Cambodge en décembre 1978-janvier 1979. Deng Xiaoping ne peut risquer l'ensemble de sa politique pour « sauver » l'Afghanistan qu'il ne considère pas appartenir à la sphère d'influence chinoise.

Brejnev a, entre temps, trouvé la solution à ses problèmes: il a déniché le faire-valoir propre à servir les desseins de l'Union Soviétique. Courant octobre, Babrak Karmal (le chef du Pdpa - Parcham), que Taraki avait éloigné en le nommant ambassadeur à Prague, est ramené dans la ville de Termoz à la frontière afghane, et le 20 décembre, il est transféré à Tachkent dans le plus grand secret.

Le 27 décembre 1979, des spetnatz (troupes d'élite de l'Armée Soviétique) investissent les points stratégiques de Kaboul « à la requête de son gouvernement » et assassinent Amin, mettant ainsi, comme le

---

9 — Interview d'un officier supérieur népalais, recueillie par le Centre Français d'Etude des Relations Internationales/département Asie-Pacifique, novembre 1986.

nota le secrétaire général d'un certain Parti Communiste, un terme au fameux droit de cuissage.

L'émotion dans le monde est à son comble. Les diplomates, ennuyés par ce contre-temps mais gonflés d'importance, digèrent mal les repas de fin d'année pris à la va-vite, et les réveillons du jour de l'an prennent un caractère fébrile. Carter ne croit plus en la sincérité des Soviétiques et s'en afflige. A l'ouest, Amnesty International reste calme.

Le jour même où l'on apprend la nouvelle de l'invasion (qu'Amnesty International appelle pudiquement *un coup d'Etat*), c'est-à-dire le 28 décembre, elle *se réjouit de l'intention (de Babrak Karmal) de libérer tous les prisonniers politiques et d'étendre les libertés démo-cratiques* [sic] [10]. Le 7 janvier 1980, le *centre de Londres* récidive et se *réjouit de l'annonce présidentielle de la libération de plusieurs milliers de prisonniers politiques* [11]. Après ce départ en fanfare qui accompagne l'entrée des troupes soviétiques d'occupation, Amnesty International va franchir un pas de plus dans la collaboration avec l'Urss. Oubliant toute prudence, elle apporte ouvertement son appui à la politique de Brejnev.

AMNES-TASS A KABOUL

C'est au siège de l'Onu à New York qu'Amnesty International a été « invitée » le 5 janvier 1980 par le ministre des Affaires Etrangères afghan, *Shah Mohamed Dost*, à visiter officiellement la capitale afghane. Les Soviétiques n'ont pas débarqué depuis dix jours qu'ils « sollicitent » l'*Organisation* : Karmal a besoin d'une reconnaissance internationale et de l'approbation d'une grande organisation humanitaire. L'étranger va peut-être lui apporter l'appui que ses compatriotes lui refusent une fois pour toutes.

Amnesty International, sommée, envoie ainsi une délégation de deux personnes dont l'inévitable Mümtaz Soysal à qui Amin avait fait si forte impression en octobre 1978.

Soysal appartient à la classe de ces personnes dont on ne discute pas le témoignage. Au dessus de tout soupçon, « largement respecté », on ne peut mettre sa parole en doute et il est venu devant les tribunaux français décerner un certificat de bonne conduite en faveur des terroristes de l'Armée Secrète Arménienne pour la Libération de

---

10 — *Rapport Annuel* 1980, p.217.
11 — *Rapport Annuel* 1980, p.217.

l'Arménie [12] qui avaient fait exploser une bombe à l'aéroport d'Orly en juillet 1983, causant la mort de huit personnes. Soysal est un homme « considérable », il a des diplômes, enseigne le droit constitutionnel turc et a été doyen de l'université des sciences politiques d'Ankara. Il donne régulièrement des conférences devant les responsables du syndicat marxiste-léniniste, le Disk, et rédige des articles dans le journal très progressiste turc *Milliyet*. Il a fait de la prison pour ses sympathies communistes... et il a été un vice-président tyrannique [13] d'Amnesty International [14] : il offre donc toujours les garanties. La journaliste Nicole Pope notera plus tard qu'il était « une personnalité controversée (...mais) respectée (...qui) avait exprimé son soutien aux anciens communistes russes lors de la tentative de coup d'Etat [d'août 1991] contre Boris Eltsine » [15].

Chacun se précipite pour rencontrer les deux délégués: le président, trois ministres, une nuée de fonctionnaires civils et des militaires [16]. Soysal note, fiévreux et enthousiaste, ses entretiens avec des *anciens prisonniers (...) en dehors de la présence du personnel pénitentiaire*. On congratule le ministre de l'Intérieur, le chef des services de contre-espionnage et un commandant de prison [17], bref des tortionnaires convaincus.

D'une manière très officielle, Soysal établit une liste sans doute exhaustive, parce qu'il est un universitaire sérieux, des protections dont bénéficierait le citoyen afghan de base. Ses interlocuteurs approuvent, abondent dans son sens, surenchérissent. Ils vont même jusqu'à présenter de nouvelles perspectives qui feront date dans l'Histoire de l'humanité. Ah! les braves gens. Ce n'est pas pour rien qu'on a instauré une république en 1973, qu'on l'a réformée et démocratisée une fois en 1978 et deux fois en 1979! Soysal écoute ce beau monde, l'œil mouillé. Le pouvoir renonce pour toujours à la torture *même en cas de menace étrangère contre la sûreté du pays* [18]. Soysal se pâme devant cette magnanimité qui caractérisait tant les régimes socialistes et démocratiques. Mais de quelle *menace étrangère s'agit-il?* Quel

---

12 — L'Asala fut officiellement fondée par Bedros Havanassian qui sera assassiné à Athènes le 28 avril 1983.

13 — Selon le témoignage de M. Jean-François Lambert, ancien président de la Section Française d'Amnesty International de 1979 à 1982, lors de sa conférence de presse à l'Hôtel Ambassadeur à Paris le 18 septembre 1989.

14 — *Le Monde,* Paris 26 juillet 1994.

15 — *Le Monde*, 26 et 29 juillet, 30 novembre 1994.

16 — *Rapport Annuel* 1980, p.218.

17 — *Rapport Annuel* 1980, pp.217-218.

18 — *Rapport Annuel* 1980, p.218.

impérialisme yankee, quelle Internationale Noire de Malmö à Tamanrasset en passant par la Lorraine et la pampa patagone, serait capable de menacer les intérêts soviétiques en Afghanistan? En quoi la torture pourrait-elle constituer une arme de dissuasion crédible?

Le professeur de droit (constitutionnel) remercie. On lui donne congé. Il part. Le *centre de Londres* reconnaît benoîtement que les délégués n'ont pas franchi les limites de la capitale dans le cadre de leur « enquête »[19]. Aéroport, palais présidentiel, quelques rues et retour sans escale. Les délégués n'ont donc matériellement pas pu constater de visu les atrocités commises par les communistes. Parcourant les rues de Kaboul en état de siège, pénétrant dans les locaux tous défendus par des fils de fer barbelés et des sacs de sable, Soysal et sa compagne n'ont rien vu. Ils ont marché à l'ombre des canons à pleurs sans rien déceler de l'outrancière « présence » soviétique sans cesse renforcée par un pont aérien continu et, qui, quatre mois plus tard, atteindrait cent mille hommes. Les discours qu'on lui a prodigués ont suffi à Soysal. A son retour, Amnesty International expédie un message dégoulinant de remerciements empressés au président Karmal *pour sa co-opération*[20] [sic].

LA NAUSEE

Karmal est, un instant, l'homme des Soviétiques. Il n'en conserve pas moins une certaine marge de manœuvre, même si celle-ci est étroite. Il sait que Brejnev, ou un de ses successeurs, peut reconsidérer sa stratégie et lui retirer la confiance du Kremlin. Karmal couvre certains assassinats politiques contre l'avis de Moscou et s'expose à des réprimandes, bien que son bilan apparaisse comme « globalement positif ». Heureusement, Amnesty International est là pour lui donner une image sérieuse et bien profilée.

Le *Rapport Annuel* 1981 contient 249 lignes concernant l'Afghanistan: 19 énumèrent les « Principes Fondamentaux » édictés par le « Conseil Révolutionnaire ». On y relève, entre autres, *le droit des juges à statuer indépendamment*. La solennité du ton adopté par le rapport dissuade le lecteur éventuel de sourire. Le huis-clos lui-même, contre lequel l'*Organisation* s'érige ailleurs, trouve grâce à ses yeux puisqu'il est *régi par la loi*. 24 lignes relatent le contenu d'un article paru dans *The Kabul Times* du 8 juillet 1980. Amnesty International y puise les

---

[19] — *Rapport Annuel* 1980, p.217.
[20] — *Rapport Annuel* 1980, p.218.

arguments pour justifier les arrestations de *traîtres* [21], terme qui rassure les militants d'autant qu'elle précise que les inculpations et les arrestations sont conformes au droit pénal. 44 lignes font mention de la libération de prisonniers. Les statistiques sont irrécusables: elles sont extraites du *Kabul Times*[22] et corroborent parfaitement celles du gouvernement. Karmal n'a cessé d'ouvrir les portes des prisons depuis l'arrivée des Soviétiques: en février, le 12 avril, le 13 août, fin novembre, le 27 décembre (joyeux anniversaire!) pour la seule année 80.

1981 s'annonce bien, avec une vague de libérations le 27 avril. De ces libérés, Amnesty International le reconnaît, elle ne sait rien. Etaient-ils coupables, et si oui de quoi? L'*Organisation* ne cherche pas à connaître les raisons de leur internement ni de leur libération, ce qu'elle fait parfois ailleurs. Elle ne cherche pas à savoir s'il ne reste pas quelques « prisonniers oubliés » et qui ils sont.

Il arrive cependant que le *centre de Londres* élève la voix. Il condamne avec force indignation les crimes perpétrés... *par un groupe de résistance islamique* qui a tué quatre soldats de l'armée dite régulière -c'est-à-dire sous le commandement soviétique- et le *neveu d'un ministre*. Il incite le régime de Kaboul à respecter la vie de certains opposants *de gauche* et suggère avec toutes les circonlocutions exigées que des exécutions paraissent enfreindre les Principes de la République Afghane [23]: ainsi, les *chercheurs* d'Amnesty International entérinent-ils la légitimité d'un gouvernement collaborant avec l'Union Soviétique, partageant son idéologie fondée sur la violence, absolvent-ils l'arbitraire et banalisent-ils un régime terroriste. Parmi les morts qui ont conduit la « justice » à enfreindre les Grands Principes figure *Abdul Malid Khalakhani, chef de maquisards de gauche connu pour son opposition à la présence des troupes soviétiques* [24]; l'homme partageait avec ses bourreaux une idéologie comparable; à ce titre, il aurait dû être possible de trouver un compromis avec lui. Karmal y a répugné quand cette solution avait l'aval de Moscou [25]. Amnesty International tombe aussi parfois dans la franche consternation: par exemple lorsque trois officiels du régime sont exécutés, la nouvelle l'afflige, sans doute parce que les camarades, déjà peu nombreux, ne devraient pas se décimer entre membres d'un même club fermé.

---

[21] — *Rapport Annuel* 1981, p.226.
[22] — *Rapport Annuel* 1981, p.227.
[23] — *Rapport Annuel* 1981, p.227.
[24] — *Rapport Annuel* 1981, p.227.
[25] — Interview d'un officier supérieur népalais, recueillie par le Centre Français d'Etude des Relations Internationales/département Asie-Pacifique, novembre 1986.

Cette critique a ses limites que la raison d'Etat et l'*Organisation* connaissent. Ainsi, cette dernière explique qu'elle *a retenu pour enquête des rapports de citoyens étrangers arrêtés lors des troubles* [sic] *de Kaboul les 22 et 23 février, selon lesquels les prisonniers afghans auraient été torturés* [26] [27]. Devant une affaire aussi grave, on imagine ce qui se serait passé si l'affaire avait eu lieu au Chili du président Augusto Pinochet ou en Afrique du Sud au temps de l'apartheid; pourtant Amnesty International déclare que, bien qu'elle soit autorisée par le président Karmal à se rendre à tout moment en Afghanistan, elle refuse de dépêcher une seconde mission. Elle demande simplement au gouvernement, c'est-à-dire simultanément au parti, au juge et au bourreau, d'*enquêter au sujet de ces allégations*. Elle semble admettre par avance toutes les dénégations de Kaboul car elle-même ne croit pas beaucoup à ses accusations en *provenance d'Islamabad* [28], *par essence* « vendue aux ploutocrates américains ».

De fait, Kaboul les rejettera et Amnesty International les classera sans suite. Le *Rapport Annuel* 1981 s'inscrit dans cette logique de « dédramatisation » et conclut sur une note optimiste. Bien sûr, des familles vivent dans l'incertitude du sort réservé à certains proches, prisonniers de Karmal, mais, assure l'*Organisation* qui ne croit pas utile de citer ses sources, *elle les croit toujours en vie* [29]. Si bien que pour le *centre de Londres*, ces gens dont on a perdu la trace ne sont pas des disparus!

L'ARMEE SOVIETIQUE ? CONNAIS PAS [30]

Au coup de force des Soviétiques a répondu l'insurrection de tout un pays. Amnesty International, qui ne peut nier l'existence des combats *qui ont fortement gêné la collecte d'informations sur la violation des droits de l'homme* [31], n'admet pas que cette guerre ait été provoquée par une invasion. Le *centre de Londres* ne cesse, à travers ses rapports,

---

[26] — *Rapport Annuel* 1980, p.220.

[27] — La faction Parcham voulut restaurer le drapeau national, supprimé par Taraki le 19 octobre 1978; des étudiants protestèrent contre cette mascarade et formèrent un cortège dans les rues de la capitale. Ils y furent dispersés par le feu des gardes révolutionnaires et les canons des hélicoptères soviétiques de combat.

[28] — *Rapport Annuel* 1980, p.222.

[29] — *Rapport Annuel* 1981, p.230.

[30] — Marc de Montalembert, président de la Section Française d'Amnesty International de 1984 à 1989, explique les silences de l'*organisation*: *notre rôle n'est pas d'intervenir dans un conflit armé* -selon *Le Point*, Paris 5 juin 1989.

[31] — *Rapport Annuel* 1982, p.207.

d'accréditer la thèse, mensongère, *de la guerre civile*[32]. Les combats sont le fait de troupes gouvernementales, *renforcées* [33], *appuyées* [34], *soute-nues* [35] par les troupes soviétiques.

En face de cette armée officielle, que trouve Amnesty International? *Différents groupes armés d'opposition* [36], *divers groupes d'insurgés isla-miques* [37] qui *contrôlent une partie du territoire*[38] voire *une grande partie des campagnes*[39] que les Soviétiques ne leur disputeraient pas et qui sont implicitement assimilés à des fanatiques ou à des mercenaires sans appui populaire.

Or, que représentent sur le terrain les troupes gouvernementales? Elles étaient estimées à environ 100.000 hommes avant l'arrivée des 100.000 Soviétiques. Malgré les décrets sur la préparation militaire obligatoire pour les gosses de 10 à 16 ans, le service armé dans la milice pour les hommes de 16 à 55 ans, et ceux sur la levée en masse [40], les effectifs sont rapidement tombés à moins de 30.000 combattants. L'hémorragie touche des régiments entiers: plusieurs centaines de soldats de la 25ème division basée à Khost tuent leurs conseillers venus du nord ainsi que leurs supérieurs et passent au Pakistan en janvier 1983 [41]. Trente déserteurs de la 12ème division en route entre Kaboul et Kandahar ouvrent le feu sur leurs officiers et la moitié du convoi rejoint la résistance en août [42]. Une mutinerie à Kandahar vaut à l'Armée Rouge de perdre 31 hommes en décembre 1984 [43]. Profitant de l'éloignement momentané de leurs cadres soviétiques, sept aviateurs afghans s'enfuient au Pakistan à bord de deux hélicoptères de combat MI 24 en juillet 1985 [44]. Six cents gouvernementaux les imitent en janvier 1986 [45], 500

[32] — *Rapport Annuel* 1984, p.237, lignes 13 et 19; p.238, ligne 22.
[33] — *Rapport Annuel* 1982, p.212.
[34] — *Rapport Annuel* 1983, p.225.
[35] — *Rapport Annuel* 1983, p.239; *Rapport Annuel* 1984, p.155; *Rapport Annuel* 1985, p.155; *Rapport Annuel* 1986, pp.221-222.
[36] — *Rapport Annuel* 1982, p.212.
[37] — *Rapport Annuel* 1985, p.239.
[38] — *Rapport Annuel* 1982, p.212.
[39] — *Rapport Annuel* 1983, p.225.
[40] — Le décret sur la levée en masse était daté du 2 août 1982 -selon *Présent,* Paris 27 août 1982; sur les autres textes, cf *ibid.* 16 juillet 1982 ainsi que *Réalités Afghanes*, septembre 1982.
[41] — *The Japan Times,* 19 janvier 1983, citant des sources occidentales.
[42] — *The China Post,* Taipeh 11 août 1983, citant des sources occidentales.
[43] — *The Japan Times,* 9 janvier 1985, citant des sources occidentales.
[44] — *The Japan Times,* 15 juillet 1985, citant le gouvernement pakistanais; *The Far Eastern Economic Review*, 12 septembre 1985.
[45] — *The Far Eastern Economic Review,* 16 janvier 1986, citant des sources occidentales.

en mars et 800 encore quelque temps plus tard parmi les défenseurs de Baghlan [46], etc.

Les cadres aussi renient leur allégeance première, d'ailleurs souvent obtenue par la contrainte: le général Namaz se réfugie au Pakistan au début de janvier 1983 tandis que son confrère médecin, le général Naik Mohammed Azizi se met à la disposition de la résistance [47]. Le juge près la cour suprême, Mohammed Yousaf Azim, s'enfuit aussi de Kaboul au printemps 1985 [48]. Les Soviétiques ne peuvent accorder la moindre confiance à ceux qui semblent fidèles au régime communiste: quand ils lancent leurs terribles offensives dans la vallée du Panshir au début de l'été 1985, les troupes gouvernementales, à quelques exceptions près, ne sont pas engagées dans les combats. La sécurité soviéto-afghane démantèle à la fin de l'année 1985 un réseau de cinq généraux « loyalistes » qui passaient des renseignements aux résistants [49], etc.

Le régime de Kaboul ne dure alors que par le seul mauvais plaisir des occupants. Les Soviétiques étaient 5.000 en août 1979, ils sont plus de 100.000 en 1980 [50], et Amnesty International ne peut l'ignorer; et ce, sans compter les contingents des « pays frères » du Pacte de Varsovie [51]. Malgré leurs armements modernes, dont l'utilisation d'armes chimiques [52], ils ne parviennent pas à s'imposer: ils ont perdu ainsi 50

---

[46] — Pourtant, afin d'éviter les désertions autant que pour protéger la vie des gouvernementaux, les autorités militaires soviétiques et afghanes avaient miné les alentours des postes avancés -selon *The Japan Times,* 28 mai 1987, citant des sources occidentales.

[47] — *The Japan Times,* 12 et 18 janvier 1983.

[48] — *The Japan Times,* 7 avril 1985.

[49] — *The Japan Times,* 9 janvier 1986.

[50] — 110.000 selon *Quid?,* Paris 1984, p.999; 120.000 selon Michael Barry in *Politique internationale*, printemps 1985, p.45. Au total, ils auront été « plus d'un million », conscrits et professionnels, à être envoyés en Afghanistan -selon *The Japan Times,* 16 mai 1989, citant Mikhaïl Gorbatchev lors d'une visite qu'il effectuait à Irkoutsk le 14 mai 1989.

[51] — *The Japan Times,* circ. 21 décembre 1982.

[52] — Carlo Ripa di Moama, député socialiste italien élu au parlement européen écrivit, dans l'organe de son parti *Avanti,* le 7 juin 1981, qu'il avait vu des hommes mourir de leurs blessures consécutives à des bombardements au napalm.

Le Front National, en France, publia une affiche montrant le visage d'une jeune fille ravagé par le phosphore.

The Japan Times, 26 janvier 1986 reproduisit la photographie d'une enfant pareillement défigurée, sur laquelle se penche le président américain Ronald Reagan.

Un déserteur russe de 19 ans, Anatoly Mikhaïlovitch Sakarov, révéla que des stocks de gaz « entrainant des troubles respiratoires et cutanés le plus souvent mortels » étaient emmagasinés dans au moins deux villes -selon *Réalités Afghanes* septembre 1982.

Le Quotidien de Paris, Paris 3 avril 1982, rapportait que « des antidotes expérimentaux contre du poison répandu par avion auraient été administrés à des résistants afghans capturés ».

Le docteur Thomas J. Welch, spécialiste des armes chimiques, accusa les Soviétiques d'utiliser « des gaz incapacitants (...) inconnus de nous » -selon *The Japan Times,* 30 octobre 1985; le secrétaire général de l'Onu (le supérieur d'Amnesty International en quelque sorte), Javier Perez de

hélicoptères, 700 engins blindés et 800 camions en 1981; 100 hélicoptères, 900 engins blindés et 800 camions en 1982 [53], etc; et entre 12.000 et 15.000 hommes [54]. Ce qui fait beaucoup pour de simples forces auxiliaires disposant d'un budget représentant 2% (soit plus de deux milliards de dollars) de celui accordé à la « Défense » soviétique.

En fait, on sait que l'Armée Rouge n'est pas même capable d'assurer la sécurité des siens dans les 10% du territoire où elle se terre [55]. Non seulement les campagnes lui sont hostiles, mais les guérillas savent lui en interdire l'accès, effectuant des raids au cœur des installations militaires les mieux défendues, tenant des centres urbains et la menaçant jusque dans la capitale. Ils opèrent même des missions.... en territoire soviétique [56]. Après avoir enregistré de graves revers dans la

---

Cuellar, résumant une étude que lui avaient soumise ses services, aboutit à la conclusion que les communistes employaient des armes normalement prohibées dans le sud-est asiatique et en Afghanistan -selon *La Presse Française,* Paris 21 janvier 1983; le journaliste néerlandais Bernard de Bruin et le Français Ricardo Frade tirèrent de leurs observations des conclusions similaires -selon *Réalités Afghanes* septembre 1982; *The Japan Times,* des 18 et 19 février 1983 fit état « d'unités spéciales » dans le corps de bataille soviétique; cf aussi le « contre-rapport » afghan (nationaliste) montrant les « limites » de « l'enquête » de Soysal à Kaboul, intitulé *Afghanistan 1980* et étayé sur 72 pages (la couverture représentant la jeune villageoise défigurée et montrée ainsi sur les affiches du Front National); les témoignages n°12 (du 11 mars 1980) et n°13 (du 17 mars 1980) font état d'utilisation de gaz et de napalm.

Pour un résumé des moyens mis en oeuvre par les Soviétiques pour briser la résistance afghane, cf Mike Barry « Brûlés, gazés, enterrés vifs... je confirme » in *Le Figaro-Magazine*, Paris 23 mai 1980 (une photo sur deux pages montre la jeune villageoise déjà mentionnée).

Il est vrai que des « témoignages » contraires vinrent au secours des Soviétiques. Ainsi, un « scientifique » de l'université de Harvard émit l'hypothèse cocasse selon laquelle les « pluies jaunes » attribuées aux armes chimiques soviétiques étaient en fait... du pollen transporté par des essaims d'abeilles!

[53] — *Quid?* 1984, p. non répertoriée.

[54] — Selon des estimations parues dans *The Japan Times,* 29 décembre 1986; ce nombre prenait en compte le nombre des morts seulement. Selon *The Japan Times,* 15 décembre 1982, citant des déserteurs soviétiques, les pertes totales s'élevaient alors à 30.000 hommes. Les dernières statistiques soviétiques font état, en février 1989, de 13.310 tués, 31 disparus et 35.478 blessés graves -selon *Le Monde*, 26 décembre 1994.

[55] — Cette superficie de 10% lui est reconnue par la résistance -selon *The Japan Times,* 24 mai 1985; cf aussi *Beijing Review,* Pékin 1987, n°1.

[56] — *The Japan Times,* 24 février 1987, qui cite un résistant afghan, Sayyed Abdul Rauf, selon lequel ses partisans « traversaient régulièrement (la frontière), avançant de plusieurs kilomètres en URSS, y placent des mines sur les routes » et y mènent un travail de propagande. L'agence Tass admettra, le 18 avril 1987, que des « bandits » s'étaient embusqués en territoire soviétique, piégeant une patrouille du Kgb dont ils avaient tué deux membres dans la nuit du 8 au 9 avril -selon *The Japan Times,* 20 avril 1987.

Le Jamiat i Islami revendiqua une action encore plus spectaculaire en juin 1987 quand un porte-parole dira que ses moudjahidins avaient tué 85 Soviétiques dans la république du Turkménistan, en mai, à 24 kilomètres à l'intérieur de l'Urss. En représailles, l'armée de l'air bombardera la ville de Bala Mahrgab dans la province afghane de Bagdh (les gouvernementaux n'y tenant que la capitale, Qala Nau) y faisant 300 morts -selon *The Japan Times,* 26 juin 1987.

vallée du Kunar et du Panshir en mai, juin et juillet 1985, la résistance locale trouve des ressources qu'on croyait brisées; le Hezb i Islami lance le 1er septembre, dans la région de Paktiya, une contre-attaque qui prend complètement au dépourvu les défenseurs d'un camp retranché, lesquels perdent des dizaines d'hommes, 36 tanks et 4 hélicoptères [57]. Profitant d'une tempête de neige, un commando s'introduit en janvier 1985 sur la plus importante base aérienne soviétique, à Bagram, et détruit au sol une dizaine d'hélicoptères [58]. Six mois plus tard, la résistance s'empare d'un camp de l'armée régulière en y tuant 450 combattants dont un général, Ahmad Uddin [59]. Les villes ne sont pas épargnées, contrairement aux sous-entendues d'Amnesty International: des moudjahidins kidnappent ainsi, en plein jour, dans le bazar de la capitale provinciale de Mazar i Shariff, 14 « experts » soviétiques qui disparaissent alors en janvier 1985 [60]. Herat, ville-martyr, refuse le joug: des hélicoptères écrasent des maisons susceptibles d'abriter des « insurgés » en larguant dessus, afin d'économiser des munitions, des blocs de pierre; pour en obtenir la reddition, l'Armée Rouge déclenche des attaques d'une sauvagerie qui étonne les plus vieux baroudeurs: 50 avions se relaient pour bombarder les 160.000 habitants en mai 1985, causant la mort de 3.000 personnes et détruisant la moitié des habitations [61]... mais lorsque l'infanterie rouge tente d'occuper le terrain dévasté, en août, elle tombe dans un guet-apens et perd une centaine de combattants [62]. La capitale elle-même n'a pas été « pacifiée »: lors des quatre premiers mois en 1983, on recense quatre attaques de la guérilla contre l'aéroport de Kaboul, la dernière en date provoquant la mort de 13 Soviétiques, 9 soldats réguliers afghans, détruisant 3 hélicoptères et endommageant 1 avion [63].

A la mi-août, les résistants attaquent enfin simultanément sur trois fronts, ce qui constitue « la plus importante action concertée depuis décembre 1979 » [64]. Les *insurgés* tirent des roquettes sur le quartier général soviétique le 2 mars 1986 et abattent trois hélicoptères 48 heures

---

57 — *The Japan Times,* 10 septembre 1985, citant la résistance (les Soviétiques finirent par abandonner, petit à petit, le terrain occupé).

58 — *The Japan Times,* 23 janvier 1985, citant des sources occidentales. L'édition du 30 janvier suivant, citant la résistance, précise que l'attaque eut lieu le 17 et porte à 12 le nombre d'appareils détruits.

59 — *The Japan Times,* 30 juin 1985, citant la résistance et Radio-Kaboul.

60 — *The Japan Times,* 13 janvier 1985, citant des sources occidentales.

61 — *The Japan Times,* 12 mai 1985.

62 — *The Daily Yomiuri,* Tokyo 8 septembre 1985, citant des sources occidentales.

63 — *The Japan Times,* 3 mai 1985, citant des sources occidentales.

64 — *The Japan Times,* 13 août 1987.

après **65**. Le 27 août, la guérilla accomplit un nouvel exploit quand elle parvient à incendier le principal dépôt de munitions de la capitale, forçant les pompiers à livrer plusieurs heures de combat contre le feu **66**. Durant le seul mois de mai 1987, un raid sur un camp soviétique de la capitale vaudra 80 morts aux troupes d'occupation qui auront perdu le même mois (et pas seulement grâce aux importants Stinger livrés sur l'ordre de Ronald Reagan) 29 avions.

Amnesty International déforme la réalité en prétendant que les *insurgés* seraient seulement *islamiques*. Le coup bas est habile. Car depuis les événements d'Iran, l'Islam n'a pas vraiment bonne presse: en limitant les aspects de la résistance au facteur religieux, la guérilla apparaît ainsi comme mue par des considérations anachroniques (la guerre sainte) et fanatiques. Dans le même temps, l'Urss peut faire figure de rempart au monde blanc dégénéré au point d'être passivement effrayé par le fondamentalisme musulman. Or, le soulèvement afghan est avant tout un réflexe nationaliste: les peuples ont accepté peu ou prou le modernisme de Zahir, la laïcisation autoritaire de Daoud, voire la national-marxisation de Taraki et de Amin. Le pays s'est en revanche soulevé, toutes composantes comprises, quand les Soviétiques ont débarqué avec Karmal et Najibullah dans leurs soutes à bagages. La résistance ne puise pas ses motivations uniquement dans la religion: le Shula i Jawed et le Setan e Malli, par exemple, sont plus sensibles à la pensée de Mao Zedong qu'à la parole du prophète. Mais Amnesty International n'a que faire de ces nuances et elle ricane quand la guérilla tue deux femmes accusées d'espionnage pour le compte du Khad (la police de la sécurité contrôlée entièrement par les Soviétiques), qualifiée par les guérilleros d'*organisation satanique* **67**: croire en Saint Michel et au diable au XXème siècle ! ? Heureusement que les Soviétiques, si raisonnables et si posés, sont là!

Jacques Abouchar, dont Amnesty International relate les tribulations officielles sur 11 lignes **68**, partage cet avis. Selon ce journaliste français d'Antenne 2, et qu'on ne serait pas étonné de savoir en bons termes avec des honorables correspondants du Kremlin, arrêté très à propos par une patrouille soviétique alors qu'il venait de franchir la frontière pakistanaise avec une escorte qui eut le goût délicat de se dérober au premier engagement et de le laisser indemne sur place, les résistants ne

---

65 — *The Far Eastern Economic Review*, semaine non répertoriée de mars 1986, citant des sources occidentales.
66 — *The Japan Times*, 29 août 1986.
67 — *Rapport Annuel* 1986, pp.242-243.
68 — *Rapport Annuel* 1985, pp.239-240.

seraient que « des zozos (...) et des fanatiques (qui) font froid dans le dos » -et le personnage, pour qui de douteux confrères se mobilisèrent, de se dire « un peu choqué par la passion [sic] anti-communiste et anti-soviétique que j'ai rencontrée (en France) à mon retour »[69]. Amnesty International trouve là un rude concurrent dans l'abjection.

Puisque l'Armée Rouge n'existe pas, les atrocités dont certains témoignent ne peuvent logiquement lui incomber. Amnesty International, forte de cet axiome, attribue aux maquisards des crimes imaginaires et dédouane leurs ennemis de crimes réels. *Des deux côtés, on fait état des violations des droits de l'homme. Il est souvent signalé que des civils suspectés de sympathies avec l'une ou l'autre partie ont été torturés* [70]; ou encore : *les belligérants des deux camps ont été fréquemment accusés de violations des droits de l'homme au cours des combats* [71]. Et d'illustrer ces propos d'exemples précis et irrécusables puisqu'elle sait qu'il ne se trouvera personne pour les remettre en cause. *Lors d'un incident* [sic] *près du village Padkhab e Shana (...), les troupes gouvernementales ont apparemment tué, en dehors de tout affrontement armé, 109 civils.* L'intention d'innocenter les Soviétiques est évidente ; on remarquera l'adverbe *apparemment* à ce sujet. Qui pourra vérifier? Or, pour une fois, on sait ce qui s'est réellement passé. L'incident n'a pas mis seulement en cause *les troupes gouvernementales*, mais celles-ci « et les forces soviétiques ». L'agence de presse Reuter-Kyodo a relaté qu'elles avaient bouclé « ensemble » le bourg de 8.000 âmes et y avaient massacré 105 personnes dont 11 enfants [72]. Quant à la thèse qui voudrait que des atteintes aux droits de l'homme aient eu lieu seulement « *au cours* des combats », c'est l'agence United Press International qui lui porte un rude coup en câblant que des résistants et 46 villageois ont été tués de sang-froid le 29 novembre 1982, « *après* les combats »[73].

Amnesty International, comme le Kremlin, n'admet pas la vraie place qu'occupe l'Armée Soviétique dans la guerre qui sévit de décembre 1979 à février 1989. Les informations qui sont fournies sur la situation relèvent de la désinformation absolue. Le *Rapport Annuel* 1981, qui comprend six pages sur le pays, ne dit pas un mot de la terreur et des massacres dont sont responsables des armées étrangères sous un

---

[69] — *L'Astrolabe*, Paris décembre 1985, citant *Présent* du 9 novembre 1985. Abouchar dit aussi penser préférable à Kaboul un gouvernement communiste plutôt qu'islamique -selon *La Presse Française*, 19 avril 1985.

[70] — *Rapport Annuel* 1982, p.212.

[71] — *Rapport Annuel* 1983, p.225.

[72] — *Rapport Annuel* 1983, p.227.

[73] — *The Japan Times*, circ. 10 décembre 1982; Reuter-Kyodo fondait sa dépêche sur une interview avec Barry: l'agence de presse Upi la confirma une semaine plus tard.

commandement unique étranger. Le problème de l'Afghanistan est traité comme si rien ne s'y passait qu'une simple guérilla contre un gouvernement légal et légitime. Dans le *Rapport Annuel* 1983, qui comprend un peu plus de deux pages, les soldats soviétiques ne sont présentés qu'en position de malheureuses victimes: trois prisonniers aux mains du Hezb i Islami sont menacés d'assassinat par leurs gardiens, et un certain nombre de leurs collègues, ceux-là capturés par d'autres groupes, ont été remis à la Croix-Rouge Internationale et *seront internés en Suisse pendant deux ans, ou jusqu'à la fin des hostilités pour être rendus à l'URSS*: un sort certes peu glorieux pour des héros, mais certainement enviable pour des conscrits...

Dans le même temps, l'*organisation humanitaire* et indépendante omet délibérément de mentionner les « pillages systématiques » auxquels les Soviétiques se livrent dans la vallée de la Shomali, dans le nord du pays, au cours d'une offensive d'une « intensité sans précédent (...) qui dépassait toute description »[74]. Elle se tait de manière tout aussi coupable sur le massacre à l'arme blanche de 126 villageois de Moshkizai et de Kolchabad, à proximité de Kandahar, assassinés un jour après que des combats eurent opposé là résistants et occupants (ceux-ci ayant eu à battre en retraite)[75]. Elle cache, elle, la Conscience du Monde, la tuerie à la baïonnette d'une douzaine de gosses à Istalef, un peu au nord de Kaboul, éventrés parce que les Soviétiques avaient perdu, peu auparavant, une quarantaine de tanks dans une embuscade[76].

L'Armée Rouge est considérée comme faisant de la figuration. Elle ne paraît avoir, à l'importance que lui donne Amnesty International dans ses rapports, qu'un rôle subalterne, quand on connaît une partie importante de ses exactions[77]. Il lui est accordé six lignes sur 155 dans le *Rapport Annuel* 1984, 12 sur 155 dans celui de 1985, 21 sur 176 dans

---

[74] — *The Japan Times*, 12 mai 1983, citant des sources occidentales. On rappellera, pour « l'anecdote », que l'Urss venait d'accepter « en principe » de se retirer d'Afghanistan lors des négociations soviéto-afghano-pakistanaises tenues à Genève en avril sous les auspices des Nations-Unies (les premières négociations ayant eu lieu en juin 1982).

[75] — *The Japan Times*, 21 octobre 1983, citant des survivants.

[76] — *The Japan Times*, 26 octobre 1983, citant des sources occidentales.

[77] — Les Mig soviétiques, par exemple, détruisirent le 5 novembre 1981 à Jaghori et le 6 dans la vallée du Panshir les hôpitaux de campagne établis par des équipes bénévoles de Médecins Sans Frontières: des photographies parurent dans la presse française, notamment dans *Le Quotidien de Paris*.

Jean-François Lambert résume les sentiments dominant à Amnesty International à l'égard des organisations venant véritablement en aide aux Afghans: « nous éprouvions (...) un certain mépris pour (...) Médecins Sans Frontières, l'Afrane ou la Guilde Européenne du Raid » -cité dans *Itinéraire d'un chrétien progressiste*, Dominique Martin Morin, Bouère 1988, p.79.

celui de 1986. Partout son rôle est minimisé, alors qu'il est moteur et décisif à tous les niveaux. Les « experts » soviétiques n'auraient que des rôles de compères secondaires dans certains massacres [78] qui se limitent à *23 civils* et, d'autre part, l'année suivante *ils ne font qu'être présents dans les centres de détention où la torture a été signalée.* Quel que soit le cas, ils ne sont tout au plus qu'*impliqués dans des rumeurs d'exécutions extra-judiciaires* [79] ou dans *des cas* [isolés et non représentatifs] *d'exécutions extra-judiciaires* sur lesquels Amnesty International *n'a pas pu enquêter de façon approfondie* [80] ou *qu'il est difficile de vérifier* [81].

Fidèle à ses pratiques torves, le *centre de Londres* disculpe l'Armée Rouge derrière le rideau d'une pseudo-information. Nous n'avons trouvé nulle part que ses *enquêteurs*, ses analystes aient cherché des informations du côté des résistants. Pour Amnesty International, l'objectivité se trouve là où commence le Kremlin.

Y a-t-il eu *exécutions extra-judiciaires*, supervisées tout au plus par l'Armée Soviétique lors du massacre de 480 civils près de la ville de Chachadara près de la frontière avec l'Urss en février 1985[82] ? Est-ce le cas aussi pour les centaines d'habitants de Pagman massacrés à l'ouest de Kaboul ? Que dire de la fusillade du bazar de Kaboul commandée par les Soviétiques après qu'un dirigeant du Pdpa y eut été assassiné [83] ? Et ces mille villageois du district de Kharanghai, encerclés puis mis à mort au fur et à mesure de la progression, maison après maison, par l'Armée Rouge [84] ?

Ces faits n'auraient pas été difficiles à vérifier si Amnesty International avait voulu le faire. Ils ont un peu plus de consistance et de réalité que les *rumeurs* enregistrées dans les rapports du *centre de Londres*. La très prudente Onu s'en est elle-même aperçu : « la présence de l'Armée Rouge [sic [85]] en Afghanistan est la cause principale des massacres, des tortures systématiques, etc » [86] et, en conséquence, la commission onusienne des droits-de-l'homme a condamné cette

---

78 — *Rapport Annuel* 1984, p.240.
79 — *Rapport Annuel* 1984, p.240.
80 — *Rapport Annuel* 1985, p.242.
81 — *Rapport Annuel* 1986, p.222.
82 — *The Japan Times*, 28 février 1985, citant des sources occidentales.
83 — *The Daily Yomiuri*, 7 février 1985, citant des sources occidentales.
84 — *The Japan Times*, 15 mai 1985.
85 — Remarquons que l'Armée Rouge des Ouvriers et des Paysans est devenue l'Armée Soviétique après la Deuxième Guerre Mondiale, en 1946 -selon *The Great Soviet Encyclopedia*, t.14, p.707.
86 — *The Daily Yomiuri*, 2 mars 1985.

« présence ». Cette condamnation fut obtenue le 13 mars 1985 par 26 voix contre huit (Urss, Ukraine, Biélorussie, Bulgarie, Allemagne de l'est, Mozambique, Syrie et Inde [87]).

LE DESENGAGEMENT SOVIETIQUE ET LA DELICATE SUCCESSION DE KARMAL

Brejnev, ou plutôt le concept qu'il incarne, ne passe pas l'automne et, comme beaucoup de criminels, il expire dans son lit, le 10 novembre 1982 en arrachant des larmes sincères aux bien-pensants. Youri Andropov, autre concept, lui succède à la tête du Parti Communiste d'Union Soviétique le 12 novembre: l'interrègne durera à peine 15 mois, jusqu'en février 1984. Il y a tout lieu de croire que le directeur du Kgb n'avait pas approuvé l'invasion de 1979 même s'il s'était prononcé pour, le 12 décembre, lors d'une réunion secrète d'un comité restreint. En tout cas, l'incompétence de Karmal ne peut que l'inquiéter.

Andropov désire réconcilier, comme Brejnev d'ailleurs à l'époque de Taraki, les forces progressistes entre elles: Karmal, de son côté, ne l'entend pas de cette oreille et veut conserver son pouvoir et le rôle d'arbitre entre les factions du Pdpa qui s'entretuent toujours et lui permettent de se maintenir. Les *rapports* d'Amnesty International des années 1982 et 1983 manifestent un virage significatif. Le *centre de Londres* devient *préoccupé* [88], voire *très préoccupé* [89] pour avoir pris connaissance d'*exécutions sommaires* et d'emprisonnement. Il regrette également que *275 membres du groupe pro-chinois* [en fait dépendant de la République Populaire de Chine pour son approvisionnement en armes et munitions, et avant tout communiste] *Shula i Jawed, son chef Osman Landi et des membres d'autres partis de gauche* [90], aient été arrêtés en juillet, de même qu'un certain nombre de partisans *d'un autre groupe pro-chinois, la Sama*. Malgré des libérations de prisonniers qu' Amnesty International accueille *avec satisfaction* [91], la colonne « actif » du bilan présenté par Karmal à ses créanciers soviétiques est toujours dans le rouge. Le *centre de Londres* est encore *préoccupé* l'année suivante [92]. Il s'indigne de ce que les autorités incarcèrent une

---

87 — *The Daily Yomiuri*, 15 mars 1985. Le texte du rapport, rédigé par l'Autrichien Félix Ernacora (un « nazi », selon les Soviétiques), sera approuvé (122 voix contre 19 et 12 abstentions) par l'assemblée générale de l'Onu en novembre.

88 — *Rapport Annuel* 1983, p.225.

89 — *Rapport Annuel* 1982, p.213.

90 — *Rapport Annuel* 1982, p.212.

91 — *Rapport Annuel* 1982, p.213.

92 — *Rapport Annuel* 1983, p.225.

quarantaine d'artistes et de cadres du ministère de la Culture [93]. La loi de septembre 1982 qui interdit la torture dans les prisons ne semble guère respectée, glissent les *chercheurs*. Amnesty International découvre enfin qu'elle n'a qu'une valeur toute théorique après avoir reçu des rapports concordants recoupés par *le témoignage circonstancié d'une certaine Farida Ahmadi, étudiante en médecine* [94].

La situation de Karmal devient difficile et certains songent que ses heures sont désormais comptées [95]. Par un coup du sort inattendu, il survit grâce au décès d'Andropov en plein hiver 1984 [96]. A partir du 13 février 1984, Constantin Tchernenko préside officiellement aux destinées de l'Union Soviétique dont l'Afghanistan est l'appendice douloureux. Karmal se maintiendra encore tant bien que mal pendant 13 mois. Ce sursis dure le temps des règlements de compte au Kremlin. Tchernenko appartient au clan Brejnev, et la lutte entre « brejneviens » et « andropoviens » ne permet pas à Amnesty International de prendre position sur l'Afghanistan; il convient d'attendre et, si elle reste critique, c'est sans zèle. Les tribunaux ont jugé *trois hommes d'un groupe de réflexion qui s'était donné pour but de proposer des solutions pacifiques à cette guerre civile qui dure depuis l'intervention des forces soviétiques* [sic. Ces dix mots sont à bien peser] *et l'établissement du gouvernement de Babrak Karmal* [97]. C'est peu.

L'élection de Mikhaïl Gorbatchev, qui a hérité du clan Andropov au poste de secrétaire général du Pcus, le 11 mars 1985 (Tchernenko est mort la veille), scelle définitivement le sort de Karmal qui n'en peut plus de se raccrocher à ses prérogatives. Il a cessé de plaire au Kremlin: les *chercheurs* du *centre de Londres*, aussitôt, cessent leurs mignardises et portent à la connaissance de la monstrueuse « opinion publique » (chef d'Etats inclus) des violations aux droits-de-l'homme qu'ils viennent, comme par hasard, de « découvrir ». Ainsi, le scénario de la chute de Taraki se reproduit-il. Amnesty International dénonce Karmal dans l'arène sacrée de l'Onu en octobre 1985 [98], et on ne trouve pas une ligne favorable au régime dans son *Rapport Annuel* 1985. Les

---

93 — *Rapport Annuel* 1983, p.226.
94 — *Rapport Annuel* 1983, p.226.
95 — Ce sera le thème développé par le bulletin d'information du Centre Français d'Etudes des Relations Internationales/département Asie-Pacifique, publié par *Aspects de la France*, Paris 1983.
96 — D'après *The Japan Times*, circ. fin mai 1985, citant un haut responsable afghan qui déserta, les Soviétiques d'Andropov avaient bien arrêté la décision de démettre Karmal de ses fonctions à cette époque: seul le « jeu politique » interne au Pcus lui assura un sursis.
97 — *Rapport Annuel* 1984, p.238.
98 — *Rapport Annuel* 1989, p.240.

consciences conditionnées aspirent, au coup de sonnette, au changement dans la continuité, Gorbatchev est en position pour frapper.

Après une seconde phase de gestation de six mois, les événements se précipitent. En avril 1986, Karmal est absent des cérémonies du huitième anniversaire de la révolution Saur de 1978: « invité » à Moscou peu auparavant, il a eu la faiblesse de s'y rendre et paraît y être quasiment en résidence surveillée [99]. Une semaine plus tard, le comité central du Parti Démocratique du Peuple d'Afganistan « accepte sa démission pour raisons de santé ». L'assemblée « élit » Najibullah (qui préfère alors se faire appeler « Najib », patronyme débarrassé de toute connotation religieuse) secrétaire général du Pdpa: les Soviétiques ont placé en lui, à l'époque, toute leur perverse complaisance [100]. Karmal résiste, ses partisans manifestent et sept d'entre eux sont abattus par l'armée d'occupation devant le palais présidentiel, le 16 mai [101].

Gorbatchev n'entend pas ne recourir qu'aux armes: il fait donner les porte-plumes. Et Amnesty International de besogner. Elle publie son *Rapport Annuel* en octobre 1986: elle mentionne à peine les Soviétiques sur 10 lignes, pas du tout les résistances, mais elle dénonce sur 160 lignes les méthodes pratiquées par l'équipe déchue de Karmal. Le 23 décembre, après le court intérim d'un mois de Haji Mohammad Chankani, Najib accède à la charge suprême du régime-potiche aux termes d'un scrutin sans surprise et unanime [102].

Mais la gestion des affaires telle qu'il la mène difficilement, parce que lui non plus ne peut s'imposer ni aux guérillas ni aux factions proliférant dans le corps moribond du Pdpa, ne convient pas, très rapidement, à ses protecteurs [103]. Ses ouvertures de « paix » et de « réconciliation nationale » ne rencontrent que peu d'échos parmi les *insurgés* [104]. Or, Moscou est déterminée à se sortir du guêpier afghan, non pas coûte que coûte mais tout au moins au prix de concessions majeures. Pour l'y aider, Armand Hammer fait la navette jusqu'en Chine continentale. En janvier 1987, le ministre soviétique des Affaires Etrangères, Edouard Chevarnadze et l'ambassadeur à Washington

99 — *The Japan Times,* 28 avril et 1er mai 1986.
100 — *The Japan Times,* 7 mai 1986. A l'époque de la présidence d'Amin, Najibullah avait été « exilé » en Iran où il dirigeait l'ambassade de Kaboul; il réussit à s'enfuir à Prague et revint en Afghanistan en décembre 1979; depuis cette date, il visita deux fois l'Allemagne de l'est et 10 fois l'Urss -selon *The Far Eastern Economic Review,* 3 juillet 1986.
101 — *The Japan Times,* 2 juin 1986.
102 — *The Japan Times,* 25 décembre 1986.
103 — *Asiaweek,* Hong Kong 8 janvier 1986.
104 — *The Japan Times,* 3, 5, 16, 19, 20, et 22 janvier 1987.

Anatoly Dobrynine se rendent à Kaboul pour y rencontrer Najib; ils lui annoncent les intentions arrêtées par la Place Rouge à son sujet mais sans concertation préalable [105]. Najib entend alors ce qu'il redoutait, à savoir que l'Urss ne voit plus en lui qu'une alternative: Gorbatchev n'a pas fait mystère, par exemple, qu'il avait sondé le roi en exil Zahir, disposé à former un gouvernement laïc et à oublier l'épreuve subie par les peuples depuis 1973 [106]. Les responsables soviétiques le reconnaissent périodiquement depuis l'été 1987: en commettant leur coup de force de décembre 1979 les stratèges ont commis une faute [107]. Nodari Simoniya, de l'Institut des Etudes Orientales, estime « tragique », « aventureuse » et « malheureuse » la décision d'intervenir parce que « (le Pdpa) avait une base sociale très réduite » [108]. Alexandre Prokhapov, « un auteur entretenant des liens étroits avec les militaires », écrira quelques mois plus tard dans l'hebdomadaire *La Gazette Littéraire* que « les experts qui évaluèrent la situation en Afghanistan (avant décembre 1979) ont commis des erreurs d'appréciation »[109]. Il convient dès lors de corriger la situation, dans le contexte de la « glasnost »: cinéastes et journalistes dépêchés sur place ne cachent plus le rôle prépondérant des troupes de l'Armée Rouge dans le conflit.

En mars 1988, Nikolaï Yegoritchev, un « professionnel », remplace au poste d'ambassadeur en Afghanistan Pavel Mojaïev qui appartient aussi au comité central du Pcus: les observateurs voient en cette nomination la volonté du Kremlin de traiter le problème afghan non plus en termes idéologiques mais stratégiques. Le 3 avril, Chevarnadze débarque à nouveau à Kaboul après s'être entretenu à Washington avec le secrétaire d'Etat George Shultz à la mi-mars; le 15 mars, le Pakistan a annnoncé qu'il signerait les accords de Genève portant sur le retrait des forces soviétiques. Mais Chevarnadze ne parvient pas à se faire entendre d'un Najib qui se sent trahi par ses maîtres et estime n'avoir rien à attendre d'aucun de ses opposants, marxistes ou nationalistes (ce en quoi il se trompe): « les Soviétiques ont des problèmes avec les Afghans (de la faction Parcham, dominante au sein du Pdpa) et nous l'ont dit eux-mêmes » déclare un diplomate [110]. Gorbatchev perd patience: il convoque Najib à Tachkent le 6 avril. D'une manière ou d'une autre, il

---

105 — *The Japan Times*, 7, 8, 9 et 13 janvier 1987; *The Far Eastern Economic Review*, 29 janvier 1987.

106 — *The Far Eastern Economic Review*, 11 juin 1987; *The Japan Times*, 30 juin 1987.

107 — Pour comprendre comment la décision d'envoyer le commando Alpha assassiner Amin, cf *Le Monde*, 26 décembre 1994.

108 — *The Far Eastern Economic Review*, 11 juin 1987.

109 — *The Japan Times*, 19 février 1988.

110 — *The Japan Times*, 8 avril 1988.

obtient gain de cause et, le 8 avril, le secrétaire général de l'Onu, Diego Cordovez de Cuellar, annonce que le Kremlin a décidé d'évacuer l'Afghanistan. Le 13, l'Urss, les Etats-Unis, le Pakistan et le régime de Kaboul paraphent les accords de Genève.

Un règlement, qu'on prévoit à très long terme et sanglant, paraît en vue aux plus optimistes. Amnesty International, pour sa part, annonce, le 1ᵉʳ mai, dans un rapport à la presse que Soviétiques et gouvernementaux... avaient torturé et assassiné [111], ce que tout le monde savait depuis neuf ans. Cela signifie que Gorbatchev, qui se sait obligé de concéder des vérités trop connues pour renforcer son image de marque de libéral auprès des Occidentaux, a définitivement tiré un trait sur le soutien dont le Pdpa jouissait depuis 1979. D'ailleurs, les premiers éléments soviétiques quittent l'Afghanistan le 15 février 1989.

---

[111] — *The Japan Times,* 5 mai 1988.

CHAPITRE III

CAMBODGE: L'ORDONNATEUR
DES PHNOM FUNEBRES

Phnom Penh tomba le 17 avril 1975, et il en fut pour s'en réjouir. Jacques Ducormois, dans *Le Monde*, écrivait la veille du drame que « le Cambodge sera démocratisé (et que) toutes les libertés y seront respectées ». Le 17, un autre collaborateur du grand-quotidien-indé-pendant-du-boulevard-des-Italiens, Patrice de Beers, indiquait que « la ville (était) libérée » et que « l'enthousiasme populaire (était) évident »; il expliquait que si la capitale se vidait de ses habitants, c'était « parce que les Khmers Rouges (craignaient) un bombardement de la ville (par les Américains) » [1]. Mais l'enthousiasme -celui des salles de rédaction en tout cas- ne dura pas. L'amitié légendaire bien connue des peuples d'Indochine ne résista pas à l'épreuve des contingences géopolitiques dont il faut décrire le calendrier pour comprendre le cheminement d'Amnesty International.

Tout comme à Kaboul et à Saïgon, la fin du Cambodge, si elle constituait un revers objectif du Monde-Libre auquel certains de ses dirigeants avaient contribué de façon décisive, n'était pas pour autant une victoire soviétique: il y avait recul de la civilisation décadente, mais Moscou n'engrangeait aucun gain décisif. La victoire appartenait aux radicaux au sein du Gouvernement Révolutionnaire d'Union Nationale Khmère (le Grunk), représentés par deux intellectuels formés en France, Pol Pot et Khieu Samphan: ils avaient réussi, en effet, à phagocyter, en

---

[1] — Cité par Bernard Hamel et Soth Polin in la revue *Item*, Paris 1976, pp. 137-138. Une autre explication fut donnée par *La Tribune Socialiste* (17-23 mai 1975) : « Le problème de l'Urbanisation capitaliste pose des problèmes considérables au peuple cambodgien. Le Cambodge tente de résoudre d'une manière pratique la fameuse [sic] contradiction villes-campagnes ».

1974, l'influence de Norodom Sihanouk, ex-prince et futur roi, que l'on considérait comme l'allié du Viet Nam du nord [2]. Le prince-camarade ne vivait plus qu'en sursis car ils avaient décidé de s'en débarrasser à la première occasion, comme lui aurait tenté de les faire assassiner en 1967. Au moment de la « libération » de Phnom Penh, Khieu Sampan se rendit en République Populaire de Chine. Il y remercia ses bienfaiteurs mais, à leur déconvenue, il refusa de prendre position dans le conflit dit idéologique entre Pékin et Moscou: il entendait simplement s'assurer la bienveillante neutralité de Mao Zedong face au Viet Nam car, tout comme les Chinois qui, depuis 1973, s'étaient emparés d'îles revendiquées par les deux Viet Nam, les Khmers Rouges, profitant de ce que les hordes mécanisées de Hanoï faisaient encore route vers Saïgon et le cap Saint-Jacques, investissaient d'autres îles à l'ouest de la Cochinchine. En juin, Pol Pot enjoignait aux « conseillers » du grand-frère vietnamien de quitter le pays sans délai. Le 10, les premiers coups de feu tirés de part et d'autre de la frontière illustraient une dégradation définitive dans les relations bilatérales. Des négociations, menées à Phnom Penh en mai 1976, échouaient et diverses purges à répétition décimaient les « Khmers Vietminh » suspectés, non sans raison très souvent, de sympathie envers les successeurs de Ho Chi Minh. Quelques survivants, traqués, passaient sous la protection des armées vietnamiennes prêtes à en découdre; on cantonna les fugitifs dans les confins du « bec de canard » : dans trois ans, ils deviendraient célèbres.

De part et d'autre, on attendit. Le Viet Nam, puissance non encore régionale et déjà en délicatesse avec Pékin, ne pouvait répondre aux provocations des Khmers Rouges sans l'amitié active d'une super-puissance. Il savait que la Chine continentale était « un tigre de papier », mais aussi que ce tigre de papier lui ferait mal s'il griffait: il fallait que le Viet Nam gagnât les faveurs de Moscou qui ne s'empressait pas de les lui accorder. Leonid Brejnev n'avait pas encore « digéré » la réunification du nord et du sud Viet Nam, votée le 2 juillet 1976 par l'assemblée nationale réunie dans la capitale tonkinoise et dont l'Urss ne voulait pas, et il entendait composer avec les trois pays de l'Indochine sur une base égale. Mais le Kampuchéa, par une insigne maladresse, allait lui forcer la main.

---

2 — Il avait rompu ses relations économiques et diplomatiques avec les Etats-Unis en 1963 et 1965, réuni dans son royaume les représentants de la gauche indochinoise afin de définir, avec eux, ce que serait la « neutralité » cambodgienne, et accordé un « sanctuaire » aux Vietnamiens du nord et au Viet Cong pour mener à partir de là leurs opérations contre le Viet Nam du sud.

En septembre 1977, Pol Pot rééditait le voyage de Khieu Samphan à Pékin. Il rencontrait en grande pompe le secrétaire général du Parti Communiste de Chine Hua Guofeng, le secrétaire général adjoint Deng Xiaoping et les principaux membres du politburo. Le 29 septembre, lors d'un discours-fleuve de six heures, Pol Pot annonçait subitement que le Parti Communiste du Kampuchéa fêtait ce jour-là son 17ème anniversaire, reconnaissant ainsi pour la première fois l'essence marxiste du régime (la constitution adoptée par les « élus » en janvier ne faisait pas référence à cette idéologie), et divulga qu'il le dirigeait. Dans les jours qui suivirent, il loua l'œuvre de Mao, décédé un an auparavant et que Deng commençait à critiquer, le qualifiant de « grand prolétaire, combattant international de notre époque et grand-camarade-en-arme du peuple khmer ». Au moment de prendre congé de ses hôtes, il crut bon de souligner que les pourparlers qu'il avait eus avec eux s'étaient déroulés « dans une atmosphère de grande sincérité et de compréhension mutuelle entre camarades-en-armes »[3]. Pol Pot se déclarait ainsi officieusement (mais on ne peut plus clairement) en état de belligérance avec les Soviétiques et les Vietnamiens, la rupture avec Moscou était consommée, et le premier ministre Pham Van Dong ne mit pas longtemps à le comprendre. En décembre, les armées du mythique général Vo Nguyen Giap déclenchaient une offensive en direction de Phnom Penh. Une mauvaise évaluation des capacités de résistance de l'adversaire, une planification négligée et un appel au secours lancé au reste du monde à la radio de Khieu Sampan le 31, eurent raison des agresseurs qui se replièrent dans l'attente de lendemains meilleurs.

Dès février 1978, le général Tran Van Tra débarquait à Moscou pour qu'on lui octroyât le feu vert afin de repasser à l'attaque en lui fournissant matériel et soutien (im)moral. Le Kremlin se fit tirer l'oreille, le Viet Nam dut adhérer au Comecon le 29 juin. Mais cela s'avérait encore insuffisant. Si bien que les préparatifs du général Van Tieu Dung furent suspendus. De plus, si le général chinois Chen Xilieu refusait, en août, à Pol Pot un traité d'alliance et d'amitié qui l'eût efficacement protégé contre les velléités de Hanoï d'en finir avec son voisin occidental, le traité de paix nippo-chinois du même mois laissait planer un doute sur l'attitude de Pékin dans le cas d'une invasion du Cambodge.

Mais le 3 novembre, le secrétaire général du Parti Communiste du Viet Nam, Le Duan, et le premier ministre, Pham Van Dong, signaient enfin à leur tour un traité d'amitié et de coopération avec Moscou.

---

3 — *The Japan Times,* Tokyo, 29 et 30 septembre 1977.

57

L'Inde de (Mme) Indira Gandhi avait passé un accord semblable en août 1971 avec l'Urss, afin de neutraliser toute éventuelle intervention chinoise dans l'Himalaya et d'attaquer, en position de force et au nom d'un gouvernement fantoche installé chez elle, le Pakistan oriental quatre mois plus tard. Le scénario se répéta aux moindres détails près: le Front d'Union Nationale pour le Statut du Kampuchéa (le Funsk), avec à sa tête l'ancien Khmer Rouge « Vietminh » Heng Samrin, naquit le 3 décembre en territoire vietnamien; le 25 et « à sa requête », les divisions de Hanoï du général Le Duc Anh franchissaient la frontière et s'emparaient de Phnom Penh le 7 janvier 1979. Le 18 janvier, un traité d'amitié tissait « des relations spéciales » entre les deux capitales. Moins d'un an avant Kaboul, un nouvel ordre marxiste « orthodoxe » prévalait en Extrême-Orient.

L'IMMONDE DU SILENCE

Les lignes consacrées aux événements du Cambodge par Amnesty International font irrésistiblement penser à une courbe de température. Il y en a 35 en 1975, 57 en 1976, 73 en 1977, 139 après le voyage de Pol Pot à Pékin, 37 après l'invasion soviéto-vietnamienne, 70 en 1980, 81 en 1981, 89 en 1982, 74 en 1983, et 70 en 1984. Mais il y en a 128 en 1985 et 146 en 1986 lorsque des tiraillements sérieux interviennent entre Hanoï et Moscou quant à l'administration de ce « protectorat » vietnamien que le Kremlin de Mikhaïl Gorbatchev voudrait bien récupérer sous une forme ou une autre. Le verbiage auquel recourent les *chercheurs* pour décrire ces quatre périodes ressemble -étonnamment, remarquerait Candide- à celui utilisé lors de l'affaire afghane.

Le 16 mai 1975, alors que les Khmers Rouges plongent le Cambodge dans un bain de sang à la connaissance de tout le monde [4], le secrétaire général d'Amnesty International, Martin Ennals, envoie un télégramme à Phnom Penh pour *se (réjouir) de l'esprit de large Union Nationale proclamée par le second congrès national du peuple cambodgien* [5]. Le prince Sihanouk que les Soviétiques veulent sauver d'une mort probable, est gratifié du titre de *Samdech (Monseigneur)*, comme le ministre des Affaires Etrangères afghan, Mohamed Dost, se voyait décerner de l'obséquieux *Shah*, Amin devenait *Monsieur Hafizullah Amin* et un activiste communiste vietnamien accédait au rang

---

4 — Cf *Le Journal du Dimanche*, Paris 20 avril 1975; *France-Soir,* Paris 27 avril 1975; *Le Figaro*, Paris 8 et 9 mai 1975; etc.

5 — *Rapport Annuel* 1975, p.89.

de *Monsieur*. Ce qui tendrait à prouver, s'il en était besoin, qu'il y a bien une langue de bois « amnestienne ».

Le *Rapport Annuel* 1976 baigne dans une euphorie à peine mitigée, non sans raison d'ailleurs puisque, Ducormoy s'en extasie, « une société nouvelle est assurément en gestation dans le royaume révolutionnaire »[6]. D'un côté, *il est encore difficile d'évaluer la situation des droits de l'homme, faute d'enquêtes indépendantes*[7] [une fois décodé, cela donne: le Kremlin nous a informés qu'il n'a pas encore décidé de sa politique kampuchéenne], et il se pourrait que les séides du maréchal Lon Nol [8] *aient* [seulement] *été battus*. Cela reste déjà à vérifier et, au fond, ne l'avaient-ils pas mérité? D'autre part, l'*organisation humanitaire* s'en porte garante, il n'y a pas eu de massacres même si des réfugiés l'ont affirmé: leurs récits, peut-être malveillants, *reposent sur la conviction, plutôt que sur la preuve, que lorsque des gens disparaissent d'un village, c'est qu'ils ont été emmenés pour être exécutés* [9] [sic ! Et non pas « assassinés »: en droit, l'exécution présuppose un jugement]. Amnesty International jette toute son honorabilité dans la balance: *personne n'a été exécuté* [c'est-à-dire assassiné] *au Cambodge après la prise du pouvoir communiste, à l'exception de sept super-traîtres*[10] [sic. Toujours cette phraséologie marxiste]. Amnesty International, oui, a osé: et pas une voix ne s'est élevée contre ce mensonge flagrant dans les salles de rédaction!

Le *Rapport Annuel* 1977 trahit les incertitudes du Kremlin. *Amnesty International a demandé au gouvernement cambodgien de s'expliquer sur le sort de vingt-six personnes* [11], dont on est sans nouvelles mais qu'elle ne compte pas comme disparues. Les *chercheurs*, au demeurant, se gardent d'incriminer le gouvernement Khmer Rouge encore en odeur de diablerie, et signalent que lesdites personnes ont été *rapatriées* de force par Bangkok qui fait ainsi figure de principal accusé. Ils insistent *toutefois* auprès de Pol Pot *pour qu'il ordonne une enquête* [12] car des réfugiés non refoulés par les Thaïlandais ont *prétendu* que les communistes *maltraitaient des civils* [13]. Le *centre de Londres* demande donc *au gouvernement de commenter ces allégations*. Moscou parvient à

6 — *Le Monde,* Paris 18 juillet 1975 cité par *Item*, 1976, p.137.
7 — *Rapport Annuel* 1976, p.136.
8 — Alors premier ministre, il avait destitué le mauvais petit prince Sihanouk le 18 mars 1970 et était devenu président de la république khmère.
9 — *Rapport Annuel* 1976, p.136.
10 — *Rapport Annuel* 1976, p.138.
11 — *Rapport Annuel* 1977, p.145.
12 — *Rapport Annuel* 1977, p.146.
13 — *Rapport Annuel* 1977, p.147.

ménager M. Seguin, la chèvre et le chou, se réservant de choisir entre Hanoï et Phnom Penh et de déstabiliser le Kampuchéa ou la Thaïlande.

Ce sera le Kampuchéa puisque Pol Pot se rend imprudemment en Chine Populaire, plongée en pleine anarchie, à l'automne 1977. Aussitôt, les « grands médias indépendants » découvrent l'horreur au quotidien, vieux de deux ans et demi, qui ne les avait pas préoccupés ou qu'ils avaient sciemment refusé de dénoncer [14]. Et aussitôt, le discours d'Amnesty International change. Radicalement.

Les témoignages des réfugiés, avant cette date, ne valaient rien. *Le Monde* du 22 janvier 1976 les ridiculisaient tandis que le secrétaire général du Parti Socialiste en France, François Mitterrand, les rejetait dédaigneusement [15]. L'*Organisation* chantait à l'unisson [16]: en 1976, *il était encore difficile d'évaluer la situation des droits de l'homme, faute d'enquête indépendante et les témoignages (reposaient) sur la conviction, plutôt que sur la preuve, que lorsque des gens (disparaissaient) d'un village, c'est qu'ils ont été emmenés pour être exécutés* [17]. *En l'absence de tout observateur impartial* [mais qu'est-ce qui empêchait Amnesty International d'envoyer une délégation à la frontière khméro-thaïlandaise?], *il a été impossible de vérifier les allégations d'exécutions massives et de représailles, bien que le département de la recherche* [sic] *ait remarqué qu'un certain nombre de ces allégations reposait sur des affirmations sans solidité et des récits de seconde main* [18].
Mais dès après le voyage de Pol Pot à Pékin, les *allégations sans fondement* se muent en autant de *preuves alarmantes : la situation reste* [sic. Alors qu'Amnesty International la jugeait précédemment très

---

14 — Certains feront pire que se taire, tel Noël Darboz, journaliste-tartufe sorti directement, Pernichon autant que Catani, d'un roman de Georges Bernanos, redoutant le jugement des hommes en place et non celui de Dieu, écrivant dans le quotidien parisien *La Croix-L'Evénement* du 28 mai 1986: « il n'est pas un champ de bataille en faveur des droits de l'homme où Amnesty International n'ait été présente durant ce quart de siècle: génocide commis par les Khmers Rouges (etc) ». Jean-François Lambert, président de la Section Française d'Amnesty International de 1979 à 1982, épingla le misérable écrivassier: « Honte! C'est pour moi honteux! Allons! J'étais aux affaires à cette époque. J'ai couvert les silences d'Amnesty International » dans une lettre à son rédacteur en chef Noël Copin, le 23 mai 1986 -selon *Itinéraire d'un chrétien progressiste* , Dominique Martin Morin, Bouère 1988, pp.69-72. Selon *ibid*, p.45, Jean-François Lambert, se remémorant cette période, écrit : « En relisant mes notes de l'époque et les comptes rendus des réunions, je constate que pas une fois ne fut évoqué le drame des Vietnamiens et des Cambodgiens ».
15 — « Les rares informations dont nous disposons contiennent une forte dose de fausses nouvelles, de photographies truquées, bref de provocation » -propos cité par *Item*, 1976, p.147.
16 — A l'époque, Jean-François Lambert avoue: « je pensais que les informations (du père Ponchaud) étaient les informations de l'opposition. Et c'était d'ailleurs la position d'Amnesty » in *Itinéraire d'un chrétien progressiste*, Dominique Martin Morin 1988 p.67.
17 — *Rapport Annuel* 1976, p.136.
18 — *Rapport Annuel* 1979, p.89.

satisfaisante] *caractérisée par des violations flagrantes des droits de l'homme* [19]. Les *chercheurs* découvrent subitement l'absence de procédure judiciaire, sauf *vague et toujours sommaire* ainsi qu'*arbitraire*[20]. Les camps de travail existent: encore un effort, que la propagande exige, et ils auront enfin connaissance des charniers. Ils citent déjà des... assassinats: eux qui manquaient naguère de précisions, énumèrent aujourd'hui une liste impressionnante de victimes, noms et professions compris [21]. Et, comme par hasard, ces personnes *qui auraient* [le conditionnel prévaut encore parce que Brejnev s'oppose pour l'instant à une offensive vietnamienne] *été assassinées* avaient parti lié avec un réseau dirigé par un certain Em Huon, qui « travaillait » avec Hanoï [22]. Amnesty International souligne le côté farouche des promoteurs de la réconciliation nationale qu'elle fêtait en 1975: non seulement *ils assassinent* [cette fois l'*organisation* différencie les notions d'assassinat et d'exécution] mais encore en plus *sauvagement, générale-ment au moindre signe de désobéissance ou de mécontentement.*

Si bien qu'Amnesty International ne se sent plus le droit de se taire. En juin 1978 -le mois où le Viet Nam adhère au Comecon- elle prépare une déclaration à l'intention de la commission des droits de l'homme à l'Onu. C'est ainsi que sonnera le glas pour la faction Khalk en 1979 en Afghanistan -et la symétrie ne s'arrête pas là. *Le régime du président Hafizullah Amin a été renversé, le 27 décembre 1979, par un coup d'état militaire* [23]; *des soulèvements politiques armés ont abouti en janvier 1979 au renversement du gouvernement du Kampuchéa démocratique par les forces du Front uni de Salut national du Kampuchéa* [24]. Dans un cas, c'est le commando Alpha de l'Armée Soviétique qui intervient avec dans ses bagages Karmal qui végétait dans les baraques à la frontière soviéto-afghane; dans l'autre, c'est l'armée de Hanoï devenue l'obligée du Kremlin, avec dans ses bagages Heng Samrin qui végétait dans des baraques à la frontière vietnamo-khmère. Or, si l'on sait ce qu'il en était vraiment du *coup d'Etat* en Afghanistan, il convient de connaître la réalité *des soulèvements politiques armés* au Kampuchéa: face aux 60.000 combattants Khmers Rouges mal équipés se dresse la quatrième armée du monde avec ses 650.000 fantassins, ses 1.500 chars soviétiques et américains, ses 1.200 transports de troupe blindés, ses 1.300 canons et ses 1.000 avions. Certes, une partie de ces troupes a été dirigée sur la

---

19 — *Rapport Annuel* 1978, p.173.
20 — *Rapport Annuel* 1978, p.174.
21 — *Rapport Annuel* 1978, p.174.
22 — *Rapport Annuel* 1978, pp.174-175.
23 — *Rapport Annuel* 1980, p.216.
24 — *Rapport Annuel* 1979, p.213.

frontière chinoise mais ce ne sont pas moins de 14 divisions qui déferlent sur Phnom Penh [25]; pour Amnesty International, elles *appuieront* les 8.000 faire-valoir du Funsk...

Désormais, la situation des droits-de-l'homme va apparaître à l'organisation-humanitaire comme « globalement positive ». Une seule ombre au tableau, toutefois: les réfugiés -ils sont peut-être deux millions à très vite s'entasser à la frontière avec la Thaïlande. Ils ont fui autant les Khmers Rouges que les Vietnamiens, donc le communisme. Or, c'est à Bangkok qu'Amnesty International vitupère: *des civils ont été tués parce qu'ils essayaient de fuir en Thaïlande* [26] vilipende-t-elle avant de désigner à la vindicte internationale les coupables en précisant qu'*elle a télégraphié au premier ministre thaïlandais, le pressant d'accorder l'asile à tous les civils kampuchéens cherchant refuge dans son pays* [27] et en l'accusant d'i*ncapacité grandissante* à faire face à « ses » responsabilités: on a rapporté, accuse-t-elle avec aplomb, *que des groupes de réfugiés étaient maltraités dans les camps et que la police a fait preuve de brutalité* [28].

En agissant de la sorte, les *chercheurs* détournent l'attention de « l'opinion publique », profondément choquée, du mal marxiste. Ils cachent les raisons qui ont incité les Vietnamiens à permettre, sinon à inciter [29], les populations à fuir en terre étrangère. En ce qui concernait les Cochinchinois (ces boat people qui votèrent avec leurs rames), Le Van Cuc, ancien diplomate qui négocia les « accords » de Paris et travaillait maintenant sous les ordres directs du premier ministre Pham Van Dong, fixait la valeur des candidats à l'exil en fonction de leurs diplômes et des ressources de leurs familles installées à l'étranger -ce marchandage avait un cours officiel dans les pays communistes: le procédé renflouait partiellement et temporairement les caisses de l'Etat et, au Viet Nam, il « homogénéisait » la « race » vietnamienne en favorisant le départ de la classe riche de la communauté chinoise, les Hoa [30]. L'exode massif des Cambodgiens (les land people) obéissait à une logique complémentaire: à long terme, le pays, vidé de ses survivants, deviendrait, pensait-on, une province annexe du Viet Nam

---

[25] — Roger Holeindre et Marcel Marsal *Hanoï: combats pour un empire*, Jacques Grancher, Paris 1979, pp.51-52.

[26] — *Rapport Annuel* 1980, p.256.

[27] — *Rapport Annuel* 1980, p.257.

[28] — *Rapport Annuel* 1980, p.253 (?).

[29] — Des réfugiés nous ont dit que les Vietnamiens leur avaient balisé certaines voies d'accès pour pénétrer en Thaïlande.

[30] — *Valeurs Actuelles*, Paris 24 août 1981.

qui finirait par être « colonisée » un jour pas si lointain [31]. Dans l'immédiat, les réfugiés doivent servir à déstabiliser, par leur soudain afflux, le gouvernement conservateur thaïlandais qui a déjà demandé aux Américains de quitter le pays et se trouve à peu près isolé: profitant de son désarroi, le Parti Communiste local (il représente alors une force considérable), popularisé dans les médias occidentaux par les journalistes partis du Viet Nam en 1975 et qui reprennent du service dans les confortables bordels de Bangkok, a toutes les chances de créer une « zone libérée » avec son propre gouvernement « national et démocratique » -lequel se réserverait le droit souverain de faire appel à Hanoï pour le défendre, au nom des intérêts des opprimés.

Amnesty International ne demande pas aux communistes de s'humaniser: elle lance, le 15 juillet à la tribune de l'Onu, un appel (qui équivaut à une condamnation) au gouvernement thaïlandais *pour que cessent les refoulements* [32]. Bangkok vacille. Mais les Thaïlandais, confrontés à leur survie, ont une réaction presqu'unanime: il sont trop décidés, trop nombreux (environ 50 millions, c'est-à-dire à peu près autant que l'ensemble des Vietnamiens). Ils trouvent en outre quelques alliés. Hanoï doit se résigner à surseoir à l'invasion de la région jusqu'au détroit de Malacca. Le clan militariste de Pham Van Dong devra se contenter, non sans arrière-pensées expansionnistes, de réorganiser l'Indochine dans un premier temps. Amnesty International l'y aidera.

TE DEUM POUR UN GENOCIDE

Au Kremlin, en effet, Brejnev médite. On l'a vu, l'annexion du Viet Nam du sud par Hanoï en juillet 1976 contrariait ses plans. Il avait misé sur le Laos pour le partager en sphères d'influence soviétique et chinoise, or Pham Van Dong et Le Duan s'étaient rendus à Vientiane le 18 juillet 1977 pour y imposer, pour 25 années renouvelables, leur « protectorat ». Ils avaient ainsi délimité les prétentions soviétiques, devenues encombrantes pour eux depuis les accords économiques soviéto-laotiens de janvier 1975 et d'avril 1976, et mis fin aux trop féquents voyages du premier ministre Kaysone Phomvihane à Moscou. Les 1.000 conseillers soviétiques et leurs 800 auxiliaires cubains avaient vite compris que leur présence était superflue, sinon nuisible à l'entente cordiale et prolétarienne. En 1979, le Cambodge, lui aussi croqué, échappait aux convoitises du gourmand ministre des Affaires Etrangères, Andrei Gromyko. Amnesty International résuma donc la situation avec

---

31 — *L'Impact-Suisse,* Genève octobre 1981.
32 — *Rapport Annuel* 1980, p.253 (?).

circonspection: après tout, le retour aux affaires en Chine Populaire de Deng Xiaoping, qui avait écarté sans ménagement les gauchistes du Pcc et marginalisé le faible Hua Guofeng, pouvait s'avérer favorable à l'Urss; d'un autre côté, son alliance défensive passée, de facto aux yeux des paranoïaques de la Place Rouge, avec Tokyo et Washington ainsi que son voyage aux Etats-Unis incitait à beaucoup de prudence.

L'*Organisation* relate donc *des bruits selon lesquels des fonctionnaires anti-vietnamiens* [et peut-être pro-soviétiques] *auraient été exécutés* [33]. Mais Phnom Penh a rigoureusement démenti, et Amnesty International s'en tient à ces déclarations. Malgré d'autres « bavures », telle l'exécution de *certains criminels de droit commun* [34] et l'arrestation de 300 personnes [35], les *chercheurs* se réjouissent de la situation d'ensemble. En effet, les barbares rouges ont sacrifié au dieu-tabou des démocraties: des élections locales [c'est-à-dire un candidat du parti unique par arrondissement] *se sont tenues en mars 1981* [36] *et l'assemblée nationale élue le 1er mai 1981 a adopté le 24 juin la première constitution de la RPK (...) garantissant la liberté de conviction religieuse, de parole, de presse* (etc). Soit une énumération longue de 13 lignes... conclue benoîtement par une clause stipulant -mais Amnesty International ne s'en préoccupe pas- que *l'ensemble des droits est limité par l'obligation pour tous les citoyens d'appliquer la ligne de la politique de l'Etat et de servir la cause de l'Etat* [37]. En conséquence, *les chercheurs se félicitent de l'interdiction, figurant dans les directives du 15 avril 1979 du Conseil Révolutionnaire du Peuple concernant les criminels, de tout acte de cruauté contre les fonctionnaires et les militaires du Kampuchéa démocratique emprisonnés* [38].

La guerre et les massacres, comme en Afghanistan, n'incombent pas aux occupants. Les responsables en sont *ces noyaux de résistance* [39], *ces groupes armés (...) qui ont formé un gouvernement de coalition en juin 1982* [40] et qui se heurtent à *l'Armée populaire du Kampuchéa appuyée* [sic] *par les forces vietnamiennes* [41]. Là encore, Amnesty International déforme la réalité. Certes, les résistances khmères n'ont pas la puissance des Afghans; elles représentent quand même une cinquantaine de

---

33 — *Rapport Annuel* 1981, p.272.
34 — *Rapport Annuel* 1982, p.251.
35 — *Rapport Annuel* 1983, p.273.
36 — *Rapport Annuel* 1981, p.272.
37 — *Rapport Annuel* 1982, p.250.
38 — *Rapport Annuel* 1982, p.250.
39 — *Rapport Annuel* 1980, p.271.
40 — *Rapport Annuel* 1981, p.272; *Rapport Annuel* 1983, p.257.
41 — *Rapport Annuel* 1983, p.297.

milliers de combattants capables de sillonner tout le pays, d'interdire aux Vietnamiens de s'y aventurer sauf en fortes concentrations. D'autre part, les bodoïs n'appuient pas -du moins pas plus que les Soviétiques les régiments de Kaboul- les gouvernementaux: ceux-ci n'en sont que des auxiliaires peu sûrs. Les mutineries et les désertions dans l'armée et la milice ont atteint de telles proportions que Hanoï a dû donner l'ordre de démobiliser deux des cinq divisions laborieusement mises sur pied [42]. En fait, les guérillas se battent contre 200.000 réguliers vietnamiens. Les combats font parfois rage et des opérations de commandos, de la part des Khmers Rouges surtout, se produisent jusque dans les capitales provinciales tandis que des assassinats endeuillent aussi l'administration vietnamo-khmère à Phnom Penh. Les Vietnamiens y répondent à leur manière: alors que les belles consciences journalistiques s'émouvaient, elles se taisent quand les marxistes ont recours aux armes chimiques et ne s'indignent pas quand la radio « nationale » rejette, comme Radio-Kaboul, la responsabilité des « pluies jaunes » sur ... les résistants [43].

LE RETOURNEMENT

L'avènement au pouvoir de Mikhaïl Gorbatchev inaugure une ère nouvelle dans les relations vietnamo-soviétiques. Avec lui, le Kremlin va chercher à se rapprocher de Pékin même au prix de beaucoup de concessions: la présence de l'armée de Hanoï dans un Cambodge « finlandisé » pourrait figurer dans la liste de celles-ci. Et les *Rapports* d'Amnesty International passent à 128 et 146 lignes en 1985 et 1986.

Les *chercheurs* constatent soudain que des régions entières échappent au contrôle de Phnom Penh. Les *exécutions extra-judiciaires*, la torture [44] et *les viols* [45] constitueraient le plus sûr moyen pour les nationalistes du Front National de Libération du Peuple Khmer (Fnlpk, « pro-occidental ») de se maintenir dans les leurs. Les zones que contrôlent d'une main de fer les Khmers Rouges (que Hanoï veut anéantir en priorité mais avec lesquelles Moscou accepterait de traiter) ne sont entachées que *de détentions prolongées* qui peuvent, il est vrai, se conclure parfois par de regrettables *décès de prisonniers politiques* [46]. Il existe enfin des territoires administrés de facto par les sihanoukistes, parfois courtisés par les Vietnamiens et dont le chef est un ami personnel du président nord-coréen Kim Il sung, lequel entretient

42 — *Asiaweek,* Hong Kong 16 février 1986.
43 — *Aspects de la France*, Paris 16 septembre 1982.
44 — *Rapport Annuel* 1985, p.273.
45 — *Rapport Annuel* 1985, p.273.
46 — *Rapport Annuel* 1985, p.273.

depuis 1985 d'exceptionnellement bonnes relations avec l'Urss; Amnesty International, sans surprise, indique qu'elle *n'a reçu aucune information sur les conditions régnant dans (lesdits territoires)* [47].

Logiquement, et comme pour l'Afghanistan, le *Rapport Annuel* 1985 contient beaucoup de nuances pour ce qui concerne l'équipe officielle maintenue par les Vietnamiens. Moscou voudrait bien lui en substituer une autre et avait bien failli réussir quand son protégé Pen Sovan, alors secrétaire général du Parti Révolutionnaire du Peuple du Kampuchéa (Prpk) et président du conseil des ministres tenta une révolution de palais en novembre 1981 pour desserrer l'étreinte fraternelle de la République Socialiste du Viet Nam. Mais il fut renversé le 9 décembre suivant par la faction du Prpk tributaire de Hanoï [48]: Amnesty International écrit qu'il *démissionna* [49] et que ses partisans arrêtés *n'étaient pas d'accord avec la politique étrangère du gouvernement* [50].

La guerre qui était civile [51] se mue, avec l'arrivée au pouvoir de Gorbatchev, en *une guerre opposant l'Armée Populaire du Viet Nam* [cité ainsi, sauf erreur de notre part, pour la première fois en sept ans] *à la résistance* [52]. Les bodoïs *auraient torturé* [53] certains adversaires en 1984; désormais, *la torture aurait été systématiquement utilisée (...) par des personnels dépendant (du gouvernement* [pro-vietnamien et non pro-soviétique]) *et du Viet Nam* [54]. Le réquisitoire dure ainsi pendant 72 lignes sur 128, ce qui traduit parfaitement le malaise vietnamo-soviétique.

En juin 1985, Gorbatchev pose les premiers jalons de sa politique extrême-orientale (Océan Pacifique et Océan Indien compris) qui reprend, en la développant, celle que Brejnev avait définie en 1969 et révisée en 1982 [55] - et qui culminera avec son discours de Vladivostok en juillet 1986. Il le dira: il veut un rapprochement déjà avec Pékin. Mais il le sait: Deng Xiaoping réitérera les trois pré-conditions non-négociables à la reprise d'un dialogue approfondi -à savoir l'évacuation de l'Afghanistan, l'allégement des forces soviétiques le long de la

---

47 — *Rapport Annuel* 1985, p.273.
48 — *Aspects de la France*, 15 avril 1982 et 17 février 1983.
49 — *Rapport Annuel* 1982, p.249.
50 — *Rapport Annuel* 1982, p.250.
51 — *Rapport Annuel* 1984, p.273.
52 — *Rapport Annuel* 1985, p.273.
53 — *Rapport Annuel* 1984, p.274.
54 — *Rapport Annuel* 1985, p.275.
55 — A l'inverse de l'Afghanistan, la politique soviétique en Indochine n'a pas varié au cours des changements d'équipes au Kremlin jusqu'en 1985-1986.

frontière chinoise notamment en Mongolie et, surtout, la fin de l'occupation du Cambodge par le Viet Nam (à propos de laquelle Gorbatchev ne peut peser qu'indirectement). Amnesty International poursuit donc son travail de sape: *en 1984 et pendant les années précédentes* [à l'époque où les *chercheurs* se félicitaient de la situation domestique], *(le gouvernement de Phnom Penh) et les membres des forces militaires et de sécurité vietnamiennes (ont) violé de façon flagrante et répétée les droits de l'homme des Kampuchéens soumis à leur autorité* [on notera la progression dans les accusations] **56**; *les arrestations (restent) monnaie courante et des prisonniers politiques (...) généralement enchaînés au secret dans des cellules sans lumière pendant de longues périodes succombent aux mauvais traitements* **57**. Point d'orgue à ce réquisitoire de 64 lignes: *en juin, (Amnesty International) a écrit au vice-président du Conseil des Ministres, (...) en juillet au ministre de la Justice, (...) et en novembre au premier vice-ministre de l'Intérieur* **58** pour les rappeler à l'ordre. Dans le même temps, les Khmers Rouges sont critiqués sur 18 lignes, le Fnlpk sur 24 lignes. Les sihanoukistes ont droit à un régime de faveur, devenu habituel: malgré certaines réserves, Amnesty International dit *ne posséder aucune information* sur les zones qu'ils contrôlent **59**. Le procédé, largement utilisé avec la Corée du nord, sert à couvrir les abus qui ont lieu chez ceux dont le Kremlin voudrait se rapprocher.

APRES LA DEBACLE

La suite est trop récente pour qu'on ait à s'y attarder. D'un côté, il y a l'effondrement de l'Urss et la désorganisation totale de son économie, du cadre politique national, de sa diplomatie: le Mur de Berlin est pris d'assaut par les Allemands de l'est alors que les chancelleries soutiennent l'ordre défini tant bien que mal à Yalta en février 1945; la Roumanie se débarrasse de ses tyrans, en décembre, et ploie sous une nouvelle tyrannie démocratique. En décembre 1991, Edouard Chevarnadze, qui avait succédé à Andrei Gromyko (mis sur une « voie de garage » prestigieuse) aux Affaires Etrangères, abandonne Gorbatchev qui l'avait tiré du néant; en juin 1991, Boris Eltsine devient le premier président de Russie élu au suffrage universel. Le putsch baclé en août affaiblit un peu plus le régime: Eltsine promulgue un décret interdisant...

---

56 — *Rapport Annuel* 1986, p.254.
57 — *Rapport Annuel* 1986, p.255.
58 — *Rapport Annuel* 1986, pp.255-256.
59 — *Rapport Annuel* 1986, p.257.

le Pcus; il neutralise Gorbatchev qui a pourtant les faveurs du Monde-Libre, et, le 31 décembre, l'Urss cesse d'exister.

D'autre part, l'évolution du Cambodge échappe à peu près à toute logique. Schématiquement, l'Urss soutiendrait une coalition qui regrouperait les sihanoukistes et les communistes au pouvoir pour assurer la paix interne et faire contre-poids à l'influence vacillante du Viet Nam; mais le Kremlin n'a pas les moyens de sa politique. Il se tiendra vaguement au courant de la situation, mais sans l'influencer. Amnesty International *lance une importante campagne internationale pour rendre publique* [sic] *ses préoccupations* [60] et publie un état des lieux que l'agence de presse officielle cambodgienne juge « infondé » et que l'ambassadeur cambodgien à Moscou critique pour son ton « exagéré ».

Les quatre factions cambodgiennes (sihanoukistes, nationalistes, Khmers Rouges, gouvernementaux) parviennent à s'accorder sur un traité d'arrêt des hostilités cosigné par 19 nations le 23 octobre 1991 à Paris. Sihanoukistes et nationalistes respectent leurs engagements, mais les gouvernementaux se heurtent souvent aux Khmers Rouges surtout dans le nord et le nord-est du pays. Amnesty International se rend, pour la première fois, au Cambodge, en décembre; elle rencontre Sihanouk, ne fait pas de mystère des sympathies qu'il lui inspire [61].

En 1992, Sihanouk échoue dans sa tentative de réconcilier les factions lors de la conférence de Pékin des 7 et 8 novembre, essentiellement à cause de l'intransigeance des Khmers Rouges et du Parti du Peuple du Cambodge (Ppc) du désormais « national-communiste » Hun Sen. Amnesty International regrette que *le nombre d'homicides à motivation politique soit en augmentation* et qu'il faille en rendre le Ppc et les Khmers Rouges responsables [62]. Ppc et gouvernementaux seront régulièrement « épinglés »; les royalistes s'étant séparés de Sihanouk seront « égratignés » les années suivantes tout au long de rapports vagues qui reflètent le désarroi de l'ex-exemplaire diplomatie soviétique [63].

---

60 — *Rapport Annuel* 1988, pp.204-205.
61 — *Rapport Annuel* 1992, pp.82-84.
62 — *Rapport Annuel* 1993, pp.79-81.
63 — *Rapport Annuel* 1994, pp.91-93; *Rapport Annuel* 1995, pp.90-93.

CHAPITRE IV

VIET NAM: LE BOL DE RIXE, LA PAIX ET LA LIBERTE

Sean Mac Bride l'avouait sans honte -il s'en est même vanté: il a toujours entretenu de « bonnes relations avec les dirigeants du Nord Viet Nam »[1], et surtout avec son co-fondateur, responsable du Comintern en Extrême-Orient, Ho Chi Minh [2]. Il a raconté, dans son autobiographie, *L'exigence de la liberté*, que c'est en 1928, lors d'un « congrès anti-impérialiste » en Europe, qu'il l'avait rencontré.

Il était donc normal que dans la partie qui se jouait dans la péninsule indochinoise, Amnesty International jetât toutes ses forces du côté du brave « Oncle Ho ». Ce dernier, dont se réclamaient les étudiants chahuteurs de 1968, avait établi, dès 1957 [3], un réseau de camps de concentration à travers tout le Tonkin et avait fait massacrer les paysans hostiles à sa « réforme » agraire d'inspiration stalino-maoïste: il méritait bien qu'on l'aidât.

---

[1] — Cité in Yann Moncomble *L'irrésistible ascension du mondialisme*, Faits et Documents, Paris 1981, pp.142 et 145.

[2] — Ho quitta le Viet Nam en 1911 pour la France, l'Angleterre et les Etats-Unis. Il adhéra au Parti Communiste de France dès le congrès de Tours de 1920. Il prononça deux discours, en 1924 et 1935, lors de réunions du Comintern (il avait été étudiant à l'Université des Travailleurs d'Asie de 1934 à 1938) -selon *The Great Soviet Encyclopedia*, Moscou 1973-1983, t.28, p.50.

[3] — C'est-à-dire à une époque où le Viet Nam du nord n'avait à faire face à aucune menace de guerre: l'Urss et la Chine Populaire, officiellement alliées, se disaient prêtes à défendre son indépendance, que personne ne songeait à lui disputer; les Etats-Unis étaient à peine représentés à Saïgon.

On notera qu'un peu avant la fondation d'Amnesty International, paraissait le livre de Gérard Tongas *J'ai vécu dans l'enfer communiste et j'ai choisi la liberté*, Les Nouvelles Editions Debresse, Paris 1960 ; cet ouvrage ne constitua pas une référence pour Amnesty International.

LA MISE A MORT

Durant les vingt années de leur indépendance, les peuples du Viet Nam du sud eurent à faire face autant aux communistes qu'à leurs « alliés » américains [4]. L'ingénu John Kennedy donna l'ordre d'assassiner

---

4 — Le lecteur nous permettra une digression assez longue mais que nous jugeons indispensable.

Il est admis par à peu près tout le monde que l'engagement américian au Viet Nam aboutit à un désastre militaire et que c'est en Indochine que la Maison-Blanche connut son seul échec (si l'on excepte la mésaventure britannique du président Madison). Il nous semble que l'étude des faits montrent au contraire que les Etats-Unis d'Amérique (Eua) remportèrent, grâce à la chute de Phnom Penh, Saïgon et Vientiane un succès éclatant et parfaitement amoral. Pour étayer notre propos, nous proposons au lecteur de se demander pourquoi les Eua sont intervenus au Viet Nam et pourquoi ils s'en sont retirés. Ce qui revient à se poser une question plus large: la politique américaine au Viet Nam a-t-elle été une fin en soi? a-t-elle procédé de la volonté des hommes? ou n'a-t-elle pas été plutôt subordonnée à des impératifs mécaniques géopolitiques?

Pour comprendre l'intervention des Eua au Viet Nam, il convient d'opérer une approche sémantique très simple qui permet de déplacer l'enjeu américain dans la région. Il n'y eut pas de guerre « du » Viet Nam (ce qui impliquerait que la liberté du Viet Nam était la seule raison pour laquelle Washington fît des sacrifices) mais une guerre « au » Viet Nam (ce qui implique que le Viet Nam fut non la cause mais la conséquence très secondaire de l'intervention américaine). L'enjeu n'était donc pas l'Indochine mais ... la Chine.

Les Eua ont toujours misé, dans leur politique extrême-orientale, sur la Chine et ce de façon continue depuis le traité de Paris de 1898 aux termes duquel ils acquéraient, aux dépens de l'Espagne, les Philippines. Ce fut le cas tout au long des présidences Roosevelt, Taft, voire de Wilson alors que la Chine sombrait pour longtemps dans l'anarchie suite à la révolution nationaliste et xénophobe d'octobre 1911; cette politique fut menée avec les résultats que l'on sait par les secrétaires d'Etat John Hay et Philander Knox, qui avaient tous deux des intérêts dans les chemins de fer du trust Harriman et qui comptèrent tous deux sur l'énigmatique Willard Straight pour concrétiser sur le terrain les analyses qu'ils formulaient à partir des rapports qu'il établissait.

La nature du régime politique chinois n'a jamais importé en aucune manière aux Américains qui souhaitaient seulement que Pékin fût la capitale d'un Etat centralisé et stable (pour faire face aux ouvertures ou aux pressions russes et/ou japonaises), mais pas assez puissant toutefois pour mener une diplomatie de véritable puissance mondiale c'est-à-dire indépendante de celle de la Maison-Blanche. Chiang Kai Shek ne parvenant pas à soumettre la rébellion communiste pour diverses raisons (domestiques, étrangères, sociales, financières, économiques plus que militaires), les Eua décidèrent après des hésitations (qui n'avaient plus lieu d'être depuis la défaite du Japon en août 1945) de privilégier la victoire de l'Armée Populaire de Libération (missions Stilwell, Hurley et surtout Marshall). D'évidence, à l'issue de 20 années de guerres, seul Mao Zedong pouvait conclure les hostilités; de plus, la Maison-Blanche appréciait que son ascension à la tête du Parti Communiste se fît malgré les vœux contraires du Kremlin. Mao, maître de Pékin, aurait à chercher ailleurs qu'à Moscou des alliés pour se maintenir en place; non opposition de circonstance au stalinisme (auquel il ne se convertirait tactiquement qu'après le XXème congrès du Parti Communiste d'Union Soviétique), la précarité de son économie et de ses finances le forceraient, pensait-on, à se tourner vers les Eua, seule puissance occidentale à ne pas posséder de colonies ou de protectorats dans la région. Les Eua croyaient en une « titoïsation » de la Rpc (la Yougoslavie avait rompu en juin 1948 avec l'Urss).

Ces plans furent contrariés par la visite impromptue de Mao à Moscou à partir du 16 décembre 1949. Le 14 février 1950, il signait avec l'Urss un traité d'amitié et d'alliance dont Staline ne voulait pourtant absolument pas puisqu'il avait soutenu Chiang jusqu'au bout et que ce texte passé avec Mao permettait à ce dernier de neutraliser les opposants « pro-soviétiques » qui se manifestaient au sein du Pcc. Pour éviter la signature dudit traité dont ils avaient eu vent, Truman et le secrétaire d'Etat Dean Acheson firent savoir urbi et orbi déjà (5 janvier 1950) que les Eua n'envisageaient pas d'installer des bases militaires à Taïwan qu'ils considéraient comme partie intégrante de la Chine (alors que Chiang considérait que la Chine continentale était partie intégrante de la République de Chine), puis (12 janvier) que le périmètre défensif de la Maison-Blanche allait des Aléoutiennes aux Ryu Kyu et aux Philippines (ce qui excluait la Corée du sud qu'avaient d'ailleurs quittée, à l'exception de quelque 500 conseillers, les troupes américaines en juin 1949; et ce qui mettait la Corée sous la compétence du secrétaire d'Etat et non plus du général Mac Arthur).

Peut-être cette politique américaine aurait-elle pu se développer et favoriser l'émergence précoce d'un national-communisme en Chine. C'était sans compter avec la situation en Corée du nord: Kim Il sung avait regagné son pays dans le sillage de l'Armée Rouge en août 1945, mais ses proches entretenaient plutôt des relations personnelles avec les dirigeants du Pcc. Pour contrebalancer l'influence chinoise, Kim sonda Staline le 5 mars 1949 pour connaître son opinion au cas où ses forces armées attaqueraient la Corée du sud; il fit de même avec Mao, lequel ne lui cacha pas sa préférence pour la paix dans la région dont la Rpc avait tant besoin: Kim en avertit Staline le 19 janvier 1950; le 30 janvier, Staline informait Kim que ce dernier pouvait compter sur l'Urss; le 9 février, Chinois continentaux et Soviétiques s'accordaient pour soutenir Kim afin de conserver son amitié.

Le 25 juin 1950, l'armée nord-coréenne franchissait le 38ème parallèle. La réaction américaine ne se fit pas attendre: le 27 juin, Truman liait, dans son discours fameux, le sort de la Corée, de Taïwan et de l'Indochine -laissant entendre par ailleurs que le sort de ces trois sous-ensembles géopolitiques seraient négociables au cas où la Rpc adopterait à l'avenir une politique de conciliation favorable aux intérêts américains.

Truman tonnait donc, lançait un ordre de réarmement à grande échelle, plaçait le 7 juillet Mac Arthur à la tête des troupes de l'Onu... et donnait un gage à Mao en « neutralisant » le détroit de Formose. Officiellement, pour empêcher les communistes d'attaquer Taïwan; en réalité, pour empêcher Chiang de tirer son épingle du « jeu » en débarquant dans le Fujian dont de nombreuses unités s'étaient déplacées vers la Corée. Le message, tant à Pékin qu'à Taïpeh, était des plus clairs personne ne toucherait au « sanctuaire chinois » .

Plus tard, la Maison-Blanche montrera sa volonté d'apaisement vis-à-vis de la Rpc en limogeant Mac Arthur le 11 avril 1951 alors qu'il appelait son gouvernement à l'autoriser à pénétrer en Mandchourie, et le remplaça par le général Ridgway. Le 28 mars 1952, la Rpc acceptera de négocier avec l'Onu: les Eua lui accorderont la « marche » nord-coréenne, quitte à envenimer un peu plus les relations sino-soviétiques.

Les Eua lui accordèrent aussi la « marche » nord-vietnamienne lors des accords de Genève en 1954, sans qu'ils en fussent pour autant les premiers responsables. Et les négociations bilatérales sino-américaines entre « grands » purent commencer secrètement à Varsovie dès 1955: elles aboutiront partiellement avec les accords de Paris de janvier 1973. Pendant tout ce processus, les Eua ne manquèrent jamais de donner d'autres gages à un Mao pourtant méfiant (il pensait qu'Edgar Snow « travaillait » pour le renseignement américain): ni Taïwan, ni le Viet Nam du sud, ni la Corée du sud ne firent jamais partie de l'Otase; en revanche, ces trois pays furent liés aux Eua (comme le pendu est lié par la corde à la potence) par des accords bilatéraux avec Washington qui faisaient d'eux les otages de la Maison-Blanche; et si ces accords étaient de nature militaire, Taïwan, par exemple, dut abandonner sa position avancée au large de Shanghaï (en 1955...) et ne compter que sur ses propres forces pour défendre Kinmen et Matsu.

Ouvertement ou non, les Eua mettaient ainsi un marché en main à la Rpc: que celle-ci s'éloignât de l'Urss (qui profitait de l'existence d'un « bloc » soviéto-chinois pour peser au Proche-Orient et en Europe occidentale), qu'elle s'intégrât économiquement à la sphère américaine en Extrême-Orient et Washington lui livrerait les uns après les autres la Corée du sud, Taïwan, le Viet Nam du sud qui, sans cela, continueraient à constituer autant de menaces à sa sécurité. Ce n'est sans doute pas un hasard si Kennedy intervint de plus en plus au Viet Nam alors que les relations sino-soviétiques se dégradaient: en novembre 1963, il se débarassait de Diem qui avait le tort d'être nationaliste et qui négociait, secrètement et sans le consentement du très jaloux département d'Etat, avec le Viet Nam du nord; « l'incident » du golfe du Tonkin fut, quant à lui, contemporain à l'annonce faite par Mao à des députés japonais de l'existence d'un litige frontalier entre les deux géants communistes.

Les ouvertures américaines furent sans doute comprises à Pékin (Liu Shaoqi, Deng Xiaoping, Zhou Enlaï) mais, pour des raisons strictement politiques voire simplement personnelles, les

71

militants (Lin Biao déjà, rejoint plus tard par Jiang Qing et la bande des Quatre) l'emportèrent sur les diplomates et les économistes atterrés par les résultats du Grand Bond en Avant et la période d'Education Socialiste. Ce malentendu sino-américain se traduisait par la politique de « l'escalade » au sud et nord Viet Nam (le contingent américain passa de 16.000 hommes sous Kennedy à 550.000 sous Johnson); les faucons furent autorisés à entreprendre certaines phases du plan Phénix; et la Maison-Blanche décida de tolérer Thieu plutôt que de promouvoir la mythique Troisième Force du général Duong Van Minh.

Vint le IXème congrès du Pcc en avril 1969, quelques mois après les sanglants et surtout spectaculaires incidents frontaliers sino-soviétiques: pour la première fois et officiellement, Pékin mettait sur un pied d'égalité les Américains et les Soviétiques. Nixon comprit que le moment attendu depuis 1949 était enfin arrivé: en juillet, dans son discours de Guam, il annonçait la « vietnamisation » du conflit, c'est-à-dire le retrait progressif de l'armée américaine de la région. Il offrait ainsi la « marche » vietnamienne à Pékin tout en connaissant parfaitement l'état difficile des relations sino-vietnamiennes. Et cette initiative de se retirer du Viet Nam incombait non au secrétaire d'Etat Henry Kissinger mais au conseiller privé du président, à savoir... Acheson, ce même Acheson qui avait obtenu, en juin 1949, le désengagement américain de Corée.

En janvier-février 1972, Nixon se rendait à Pékin et à Shanghaï. Quelques mois auparavant, l'assemblée générale de l'Onu avait exclu de ses rangs Taïwan; des alliés des Eua avaient voté contre Chiang, après avoir reçu le feu vert de la Maison-Blanche (celle-ci voulant que se créât une dynamique en faveur du continent sans paraître, pour des raisons tactiques, être le moteur de cette dynamique).

D'avril à mai 1975, l'Indochine tombe. Et la victoire américaine au Viet Nam se précipite. Le conflit Hanoï-Pékin est patent; par ailleurs et pour son propre compte, Hanoï réunifie le Viet Nam en juillet 1976 au grand déplaisir de Moscou. Suivent un round d'observation entre Hanoï et Phnom Penh ainsi que la politique ouvertement anti-chinoise du Viet Nam. Pol Pot se rend à Pékin en septembre 1977, Pham Van Dong adhère au Comecon en juillet 1978. Toujours malgré l'Urss qui place ses « conseillers » un peu partout, le Viet Nam envahit le Cambodge en décembre 1978-janvier 1979 et lie le Cambodge et le Laos par des traités bilatéraux, exclusifs et à longs termes. Moscou est obligé de suivre pour ne pas paraître distancé; et cela l'arrange parfois puisque l'Armée Soviétique occupe désormais les bases de Cam Ranh et de Da Nang (ce qui lui procure alors des avantages énormes... lesquels deviendront un fardeau dès les premières années de l'ère Gorbatchev), tandis que l'armée vietnamienne prend la Chine Populaire du sud à revers.

Hier « menacé » par les Eua, Pékin l'est dorénavant et bien plus réellement par l'Urss. Or, à Pékin, à partir de 1977 (Mao est mort en septembre 1976, Hua Guofeng a été contraint de neutraliser la « Bande des Quatre », Deng est de retour), les diplomates et les économistes prennent le pas sur les militants tout juste orphelins de la Révolution Culturelle. Une nouvelle évaluation, objective et non plus entachée de paranoïa ni de vitupérations idéologiques, oblige la Rpc à se rapprocher des Eua et de leur clientèle asiatique.

Si Carter reconnaît Pékin le 1er janvier 1979 et évacue Taïwan, s'il engage un processus de « démilitarisation » en Corée du sud (qui n'aboutira pas de par la démission du général John Singlaub) la Rpc se rapproche du Japon et de la Maison-Blanche, ne soutient plus les mouvements communistes là où elle peut intervenir dans l'Association des Nations du Sud-Est Asiatique, Deng se rend aux Eua pendant que l'Armée Populaire de Libération (à laquelle il veut donner une leçon et l'obliger à accepter son programme de modernisation) se fait étriper dans le Tonkin septentrional. En 25 ans et en sacrifiant la moitié de la Corée, l'ensemble de la péninsule indochinoise, quelques dizaines de milliers de soldats américains, Washington (il faut entendre par là les « stratèges » du département d'Etat) est parvenu à atteindre pleinement les objectifs que les administrations Démocrates et Républicaines s'étaient fixées en jouant à bon escient leur atout vietnamien: l'amitié et le commerce avec la Chine. Et si les Eua connurent quelques revers, ceux-ci avaient un caractère émotionnel (décès, traumatismes psychologiques, etc) et n'intéressaient pas les froids diplômés du secrétariat d'Etat -pas plus que ne les intéressaient le sort de 900 millions de Chinois... ou même des Américains eux-mêmes. Et dans toute partie d'échecs, les champions du monde commettent aussi des erreurs, se trouvent confrontés à des problèmes inattendus: ils finissent pourtant par triompher.

Ngo Dinh Diem en novembre 1963 pour le remplacer par un général à peu près idiot, Duong Van Minh, qui présentait l'avantage non négligeable d'avoir de la famille à Hanoï... Mais de coup d'Etat en coup d'Etat, au déroulement souvent tragi-comique, un homme émergea: le général Nguyen Van Thieu, tout aussi nationaliste que Diem. Soutenu avec réticence et tactiquement par le Démocrate Lyndon Johnson pour de simples raisons de politique étrangère où la morale (la défense de la démocratie) n'avait aucune place, trahi par le Républicain Richard Nixon pour des motivations identiques, Thieu dut concéder, pied à pied, la défaite de l'Indochine lors des accords dits « de paix » à Paris le 27 janvier 1973. Il était dès lors en sursis. Il suffisait de presque rien, à partir de cette date, pour le faire crouler -avec ou sans Watergate: Amnesty International et quelques autres organes de presse couverts de leur habituelle autant qu'inadmissible impunité, se pressèrent pour l'abattre.

Le *Rapport Annuel* sur le Viet Nam pour la période 1973-1974, est long de 61 lignes. Il relaie parfaitement la thèse de la propagande communiste de l'époque, laquelle n'est pas très éloignée des analyses américaines. Le tour de passe-passe consiste à faire comme si le gouvernement de la République du Viet Nam n'existait pas. La guerre est présentée comme un conflit opposant une population héroïque, galvanisée par le dieu-parti, à une junte corrompue à la solde de l'impérialisme. Le *centre de Londres* fait merveille pour maintenir la célèbre équidistance qui lui a valu tant d'éloges flagorneurs. Sur 61 lignes, une seule est consacrée à la question des droits-de-l'homme au Viet Nam du nord, placé sous le « joug communiste » depuis 1954. Cette ligne contient toute l'ignominie de l'*Organisation*. elle est un morceau

---

[Le 30 avril 1975 fut avant tout une défaite des peuples du Viet Nam. Elle fut donc une victoire certes communiste, mais pas soviétique: Moscou qui livrait le matériel de guerre dont Hanoï avait besoin et l'avait obligé, à ce titre, à ouvrir des négociations « de paix » à Paris en 1968 (ces négociations régionales préfigurant les accords Salt et d'Helsinki), fut pris de vitesse par le général Van Tien Dung lorsqu'il déclencha son offensive finale.

De plus, Moscou était hostile à une réunification du Viet Nam pour plusieurs raisons: Brejnev préférait que le nord servît d'Etat-tampon avec la Chine; le pays divisé, la partie méridionale ne pouvait que se placer à discrétion sous l'autorité du grand-frère soviétique (et donc lui céder la base navale de Cam Ranh), afin d'éviter une annexion dont les cadres du Gouvernement Révolutionnaire Provisoire et du Viet Cong savaient ne rien attendre de bon (la suite l'a prouvé). Enfin, morcelé, le Viet Nam ne deviendrait jamais une puissance régionale: si les Soviétiques envisageaient de céder une sphère d'influence au Laos à la Chine, le marchandage signifiait que le Cambodge (du moins dans sa « partie utile ») leur reviendrait un jour.

Floué, Brejnev en conçut une amertume certaine: il faudra le voyage de Pol Pot à l'automne 1977 à Pékin pour que le Kremlin décide enfin, et à contrecoeur, d'accepter le Viet Nam dans la grande famille soviétique en 1978].

d'anthologie: *Amnesty International continue de s'occuper de sept prisonniers au Viet Nam du nord*. Un point, c'est tout, pour un pays où depuis vingt ans on vit sous le régime bolchevique revu et corrigé par Hanoï. Il reste 60 lignes pour accabler le sud, lui jeter l'opprobre et le couvrir des crachats de la Conscience Humanitaire.

Le gouvernement de Saïgon, issu d'élections supervisées par une cohorte plutôt indécente de journalistes et de chanteurs pensants, est placé sur un pied d'égalité avec le Gouvernement Révolutionnaire Provisoire (Grp) sorti de la clandestinité grâce aux diplomates réunis à Paris en 1973 et qui impose son pouvoir par la terreur [5]. Les *chercheurs* d'Amnesty International reprochent à la République du Viet Nam (Saïgon) et au Grp de n'avoir pas libéré des dizaines de milliers de civils détenus pour des raisons politiques [6]. Pour être plus clairs, les *chercheurs* se tournent vers Henry Kissinger et Le Duc Tho *pour leur demander de résoudre ce problème* [7]. Plus loin, quand ils accusent à nouveau Saïgon d'avoir *rapatrié un certain nombre d'étudiants, d'écoliers et d'intellectuels* pour les incarcérer, la tactique est la même: *le secrétaire d'Amnesty International a écrit au G.R.P., au Nord Viet Nam, au secrétaire d'Etat US* [sic.Toujours cette langue-de-bois marxiste], *au secrétaire général des Nations-Unies et aux membres de la Commission de Contrôle et de Supervision, leur demandant d'intervenir en faveur de la libération immédiate de ces personnes* [8]. Seul donc, le président Thieu pourtant mis en cause ne reçoit aucun courrier; or, mis au rang des accusés, n'est-il pas le premier intéressé? Du coup, son gouvernement devient, aux yeux de l'opinion-publique-internationale, une fiction créée artificiellement par la Maison-Blanche. Répétons-le: c'est très précisément l'image que veulent donner de la situation Moscou et une certaine coterie libérale américaine bien implantée dans l'administration Nixon.

En revanche, Thieu est utile pour la démonstration d'Amnesty International car on peut lui imputer tous les crimes. Quand l'*Organisation* parle de dizaines de milliers de prisonniers politiques, il n'est pas difficile de suivre son regard en direction des sombres geôles de Saïgon et des autres villes contrôlées par les gouvernementaux. Le Grp, lui, ne dispose que de bases le plus souvent mobiles et ne peut entretenir de système carcéral de type classique. Le gouvernement de

---

[5] — Le Front National de Libération, son bras armé, fut fondé à Hanoï en 1960. On pourra se reporter, à ce sujet, à *La vérité sur le Front National de Libération du Sud-Vietnam* in *Bulletin d'Etudes et d'Informations Politiques Internationales*, Paris 1-15 février 1967.

[6] — *Rapport Annuel* 1974, p.66.

[7] — *Rapport Annuel* 1974, p.66.

[8] — *Rapport Annuel* 1974, p.66.

Saïgon est accusé de rapatrier de force des intellectuels, parmi lesquels un avocat *renommé et adopté depuis 1972*, connu pour ses idées progressistes, et le président de l'*Union Provisoire des Etudiants* ainsi qu'un professeur *membre actif du Mouvement pour l'autodétermination des Peuples*, deux associations « proches » du Grp. Un autre étudiant attire l'attention d'Amnesty International: *Monsieur Mam*, accusé d'*être un agent communiste* -et pour les *chercheurs*, le marxisme-léninisme est une *opinion* abstraite *et* respectable.

Si le nombre des prisonniers du Viet Nam du nord ne mérite pas d'être mentionné -Amnesty International s'occupe de sept cas- combien le sud en détient-il? Le gouvernement en recense 5.081. Les comités « proches » de l'*Organisation* estiment sans rire leur nombre à *deux cent mille et plus*. Il semble que pas un militant n'ait écrit à son responsable national pour se faire expliquer la raison de cette disparité entre le nord et le sud.

Dans le rapport intitulé *Prisonniers Politiques au Viet Nam du Sud* (1973) -il n'y en eut jamais de semblable au nord- c'est le chiffre de 100.000 qui est retenu: *le nombre de 100.000 détenus cité dans le rapport Prisonniers Politiques du Viet Nam du sud est authentifié par d'autres comités qui ont estimé (leur) nombre à deux cent mille et plus...* Si les comités disent *200.000 et plus*, pourquoi retenir le chiffre de 100.000 ? Est-ce parce qu'Amnesty International n'a pas confiance dans les comités? Mais alors, comment peuvent-ils *authentifier* ? Et si le chiffre de *200.000 et plus est exact*, pourquoi le diviser? Qui oserait soutenir que trois millions de Juifs et 500 000 homosexuels périrent dans les camps nazis, sans craindre l'anathème général ?...

L'*Organisation humanitaire* prend bien sûr note des prétendus enlèvements de 17 religieuses et d'un prêtre, dénoncés par le gouvernement et l'archevêque de Saïgon... mais c'est pour conclure au manque de sérieux de ces évidentes affabulations. La cautèle d'Amnesty International ne s'arrête pas là: *Amnesty International tente d'obtenir des informations plus explicites sur 67.000 civils que Saïgon dit avoir été enlevés*. Mais les autorités administratives *n'ont pu étayer précisément si ces personnes auraient été emmenées au Viet Nam Nord ou dans les territoires occupés par le GRP*. 67.000 personnes manquent à l'appel? Amnesty International enquête alors sur ... 10 (dix) cas.

LA CHUTE

Le *Rapport Annuel* 1975 consacre 11 lignes au Viet Nam du nord, et 164 au Viet Nam du sud.

Pour le nord, les *chercheurs* s'interrogent sur le sort de dangereux musiciens incarcérés à Hanoï et qu'Amnesty International a fini par adopter sans publicité [9]. Elle évoque aussi, en passant, le cas de *deux intellectuels condamnés à des peines de prison...* en 1960. Cet intérêt intrigue. Il s'explique: le *centre de Londres* a agi en faveur des deux persécutés... *étant donné qu'ils allaient être libérés* [10]; Amnesty International se serait donc tue si leur peine n'était arrivée à son terme!

Mais les *chercheurs* ne s'attardent pas au nord, ils filent au sud, remplis d'enthousiasme puisque Saïgon est tombée: *les dizaines de milliers de prisonniers politiques détenus par le régime ont retrouvé la liberté* [11]. Du coup, les chiffres de 1979 s'avèrent exacts: 100.000 à 200.000 personnes (et plus) s'entassaient dans les prisons sudistes. Ce n'est pas une tyrannie communiste qui s'est installée à Saïgon par la violence, c'est la fuite d'une clique corrompue à la solde de l'impérialisme yankee qui a permis de libérer la ville un certain 30 avril 1975.

Tout va bien, l'ordre règne à Saïgon: « la victoire du Vietcong (...) représente, à coup sûr, la revanche de la propreté et de l'intégrité sur la souillure et le désordre » [12] explique un journaliste plein de « haine christique ». Amnesty International concède qu'il y a eu des excès, bien excusables à cause du caractère nouveau de la situation, mais tout cela est resté très en deçà de ce à quoi on aurait pu s'attendre. Les *exécutions* n'ont frappé que des *délinquants civils lorsque le G.R.P. entreprit de s'attaquer aux délits mineurs* [13]. Si les militants ont accepté cette explication sans broncher, on a du mal à comprendre. Ils appartiennent à une *organisation* qui milite à cor et à cri contre la peine de mort -et ils ne s'indignent pas quand des communistes l'appliquent pour des *délits mineurs* !

---

9 — *Rapport Annuel* 1975, p.108.

10 — Souligné par nous.

11 — *Rapport Annuel* 1975, p.106.

12 — Xavier Grall in *Témoignage Chrétien*, 12 juin 1975 -cité par Pascal Bruckner *Le sanglot de l'homme blanc*, Paris 1983, p.35.

13 — *Rapport Annuel* 1975, p.109. Rappelons (?) que, quand on découvrit les charniers de Hué après l'offensive du Têt de 1968, Amnesty International les attribua sans ciller à... *l'impitoyable tradition de la guerre* (tradition remontant sans doute à Katyn) - selon Richard Nixon *Plus jamais de Vietnams*, Albin Michel, Paris 1985, p.24.

Des prisonniers de l'ancien régime ont-ils remplacé ceux libérés par les vainqueurs? Non, assurent catégoriquement les *chercheurs*: *il semble que leur nombre soit assez faible*. On saura bientôt qu'ils étaient un million... C'est alors qu'Amnesty International lance l'ordre effarant de démobilisation: *le secrétariat international a avisé les groupes d'Amnesty International ayant des prisonniers sud-vietnamiens que ces cas devaient être considérés* [sic] *comme résolus* [14]. Et ce sont 236 sections que l'on dissout du jour au lendemain sans autres explications! S'il advenait, tout à fait par hasard, qu'un militant de base un peu moins bête que les autres s'étonnât de cet ordre surprenant, l'*Organisation*, qui connaît bien son petit monde, a mijoté des arguments pour rassurer sa belle conscience: *les premiers reportages des journalistes et d'autres observateurs se trouvant à Saïgon après la libération ont donné une image favorable de la situation* [15].

Or, comment pourrait-il en être autrement? Les correspondants qui sont restés sur place ont montré suffisamment leur connivence et leur complicité avec les communistes pour qu'on les garde encore un peu afin qu'ils servent, esclaves ravis, les nouvelles autorités. Les autres, déjà retenus à l'hôtel Caravelle, ont été dépouillés de leurs notes, de leurs cassettes et de leurs films.

Le *rapport* ne s'en tient pas là: il présente les vainqueurs sous un jour flatteur. Comme Robespierre naguère et ailleurs, *(ils insistent) beaucoup sur la réconciliation nationale*. Le Viet Nam dispose enfin d'atouts nombreux pour se régénérer, selon l'expression ancienne de Couthon, dans une ambiance de saine camaraderie.

LA NORMALISATION

Dans ces conditions, le secrétaire général d'Amnesty International *a pris bonne note des principes dont s'inspirait le G.R.P. et exprimé sa satisfaction* [16]. Rien ne viendra l'altérer.

Le *Rapport Annuel* 1975-1976, fidèle en cela à une vieille « tradition révolutionnaire », n'insiste pas sur les péripéties endurées par les détenus

---

14 — *Rapport Annuel* 1975, p.108.
15 — *Rapport Annuel* 1975, p.108.
16 — *Rapport Annuel* 1976, p.150. « La concorde nationale est une réalité » décrètait aussi de son côté « l'Humanité-Dimanche », hebdomadaire du Parti Communiste en France du 14-20 mai 1975. « Pas de bain de sang à Saïgon. Seulement cette incroyable soudaineté du passage de la terreur à l'allégresse ».

au Viet Nam du nord. L'*organisation* les ramène d'ailleurs à un *petit nombre* dont les militants n'ont pas à s'inquiéter puisque le *centre de Londres* lui-même *s'en occupe*. Bien sûr, ces « dissidents » croupissent derrière les barreaux depuis 17 ans; et alors? ne finissent-ils jamais par être élargis un jour ou l'autre? La preuve, les *chercheurs* l'administrent par a moins b: des deux internés qui allaient être relâchés l'année précédente incessamment, l'un (un seulement) l'a été. Soit 50% des effectifs qui « préoccupaient » l'*Organisation*: de quoi se réjouir...

Au sud, on assiste à une résurrection de l'Age d'Or, décrite en 145 lignes enthousiastes (contre 11 pour le Viet Nam du nord). Les bons sauvages idéalisés par les beaux quartiers libèrent... à la chaîne, bien qu'ils aient déjà vidé les prisons en avril-mai 1975: comprenne qui pourra! L'administration se montre particulièrement bienveillante et prévenante envers les hommes de troupe: *à la fin de leurs cours* [sic. Oui! Amnesty International assimile les camps de concentration à des lycées et les séances d'autocritique et de dénonciations à des *cours*][17], ils reçoivent un certificat de civisme les autorisant à chercher du travail. La magnanimité des bureaucrates s'étend même aux officiers qui ne le méritent pourtant pas, leurs grades indiquant assez leur culpabilité: *le 9 septembre, la presse* [devenue officielle, comme à Kaboul] *a fait état de la libération de 800 d'entre eux* [18].

Le reste n'est que vétille. Certes, on continue d'exécuter des délinquants, mais -franchement pouvait-on-faire autrement? Il ne s'agissait que de *voleurs* et de *pillards*, *selon la presse* [19]. Les autorités avaient-elles le droit de ne pas *enrayer la vague de criminalité qui déferlait sur Saïgon après le changement de régime*? Et ce notamment -*les journalistes l'ont rappelé*- à une époque *où la ville ne disposait d'aucune force de police* [sic]? Certes, il y a eu des exécutions, mais seulement *parce qu'il nous arrive de punir sévèrement* confie cette même (Mme) Nguyen Thi Binh que courtisaient à Paris les journalistes. Mais on punit avec discernement: des *saboteurs* qui vivent *cachés* ainsi que *deux criminels de guerre* [sic] *et deux anciens agents des services spéciaux*. Enfin, la peine de mort n'est-elle pas spontanément requise par le « Peuple » auquel on résiste difficilement dans un régime démocratique? Ici, en effet, pas de huis-clos, mais des stades où 10.000 personnes assemblées, apeurées et effrayantes, assistent aux « procès ». Amnesty International trouve très corrects ces procès.

---

17 — *Rapport Annuel* 1976, p.151.
18 — *Rapport Annuel* 1976, p.149.
19 — *Rapport Annuel* 1976, p.150.

L'enivrement de commande prévaut dans les *Rapports Annuels* 1977 et 1978, avec quelques nuances parce que les relations soviéto-vietnamiennes sont marquées par l'ambiguïté jusqu'à la fin de l'année 1978. Amnesty International s'efforce de comprendre les policiers vietnamiens. Quelle population surveillent-ils? Des durs uniquement, pratiquement irrécupérables: *des bérets verts, des paras* [sic], *des rangers, des marines, des agents secrets formés aux Etats-Unis* [20]. A ceux-là, il faudra, précisent les autorités de Ho Chi Minh Ville, au moins trois ans de rééducation: tout dépendra des « progrès » constatés. Amnesty International refuse, en tant qu'*organisation* humanitaire responsable, de céder à une facile sensiblerie petite-bourgeoise. Le sort de ces infâmes stipendiés de l'impérialisme ressemblerait d'ailleurs, à l'en croire, à celui des vacanciers des stations estivales du Club Méditerranée où les gentils organisateurs seraient des commissaires politiques: *la rééducation* [sic] *consiste en travaux manuels* [sic] *pendant la journée avec séances d'auto-critiques le soir* [21]. Amnesty International ne lance pas ces propos en l'air; elle se réfère à des sources impartiales, à savoir *des journalistes autorisés à visiter les camps*. L'un de ceux-ci appartient au *Washington Post*, quotidien des financiers mondialistes. Il n'hésite pas à donner ses sources dans un article du 15 février 1977: il rédige son texte *d'après les déclarations du directeur des services de rééducation* [sic]. Et, comme les vacances, les camps ont une fin: selon l'Agence de Presse Vietnamienne, plus de *1.000* [anciens] *officiers* ont été relâchés. La performance est modeste, elle suffit pourtant aux humanistes du *centre de Londres* qui ne s'inquiètent pas ni n'enquêtent quand la presse occidentale [22] reproduit un article du directeur de la commission du Plan paru dans une revue mensuelle de Hanoï: le personnage écrit que son gouvernement envisage de « déplacer », c'est-à-dire déporter, 10 millions de Vietnamiens pour les installer dans les terribles parce qu'insalubres Nouvelles Zones Economiques. Les statuts d'Amnesty International en font foi: son action se limite aux *prisonniers d'opinion*; elle ne peut donc s'occuper ou se préoccuper de ces malheureux [23].

---

[20] — *Rapport Annuel* 1977, p.169.

[21] — *Rapport Annuel* 1977, p.170.

[22] — *L'Aurore*, Paris 5 mai 1977. Le quotidien puisait ses informations en Yougoslavie. Le journaliste Dragoslav Rancie, de la revue *Politika*, écrivait en effet que le gouvernement de Hanoï planifiait de déporter 10 millions de personnes vers les Nouvelles Zones Economiques -cité également par *The Japan times,* Tokyo 11 avril 1978.

[23] — L'organe du parti *Nham Dan*, indiquera, le 24 janvier 1989, que « plus de trois millions de Vietnamiens » avaient été « déplacés » dans les Nze depuis 1976. Notant les limites du « succès » de l'entreprise, l'article précisera que l'expérience continuerait pourtant -selon *The Daily Yomiuri*, Tokyo 25 janvier 1989.

Quelques critiques, très peu, percent timidement à l'égard du Parti Communiste [24]. Celui-ci n'a-t-il pas incarcéré le fameux avocat Tran Van Tuyen, ennemi de toujours du président Thieu... et favorable aux Soviétiques? Et Luong Trong Trong, de la secte des Hoa Hao, qui déconseillait à ses partisans de prendre le maquis [25] et de tolérer l'intolérable? Et *un célèbre romancier qui prit part, avant 1954, à la lutte du Viet Minh contre les Français* [26]?

Les affaires religieuses sont plus complexes et exigent un maniement prudent. Les autorités de Hanoï ont tort également lorsqu'elles s'en prennent aux membres de la pagode An Quang qui avait pourtant joué un *rôle considérable (...) dans le mouvement pacifiste du Sud Viet Nam*. En revanche, on les comprend si elles sévissent contre *un petit groupe de prêtres radicaux* [sic. Des « Lefebvristes », sans doute] *désireux d'empêcher tout changement précipité*. Une explication lexicographique s'impose: sont radicaux les fidèles à la foi catholique, apostolique et romaine -et le *changement précipité*, c'est l'avènement inéluctable du dieu-progrès.

Les autorités communistes sont approuvées lorsqu'elles interviennent contre des religieux réputés désaxés. Selon *divers témoins*, un bonze, dont les honnêtes gens disent qu'il s'est suicidé pour protester contre la répression anti-religieuse, aurait *assassiné deux nonnes après les avoir rendues enceintes et conservé la même conduite immorale après la libération* [sic] *du Sud Viet Nam. Se sentant découvert, il avait* [cette fois l'indicatif remplace le conditionnel] *décidé de mettre fin à ses jours et avait tué onze personnes avant de s'immoler par le feu* [27]. Le thème n'a guère varié depuis les Encyclopédistes et 1789.

Quant aux prisonniers, Amnesty International refuse de se prononcer sur eux. Pourquoi? Parce que si des chiffres lui parviennent quant à leur nombre [28], ces estimations *présentent (trop de) variations considérables* [il y avait aussi des *variations considérables* entre les statistiques du gouvernement de Saigon et de *divers comités* (de 5 000 à 200 000 prisonniers). Amnesty International donnait pourtant raison

---

[24] — Il avait repris son nom original (qui remontait à 1930) lors du 4ème congrès du Parti des Travailleurs en juillet 1976.

[25] — *Rapport Annuel* 1977, p.171.

[26] — *Rapport Annuel* 1978, p.200.

[27] — *Rapport Annuel* 1977, p.171.

[28] — Selon *Le Monde*, Paris 19 avril 1978, le nombre de prisonniers oscillait entre 50.000 à 80.000; selon l'agence Reuter du 2 novembre 1977, ils étaient 150.000; selon *The Washington Post*, Washington 20 décembre 1978, de 150.000 à 200.000; selon l'Agence France-Presse, du 12 février 1978, 300.000. Le gouvernement en comptabilisait...500 -selon *Rapport Annuel* 1977, p.169.

auxdits *comités*] pour que les unes ou les autres puissent être prises sérieusement en considération. De plus, ces prisonniers sont-ils vraiment des prisonniers au sens amnestien du terme? Amnesty International en doute: *certaines estimations semblent inclure non seulement des prisonniers mais également les citadins transférés à la campagne* [sic. Qui oserait écrire aujourd'hui que les Allemands transférèrent des Juifs à la campagne de 1933 à 1945, sans craindre l'anathème général? Et pour rester en Extrême-Orient, les Khmers Rouges aussi transférèrent à la campagne les Cambodgiens: on sait dans quelles conditions]. *C'est peut-être le cas du chiffre donné par un ancien étudiant qui avance celui de 800.000* [29].

En conclusion, Amnesty International se croit autorisée à écrire *au gouvernement vietnamien pour le féliciter* [sic] *de poursuivre l'examen des possibilités de libération de personnes réunies* [sic] *en vue d'une réforme collective* [sic] *et qui ont fait des progrès réels* [sic]. Peut-on aller encore plus loin dans le mensonge, la désinformation, la servilité? Avec Amnesty International, la réponse est oui à coup sûr.

1979 : ENQUETE AU PAYS DES (SO)VIETS

Du 10 au 21 décembre 1979, une mission amnestienne de quatre personnes se hâte vers la capitale vietnamienne. Elle sait qu'elle va y être reçue à bras ouverts -grâce aux « bonnes relations » entretenues entre Mac Bride et le régime de Hanoï. De fait, celui-ci s'est bel et bien inféodé au bloc soviétique en 1978 aux termes d'un traité d'amitié et de son adhésion au Comecon. D'autre part, la délégation est l'invitée personnelle du premier ministre Pham Van Dong. Du 10 au 21 décembre, donc, la bande des quatre rencontre le gratin de la nomenklatura viet: le premier ministre, des membres de l'Association des Juristes Communistes, et d'autres personnalités de tous les horizons politiques: le vice-président (communiste) du Comité (communiste) Populaire de Ho Chi Minh Ville, un haut magistrat (communiste) de cette cité conquise, ainsi que des membres (communistes) du Front de la Patrie (communiste) -et des directeurs (communistes) de prison... à défaut de prisonniers (souvent anti-communistes).

Les quatre Amnestiens reviennent avec un mince rapport de ... 25 pages. Il grossira jusqu'à en atteindre 70 après une gestation d'une année et grâce à un dialogue (évidemment) constructif entre les

---

29 — *Rapport Annuel* 1979, p.145.

chercheurs et les autorités communistes. Subdivisé en cinq parties, il paraîtra en France en 1981 sous le titre *Viet Nam: Rapport de Mission en République Socialiste du Viet Nam -Réponses et commentaires.*

La préface du livret n'insiste pas trop sur les *importants changements politiques* [30] survenus en avril 1975. En quelques mots, Amnesty International fait brièvement part d'une inquiétude à propos de *l'arrestation pour motifs politiques de personnes qui n'avaient eu aucun lien avec l'ancien gouvernement Thieu ou avec la présence américaine* [31]. Le rapport évoque également de façon rapide *les milliers de personnes retenues dans les camps de rééducation*, mais ne dit rien du régime carcéral et ne préconise pas son démantèlement. Tout au plus propose-t-elle des réformes pour les détenus dont *l'état de santé nécessite un traitement spécialisé* [32].

En revanche, les rapporteurs d'Amnesty International n'ont rien retenu des déclarations de leur hôte, le premier ministre Pham Van Dong, qui admettait à l'époque de la réunification de juillet 1976 que, selon ses services, sept à dix millions de Vietnamiens « libérés » étaient considérés comme non-rééducables et qu'il faudrait s'en débarrasser d'une façon ou d'une autre [33] -et ils ne demandent donc pas d'éclaircissement sur cette déclaration. Amnesty International se tait également sur les 500.000 boat people qui ont déjà fui le pays à cette date, en payant les prix imposés par un bureau dépendant directement du premier ministre [34]. Amnesty International est solennellement muette sur la famine planifiée -comme au temps de Staline en Ukraine- dans les Nouvelles Zones Economiques, qui ont déjà tué peut-être un million de personnes [35]. Bref, comme à Kaboul, Amnesty International pactise, sereine, avec les tueurs.

Après la préface vient un *Mémorandum Soumis à la République Socialiste du Viet Nam (R.S.V.N.)* en mai 1980. 223 lignes énumèrent les règlements vietnamiens sans analyse ni confrontation avec la réalité; 228 lignes énoncent des généralités oiseuses d'ordre humanitaire, sans compter 23 lignes d'apostilles ayant trait aux articles de la déclaration-

---

[30] — *Edition Française d'Amnesty International* 1981, p.5.
[31] — *Edition Française d'Amnesty International* 1981, pp.5-6.
[32] — *Edition Française d'Amnesty International* 1981, p.7.
[33] — Union Nationale Interuniversitaire (1977 ou 1978).
[34] — Or, comment les *chercheurs* pourraient-ils ignorer la déclaration du ministre australien de l'Immigration, Michael Mac Kellar, en date du 4 janvier 1979, dans laquelle il indiquait les barèmes qu'avaient à verser les réfugiés aux autorités légales -selon *The Japan times,* 6 janvier 1979.
[35] — Chiffres avancés par l'Association pour la Lutte des Droits de l'Homme au Viet Nam (Aldhvn).

des-droits-de-l'homme ou à des textes internationaux. Il reste 77 lignes pour des *recommandations*, sur un total de 780 lignes. Ce qui signifie que 193 lignes à peine ont pris en considération le sort des Vietnamiens. Cela valait-il vraiment le voyage de quatre personnes pendant 11 jours, soit une moyenne de 4,3 lignes par jour et par personne.

Sur ces 193 lignes, 21 concernent encore Ho Huu Tong, *érudit qui a passé des années de prison sous le régime colonial* [sic] *français et fut condamné à mort* [mais ne fut pas exécuté] *en 1957* [36], et Nguyen Tran Huyen, *emprisonné sous le régime de Diem au cours des années 1950*. D'autre part, Amnesty International accuse la politique française, qui devient la source de tous les maux du Viet Nam, la France ayant contesté la déclaration d'indépendance « accordée » par les troupes japonaises d'occupation en 1945.

Dans une formulation qui appartient à la plus pure phraséologie marxiste, Amnesty International déclare être *consciente de la spécificité du développement historique du Viet Nam* [sic. Sans rire]. Dans cette perspective, elle admet bien volontiers les difficultés éprouvées par le Grp *en mai 1975, devant le problème soulevé par le désarmement d'une force hostile de 1.300.000 hommes* [37]: cela signifie-t-il que les Vietnamiens du sud n'ont pas été libérés le 30 avril 1975? Amnesty International comprend que la rééducation *a été instaurée à des fins de réconciliation nationale au lieu de rechercher la vengeance!* Oui, l'*organisation humanitaire* donne sa bénédiction laïque aux camps de concentration et d'extermination de « l'Enfer vert » , devenus par une grâce spéciale des lieux de pardon et de fraternité! Le cambo Georges Boudarel a trouvé des émules. C'est abject, c'est Amnesty International. Le *centre de Londres* légitimise la détérioration préméditée des conditions planifiées de détention qui seraient dûes *aux difficultés économiques actuelles*. En réalité, selon la propagande communiste de l'heure, ces difficultés incombent à de soi-disantes menaces d'une invasion... américano-chinoise [38]. Pour faire bonne mesure, Amnesty International ajoute comme cause à la famine des détenus les relations tendues... sino-vietnamiennes [39] et la situation au Cambodge -comme si l'invasion du Cambodge n'avait pas été envisagée dès 1930 par Ho Chi Minh qui prévoyait déjà le repli du Corps Expéditionnaire Français d'Extrême-Orient.

---

[36] — *Edition Française d'Amnesty International* 1981, p.18.
[37] — *Edition Française d'Amnesty International* 1981, p.14.
[38] — *Edition Française d'Amnesty International* 1981, p.25.
[39] — *Edition Française d'Amnesty International* 1981, p.14.

Amnesty International ajoute à l'ignominie la fausse humilité, et elle le fait de manière ostentatoire, se jugeant elle-même inapte à *établir un bilan d'ensemble des conditions dans les camps.* Sa conclusion est un soupir de satisfaction. Si la durée des stages de rééducation excède généralement le temps prévu (trois ans pour les plus endurcis des nationalistes), *les autorités (...) procèdent à un réexamen de la législation pénale* [40] et la peine de mort, bien que non supprimée, est *peu appliquée* [41] !

Au *Memorandum* fait suite une *Réponse du Gouvernement au Memorandum,* reproduite in extenso sur 13 pages. Ladite *Réponse* appelle un *Aide-Mémoire* long de 17 pages et daté de décembre 1980. Le mot de la fin appartient à Hanoï avec ses *Commentaires Concernant l'Aide-Mémoire,* de quatre pages.

L'opuscule n'est ni plus ni moins qu'une tribune offerte au Parti Communiste du Viet Nam, par l'intermédiaire de chère Amnesty International. Celle-ci, d'ailleurs, *remercie le gouvernement vietnamien pour ses réponses* [42] et pour l'ambiance *ouverte et franche* [43] dans laquelle se sont déroulés les pourparlers entre *chercheurs* et fonctionnaires de l'ambassade de la Rsvn à Londres. Elle note avec *satisfaction* (comme à Kaboul) les assurances renouvelées du gouvernement marxiste d'adhérer aux principes de la Liberté: *elle considère comme un développement important la déclaration (de Hanoï) selon laquelle il envisagerait sérieusement des mesures permettant le renvoi à bref délai dans leurs familles des personnes encore détenues* [depuis mai 1975], *ce qui contribuera* [Amnesty International, quand il le faut, sait se payer de mots] *à dissiper le malaise* [sic] *existant aussi bien à l'intérieur du pays qu'à l'étranger* [44]. Elle note aussi que -comme à Kaboul- les autorités ont réaffirmé *l'interdiction formelle de la torture.*

En conséquence, *(elle) tient à exprimer sa satisfaction* à un interlocuteur dont elle a *apprécié la franchise!*

---

[40] — *Edition Française d'Amnesty International* 1981, p.25.
[41] — *Edition Française d'Amnesty International* 1981, p.27.
[42] — *Edition Française d'Amnesty International* 1981, p.49.
[43] — *Edition Française d'Amnesty International* 1981, p.50.
[44] — *Edition Française d'Amnesty International* 1981, p.50. Pourtant, selon l'Aldhvn, la ration alimentaire individuelle quotidienne était de trois patates douces, ce qui obligeait les détenus « à manger tout ce qui bouge ». Le contre-rapport de cette association fut remis à Amnesty International le 10 décembre 1981: il ne semble pas que l'*Organisation* en ait fait usage...
Sur les premiers témoignages de détention, cf Marie-Thérèse de Brosses in *Paris-Match* , Paris 8 décembre 1978, pp.3-5, 9, 12, 19, 20, 22, 23. Les conditions de survie dans les camps y sont décrites dans plusieurs paragraphes qui n'ont pas intéressé les *chercheurs*.

Le *Rapport Annuel* 1980 reprend consciencieusement les thèmes abordés par la bande des quatre, et il en sera ainsi dans les rapports suivants. Les boat people font une éphémère apparition. Pas pour les plaindre ni pour tenter d'évaluer le nombre de ceux qui périrent en mer (sans doute la moitié des fugitifs, soit peut-être de 400.000 à 600.000 personnes). Non, mais pour les déconsidérer: il ne s'agit que de gens *tel (cet) organisateur de départs illégaux* [Amnesty International ne remet pas en cause le système mis en place par le gouvernement, mais ceux qui refusent de payer le prix selon les barêmes officiels], *également accusé d'un raid sur une banque* et *(ces) trois hommes accusés d'avoir détourné un bateau pour quitter le pays, et tué deux membres de l'équipage*. Soit, en définitive, des réfugiés bien peu recommandables sur lesquels on aurait tort de s'apitoyer.

Les rapports des années suivantes comportent les mêmes procédés, les mêmes silences: il n'y a pas de remise en liberté à grande échelle, mais on libère un certain nombre d'individus. On condamne un peu plus à mort, mais il s'agissait d'opposants organisés: *la peine de mort existe encore au Viet Nam, bien qu'il y ait peu d'exécutions. La plupart des condamnations à mort, dont Amnesty International a eu connaissance, semblent* [sic] *avoir été infligées pour meurtre à des personnes qui avaient tenté de fuir le pays clandestinement*. Les bien-pensants n'en paraissent pas bouleversés.

CHAPITRE V

COREE: SYMETRIE
A GEOMETRIE VARIABLE [1]

L'indochine basculait en 1975. Le congrès américain obtenait la fermeture des bases de l'US Air Force de Thaïlande, que la Maison-Blanche s'était résignée à perdre dans un mélange de panique et d'indifférence. L'explosion sociale couvait au Japon tandis que les politiciens neutralistes semblaient enfin aptes à s'imposer dans les sphères gouvernementales les plus hautes. Dans cet environnement de lâcheté et d'hostilité, la Corée, déchirée le long du 38ème parallèle depuis les accords de Yalta en 1945 et la guerre de 1950-1953, faisait logiquement figure de « domino » prêt à crouler. Kim Il sung, le président de la République Démocratique et Populaire de Corée (Rdpc), fourbissait fébrilement ses armes. Amnesty International jouait son rôle de sapeur, même si Pyongyang, à l'évidence, n'appartenait pas à la mouvance soviétique: il tendait, en effet, pour des raisons domestiques à garder une équidistance totale (mais négociable) entre Moscou et Pékin dans le « débat » idéologico-militaire qui opposait les deux capitales et que Kim -qui leur était redevable de son ascension comme de certains de ses déboires- cherchait par-dessus tout à éluder. Il s'agissait, pour le *centre de Londres*, de porter prioritairement atteinte aux intérêts américains en envenimant les relations traditionnellement empreintes de défiance entre Washington et Séoul, la péninsule n'ayant jamais représenté aux yeux des intellectuels « wasp » (White Anglo Saxons and Protestants) et autres qu'un élément tactique sans grande

---

1 — « La pseudo-symétrie d'Amnesty International est perverse et participe à la manipulation de l'opinion » déclareront les repentis de l'*Organisation*, Jean-François Lambert et Teddy Follenfant, lors d'une conférence de presse -selon *Libération*, Paris 6 juin 1986.

importance dans leur jeu extrême-oriental -et cela avec une grande continuité depuis les présidences Theodore Roosevelt et Woodrow Wilson. Mais si les *Rapports Annuels* visent surtout la Conscience de l'imbéciligentsia anglo-saxonne toujours sujette à la dépression bruyante, les *chercheurs* semblent aussi émettre des signaux à destination de Pyongyang pour lui expliquer la position officielle de l'Union Soviétique vis-à-vis de la République Populaire de Chine et pour lui suggérer les bénéfices dont la Rdpc tirerait profit en faisant preuve d'une flexibilité de bon aloi.

HARO! SUR LE PRESIDENT PARK

La disparité des *Rapports Annuels* sur les deux Corée, tout comme pour le Vietnam, est d'ordre quantitatif autant que qualitatif. Amnesty International s'applique déjà à justifier la différence très importante du volume de la pagination: si elle ne consacre que 21 lignes en 1974 à la Rpdc, *c'est du fait de climat de guerre froide* [2] qui affecte la péninsule: ce même *climat de guerre froide* la conduira à ne pas publier une seule ligne dans le *Rapport Annuel* de 1976 et de septembre 1977...

Amnesty International se borne donc -avec quelle complaisance! à enregistrer l'état d'alerte permanent que la Corée du nord invoque pour légitimer sa tyrannie populaire et ce alors que pas un expert international, fût-il communiste, n'envisage une attaque sudiste. Mais quand Séoul se dit vivre avec la crainte d'une foudroyante agression comparable à celle de juin 1950, les *chercheurs* rejettent l'explication pourtant très plausible: les menaces sont en effet *présumées* ; *un avocat américain* [donc, dans l'inconscient des militants, un partisan de Séoul] *a conclu qu'aucune preuve concrète n'(avait) pu être obtenue qu'il (existât) une menace de quelque ordre (que ce fût)* [3]. Les *chercheurs*, pour la nième fois, mentent sciemment: la volonté agressive du nord existe bel et bien et les exemples abondent. C'est ainsi qu'on estimait, au début de « l'ère Mikhaïl Gorbatchev » en Urss, à plus de 70.000 le nombre de violations nord-coréennes depuis l'armistice de 1953. Parmi elles, l'assaut donné contre la Maison-Bleue (la résidence officielle du chef de l'Etat), le 21 janvier 1968, par 31 commandos; le meurtre de la femme du même chef de l'Etat en août 1974, perpétré par un certain Moon Sei kwang à Osaka; l'assassinat à coups de machettes de deux officiers américains par des garde-frontières chargés pourtant de collaborer avec eux à Panmunjon, le 18 août 1976; la tentative de

---

2 — *Rapport Annuel* 1975, p.102.
3 — *Rapport Annuel* 1975, p.103.

sabotage d'une usine nucléaire en construction au cours de l'été 1983 **4** -sans parler du massacre de membres du gouvernement sud-coréen en visite officielle à Rangoon le 9 octobre 1983, ni la destruction du Boeing des Korean Airlines transportant 115 personnes le 29 novembre 1987 au large de la Birmanie. La menace est toutefois plus profonde et les quelques faits cités ne constituent que des épiphénomènes spectaculaires et d'ailleurs vite oubliés. En 1970, les Nordistes entretenaient en effet 400.000 soldats; en 1983, leur nombre était passé à quelque 785.000 dont plus d'un demi-million massés le long du 38ème parallèle, répartis en 40 divisions **5 6**. Les experts occidentaux estimaient, déjà avant le décès de Kim Il sung, les chances de succès militaires communistes dans la région, probables jusqu'en 1994-2000. Le temps joue donc contre Pyongyang, et les problèmes internes qui secouent la Corée du nord **7** pourraient inciter Kim Jong il, qui doit avoir succédé à son père **8**, à agir comme lui en juin 1950 lorsque la guerre lui permit d'asseoir son pouvoir précaire. Pour les plus avertis des questions coréennes, la Rdpc a un comportement « imprévisible » **9**.

Mais puisque -Amnesty International l'a dit- le sud n'a rien à craindre, objectivement, des 100.000 commandos-suicides basés de l'autre côté de la ligne de démarcation, les mesures d'exception dont il abuse à l'évidence n'ont pour objet que de défendre les égoïsmes de tyrans présentés comme des brutes épaisses aux militants d'Amnesty International à l'intelligence tellement en éveil. C'est pourquoi, se dressant contre l'arbitraire, les *chercheurs* confient *80 prisonniers*

---

4 — *Présent,* Paris 13 octobre 1983. Durant ces cinq dernières années, le nord a provoqué plus de 30.000 violations du cessez-le-feu -selon *Le Monde*, Paris 9 avril 1996.

5 — *Ecrits de Paris*, Paris janvier 1984. La Corée du nord, approximativement la septième armée du monde en puissance de feu, disposerait de 3.800 blindés (2.050 pour le sud), 2.700 véhicules blindés (2.200), 10.850 pièces d'artillerie (4.650), 1.640 avions et hélicoptères de combat (1.310), 790 navires de guerre (240) sans compter 12.500 batteries aériennes -selon *Vantage Point*, Séoul novembre 1995 et *The Far Eastern Economic Review*, Hong Kong 26 juillet 1986. Cf aussi *ibid* en date du 31 janvier 1989 qui relativise, toutefois à juste titre, en termes qualitatifs le rapport de forces des deux armées.

6 — Les forces armées nordistes auraient ainsi progressé de 200.000 hommes en 1950 à un million en 1988 -selon *Vantage Point,* juin 1989; elles atteignaient 1,04 million de combattants en 1995 (655.000 pour le sud) -selon *Vantage Point*, novembre 1995.

7 — Cf Centre Français d'Etude des Relations Internationales/département Asie-Pacifique *Etat actuel de la nomenklatura nord-coréenne*, février 1996.

8 — Kim Il sung est décédé en juillet 1994.

9 — Selon le secrétaire d'Etat américain à la Défense, Caspar Weinberger, en mai 1984 -in *The Far Eastern Economic Review*, 11 décembre 1986. Les autorités nord-coréennes sont toutefois moins partagées: le 24 mars 1996, le maréchal Kim Kwang jin dira, dans un message repris par les médias officiels, que « la question n'est plus de savoir si une guerre va éclater sur la péninsule coréenne, mais à quel moment elle sera lancée » -selon l'Agence France Presse; quant au président de l'assemblée suprême du peuple, il confirma ces propos le 5 avril 1996: « le problème est de savoir quand la guerre éclatera, il n'y a pas à se demander si cette guerre éclatera ».

d'opinion aux sections du mouvement dans le monde, orchestrent le lancement d'*une campagne spéciale d'envoi de cartes postales (destinées à faire pression sur le gouvernement nationaliste)* [10] et protestent contre *la situation des droits de l'homme (qui) s'est (encore) détériorée*. Ils dépêchent aussi une mission à Séoul en mars 1975, soit à l'époque -et il s'agit probablement d'une coïncidence- où les blindés soviétiques et autres engins américains tractés, fabriqués en Urss, foncent en direction de Saïgon. Et l'*Organisation* tonne son mécontentement, reprochant au régime du président Park Chung hee (que Washington, par habitude, ne verrait aucun inconvénient à trahir) son manque de coopération, voire les *intimidations officielles* [11] qu'affrontèrent les courageux délégués quand ils assistèrent à un procès, public au demeurant, mais dont les actes d'accusation avaient été montés *de toutes pièces* [12], de huit membres du Parti (marxiste-léniniste) Révolutionnaire du Peuple.

Le *Rapport Annuel* 1976 reprend les mêmes thèmes contre Séoul sur 101 lignes. Il est totalement vierge en ce qui concerne Pyongyang. La proportion est globalement respectée en 1977: 7 lignes contre 158. Pour la Corée du nord, *Amnesty International a passé au crible toutes les informations dont elle disposait* [13] *et la seule chose qu'elle puisse affirmer est que celles-ci ne contiennent pas la moindre précision concernant des cas d'arrestations, de procès ou d'emprisonnement dans ce pays (et) malgré tous ses efforts, elle n'a pu découvrir aucune information, même favorable* [sic]. Qu'Amnesty International n'ait obtenu aucune information qui fut favorable, dans un pays dirigé par des démocrates recrutés parmi les plus sectaires et les plus extrémistes, ne se refusant rien dans la panoplie du terrorisme au service des Grands Principes, cela ne peut guère surprendre. Qu'elle n'en ait obtenu d'aucune sorte, même défavorable, étonnerait les candides: différents journaux asiatiques et orientaux ont publié nombre d'articles inquiétants. Mais Amnesty International n'en retient aucun. Curieux juge d'instruction qui classe les plaintes sans les examiner ni demander à ses sections nationales ou locales, corvéables à merci et parfois au chômage technique de par la *libération* du Viet Nam, de se mobiliser et d'enquêter. Etranges *chercheurs* réputés compétents et libres qu'un manque d'informations ne fait pas redoubler d'ardeur.

En revanche, le *centre de Londres* décrit l'horreur qui prévaudrait au sud. Il y a *plusieurs centaines* [bientôt, Amnesty International

---

10 — *Rapport Annuel* 1975, p.103.
11 — *Rapport Annuel* 1975, p.104.
12 — *Rapport Annuel* 1975, p.104.
13 — *Rapport Annuel* 1978, p.133.

annoncera sans fanfare ni campagnes d'envois de cartes postales qu'il y avait plusieurs dizaines de milliers de prisonniers en Corée du nord] de *prisonniers politiques* [14], préviennent les *chercheurs*. Ces martyrs viennent, selon une expression idiote qui, a fortiori, a fait ses preuves dans les salles de rédaction « concernées », *de tous les horizons politiques et ont en commun de s'être montrés de plus en plus critiques à l'égard du régime* [15]. Si tous les secteurs ne sont pas atteints par la répression, diverses catégories socio-professionnelles constituent des cibles privilégiées de l'*arbitraire et des tracasseries systématiques*: des curés de choc et des pasteurs égarés, des membres de partis d'opposition, des étudiants et des professeurs, des journalistes, des avocats et des syndicalistes -soit le cocktail usuel prêt à émouvoir les intellectuels angéliques de Boston et à mettre en marche leurs réseaux. Amnesty International organise alors une campagne symbolique en vue de la libération d'un poète paré pour l'occasion des vertus les plus hautes et les plus nobles [16]. En trois ans [17], Amnesty International aura critiqué Séoul sur 361 lignes et défendu Pyongyang sur 28 lignes...

Le *Rapport Annuel* 1978 s'acharne pareillement sur le président Park, en 87 lignes plutôt monotones. Moscou a compris à cette époque que le Japon résisterait au neutralisme, et que la Corée, réunifiée sous les tristes couleurs bleu-blanc-rouge de la Rdpc, ferait le jeu de la Chine Populaire: la pagination dudit rapport est en conséquence moins épaisse et le style moins virulent. Le *centre de Londres*, dans cette logique, confirme l'adoption de Kim Dae jung [18] qui sera, bientôt, tenté de prendre le pouvoir par des voies légales puis violentes, jamais morales: il représente cette « Troisième Voie » sur laquelle s'entendraient assez la majorité des Républicains et des Démocrates du congrès américain, de même que leurs collègues élus tout aussi arbitrairement -mais selon d'autres règles- au Kremlin; et il s'opposerait presque sûrement à la réunification de la péninsule dont ne veulent ni Washington -qui tient à conserver le Japon « sous influence »- ni Moscou -échaudé par la disparition du Viet Nam du sud qui a aggravé l'escalade en Indochine au-delà de tout contrôle. Amnesty International s'intéresse aussi aux *travailleurs arrêtés pour avoir revendiqué des droits syndicaux* [19], ainsi qu'*au grand poète Kim Chi Ha* [20]. L'audience de l'artiste ne dépasse pas,

---

14 — *Rapport Annuel* 1978, p.133.
15 — *Rapport Annuel* 1978, p.133.
16 — *Rapport Annuel* 1977, p.135.
17 — *Rapport Annuel* 1975; *Rapport Annuel* 1976; *Rapport Annuel* 1977.
18 — *Rapport Annuel* 1978, p.163.
19 — *Rapport Annuel* 1978, p.163.
20 — *Rapport Annuel* 1978, p.164.

certes, quelques cercles initiés et très marqués politiquement; cela suffit amplement à expliquer qu'il soit *grand*. Au Japon seulement, trois politiciens d'envergure ont soutenu sa candidature pour un Prix Nobel en 1975: Narita Tomomi, président du Parti Socialiste du Japon et animateur de son aile marxiste-léniniste; Utsunomiya Tokuma, sénateur « indépendant », président de la très militante et francophobe Amicale Nippo-Algérienne, reçu régulièrement à Pyongyang en tant qu'interlocuteur bienveillant et chargé de relayer certains messages directement au premier ministre en exercice, suspecté d'avoir appartenu au Parti Communiste du Japon sous le pseudonyme de Nakagawa Ichiro -en tout cas, cautionnant nombre de mouvements « pacifistes »; Minobe Ryokichi, fils d'un juriste obsédé par des thèses anti-monarchistes qui le conduisirent à militer au sein d'un Front Populaire avant la Seconde Guerre Mondiale -et lui-même gouverneur socialo-communiste de Tokyo élu en 1967 et en 1971 avant d'être reconduit dans ses fonctions en 1975, n'ayant accepté de se représenter qu'à la demande instante de son homologue de Moscou qui se déplaça lui-même pour le convaincre de ne pas se retirer de la vie publique [21]. La partie réservée à la Corée du nord, est quant à elle, laconique: *Amnesty International a poursuivi* [sic] *ses efforts* [sic] *pour recueillir le maximum d'informations mais elle n'a pu obtenir de renseignements. La presse, soumise au contrôle des autorités, n'a publié aucune information concernant les droits de l'homme.* Six (6) lignes pour tout un peuple opprimé.

SUS! AU PRESIDENT CHUN

Le chef des services secrets sud-coréens, Kim Jae kyu, assassine, le 26 octobre 1979, au cours d'une altercation avec lui, le chef de l'Etat -et il n'est pas exclu que le coup fut tiré par la Cia tout comme, en 1963, Langley n'avait pas tout fait pour décourager les meurtriers du président sud-vietnamien Diem. Le premier ministre Choi Kyu hah, mal préparé à la tâche qui lui incombe, assume aussitôt la magistrature suprême. Son discours d'investiture, en période d'agitation sociale et politique partiellement provoquée par les condamnations à répétition de l'administration Carter, cède d'emblée à la rhétorique démagogique. Peut-être Choi, qu'aucun groupe ne soutient vraiment et qui manque d'assise, cherche-t-il à se gagner ainsi des sympathies hors de l'establishment (en russe: nomenklatura) militaire pour en contre-balancer l'influence. Plus sûrement, il agit pour plaire et flatter les belles

---

[21] — *The Kodansha Encyclopedia of Japan*, Tokyo 1983, t.5, p.194 et p.334; *The Japan Times*, 17 et 25 février, 18 mars et 13 juillet 1975.

consciences afin de durer peut-être et marquer ainsi l'histoire. Alors, assez sottement, il pose les principes de la *libération* [sic] *du pays*.

Amnesty International capte immédiatement le message. Elle va se consacrer à cet important problème, omettant de signaler la non-libéralisation de la Corée du nord: elle indique en 13 lignes (sur 30 au total) que *(la) Constitution y garantit* [sic. Comme si une constitution garantissait quelque chose!] là-bas *de nombreux droits* [22]. Et elle annonce, sans plus attendre, son soutien à Choi, qui présente l'avantage de la faiblesse, donc la possibilité d'être plus facilement manipulé. Les *chercheurs* lui télégraphient *le jour même pour le féliciter de son élection* et de sa décision de supprimer une loi anticommuniste [23] qu'ils réprouvent et qui gêne l'opposition. La loi, d'ailleurs, est abolie dès le lendemain 7 décembre sans que le peuple ait été consulté. Encouragé dans l'engrenage des concessions, Choi n'est plus en mesure de résister: devenu le nombril du monde alors qu'il avait toujours œuvré à l'ombre du président Park, il vacille déjà dans l'œil du cyclone qui regarde la Corée se diriger vers une immense fosse communiste. Amnesty International, le 14 décembre 1979, lui écrit donc *pour manifester sa satisfaction...* et « demander » avec insistance l'élargissement de militants progressistes considérés en tant que tels comme dangereux pour la sûreté de l'Etat. Un vent de lâcheté secoue Séoul. La cour d'appel de la capitale participe à la frénésie panique et l'*Organisation* obtient satisfaction à l'issue d'un délai très raisonnable: le 15, des dizaines d'éléments subversifs ou révolutionnaires, certains *adoptés* et tous rompus à la guérilla urbaine, sont remis en liberté. Les *chercheurs* surenchérissent aussitôt et entreprennent diverses actions au profit de *Lee Bu Yong, ancien journaliste, et (du) révérend Yun Ban Ung condamnés naguère pour leur participation à des mouvements en faveur d'une démocratisation plus poussée* [Lénine aussi poussa un peu la démocratisation de la Russie] [24], mais aussi des membres du Parti Révolutionnaire du Peuple et du Front National de Libération Sud Coréen [25]. Choi perd pied, s'incline: il fait libérer Yun. Amnesty International l'accule dans ses derniers retranchements, indique et dénonce ceux qui résistent par fidélité à l'ordre traditionnel, insiste pour

---

22 — *Rapport Annuel* 1980, p.236.

23 — *Rapport Annuel* 1980, p.237.

24 — *Rapport Annuel* 1980, p.242.

25 — Le Parti Révolutionnaire pour la Réunification, fondé dans le courant des années 1960, sera réorganisé et appelé le Front National de Libération Sud Coréen en août 1985. Installé à Pyongyang et disposant d'une station de radio en territoire nord-coréen (dénoncée en février 1979 par l'Union Internationale des Télécommunications), son but avoué est de développer l'agitation en Corée du sud. Il dispose de bureaux à Cuba, en Syrie et au Japon -selon *North Korea News*, Séoul 14 novembre 1988 et *Vantage Point,* mars 1988.

les briser; corollairement, elle exprime son inquiétude pour ceux qui demeurent en prison et que des juges ne veulent pas relâcher.

Face à un Etat qui se désagrège, quelques militaires décident de mettre fin au monstrueux gâchis. L'un d'eux s'impose, honni à l'ouest comme à l'est, le général Chun Doo hwan. Il occupe les fonctions de chef de la sécurité militaire, dirige à titre provisoire les services de renseignements. Le *centre de Londres* l'identifie sans mal comme l'ultime rempart, le point sur lequel les attaques doivent se concentrer. De 298 lignes en 1980, le *Rapport Annuel* 1981 va passer à 358 lignes; les *chercheurs* publieront un fascicule de 64 pages intitulé *Corée du sud: l'Emprisonnement Politique en République de Corée* [26] et diffuseront trois communiqués de presse les 17 septembre et 9 décembre 1980 puis le 23 janvier 1981.

L'ordalie débute au printemps 1980. Le 2 mai, Amnesty International *a fait part au président Choi de ses inquiétudes au sujet d'irrégularités signalées (...lors du procès à un) groupement présumé* [sic] *communiste, le F.N.L.S.C.* [27]. Quelques jours plus tard, des manifestants demandent un peu partout la démission de Choi et de Chun. Les premiers affrontements sérieux, car bien préparés, ont lieu. Kim Dae jung, la coqueluche du moment des libéraux américains qui entretient des relations aussi troubles avec des Coréens du nord, est arrêté; selon l'acte d'accusation, Kim a fomenté ces affrontements par l'intermédiaire d'un certain Chung Tong nyon qu'il aurait chargé de répartir des fonds secrets aux membres de « brigades d'agitation ». Dès le lendemain 19 mai, les *chercheurs* télégraphient à Choi pour revendiquer la libération de Kim [28]. Kwanju est sa place forte, elle s'était déjà plus ou moins

[26] — *Edition Française d'Amnesty International* 1981.
[27] — *Rapport Annuel* 1981, p.249.
[28] — D'après un porte-parole d'un département relevant du ministère de la Défense, interviewé par nous en juin 1983 à Séoul, Kim Dae jung adhéra, dès la reddition japonaise d'août 1945 (Tokyo avait annexé -et non colonisé- la péninsule en 1910), à diverses organisations communistes, dont la Ligue de la Jeunesse Démocratique. Arrêté le 1er octobre 1946 après que plusieurs policiers eurent été assassinés, puis relâché, il rejoignit alors un autre groupe marxiste-léniniste. Emprisonné (?) par les Coréens du nord après que Séoul tomba en 1950, il fut le seul à avoir la vie sauve parmi ses camarades, et ce pour des raisons non éclaircies.
L'administration Démocrate américaine le propulsa sur la scène politique parce qu'elle promouvait les funestes expériences de « troisième voie » comme, par exemple, en Indochine. Grâce à sa bienveillante neutralité, Kim rencontrait par deux fois un agent nordiste en 1967. Bien que financé notamment par l'organisation de Coréens résidant au Japon et dépendant de la Rdpc, la Chochongryong, il perdit de peu les élections présidentielles de 1971 contre Park. Il accusa les autorités nationalistes de fraude massive et de tentative de meurtre à son encontre, puis s'exila.
Conférencier à l'université de Harvard, où sont testés les futurs dirigeants potentiels du Monde-Libre (conservateurs autant que libéraux) et de sa clientèle disparate prêts à vendre leurs âmes aux lobbies de Wall Street, il frayait de préférence avec les libéraux Démocrates les moins

mobilisée spontanément: le 18 mai, l'armée, qui avait reçu des consignes de pondération, se replie. Amnesty International croit comprendre que les manifestants *finirent par se rendre maîtres de la ville* [29] et elle brode à partir de cette spéculation. Selon elle, donc, des défilés patriotiques *ont dégénéré en violents affrontements lorsque les parachutistes sont intervenus avec une sauvagerie et une brutalité qui ont scandalisé la population et le reste des étudiants de Kwanju* [30]. Bref, la faute desdits affrontements incombe aux forces de l'ordre (des parachutistes, qui plus est -c'est-à-dire une catégorie de soldats qui hante l'univers mental des militants de base) et non aux manifestants qui ont placé la ville en coupe réglée. Le 27 mai, le gouvernement contrôle la ville: au prix de 1.200 tués s'indigne le *centre de Londres* [31] qui passe sous silence les statistiques proposées par d'autres sources [32].

La tentative de révolution a échoué. Amnesty International, pourtant, continue de souffler sur les braises. Chun est derrière Kwanju, affirme-t-elle, alors que quelques nuances s'imposeraient. Or, Chun risque de remplacer Choi, qui a amplement fait les preuves de son incompétence: le général reçoit le soutien de ses pairs. Amnesty International cherche à freiner son ascension sinon à la compromettre: les communiqués de presse, à destination des groupes de pression américains, des 17 septembre et 9 décembre 1980 n'y suffisent pas. Quelques jours avant le referendum de février 1981, qui doit donner le pouvoir à Chun, les *chercheurs* jouent leur dernière carte, sous la forme

---

recommandables et donc les plus respectés, publiant des articles dans leurs journaux de prédilection tel *The New York Times* du 23 février 1973 dans lequel il « comparait » le sud - « où l'on n'a ni pain ni liberté »- au nord - « où l'on a moins du pain » (il s'agit là d'une variation bien connue sur le thème du bol de riz de Mao Zedong); en mars, il exigeait que Washington interrompît son aide économique à Séoul et, prônait, en juillet, que la Maison-Blanche intervînt pour que la Maison-Bleue acceptât le processus de réunification présenté par Pyongyang.

Il fondait, en août, une organisation d'opposition semi-clandestine, condamnée en juin 1978 par la cour suprême sud-coréenne. Kidnappé à Tokyo et mystérieusement rapatrié à Séoul, il sera neutralisé pendant une demi-douzaine d'années.

29 — *Rapport Annuel* 1981, p.247.
30 — *Rapport Annuel* 1981, p.247.
31 — *Edition Française d'Amnesty International.*
32 — *Quid ?* Paris 1982, p.948 retient le chiffre de 200 tués lors des combats de rues de Kwanju. Il est toutefois possible d'estimer que le nombre de morts fut plus élevé (on tirait à l'arme automatique des deux côtés), mais il paraît pour le moins difficile de se risquer à des statistiques.

Korea Today, Pyongyang mai 1985, pp.46-48 assure que 5.000 habitants de Kwanju périrent, l'armée ayant reçu carte blanche pour éliminer physiquement jusqu'à... 70% des 800.000 habitants et ayant utilisé pour ce faire... des armes chimiques. Cet article doit être considéré avec quelque réserve. En effet, le rédacteur se contredit parfois, notamment lorsqu'il écrit que la troupe dut ingurgiter des drogues pour accroître sa « barbarie » (p.47) mais qu'en même temps elle agit « avec sang-froid » (p.46), et lorsqu'il n'explique pas pourquoi 5.000 personnes (moins de 70%) et non 560.000 (70%) ont été assassinées selon le plan préétabli.

d'un troisième communiqué, le 13 janvier. Chun est toutefois plébiscité le 25 février. Moscou, Amnesty International et aussi une certaine Amérique ont perdu, même s'ils maintiendront leur pression [33].

UN COUPLE DIABOLIQUE : MOSCOU, PYONGYANG... ET AMNESTY INTERNATIONAL

En Corée du sud, Amnesty International attaque les intérêts américains; en Corée du nord, elle défend à mots couverts ceux de l'Urss. Il n'est pas question de débattre bruyamment des divergences nord coréo-soviètique parce que cela ne se fait pas selon les critères du (mal) savoir-vivre communiste. Signifiants et signifiés obéissent aux lois obscures d'une dialectique pervertie.

Peut-être pour équilibrer une disproportion tout de même trop flagrante au moment où l'*organisation humanitaire* lance ce qu'elle croit être l'hallali en Corée du sud et excite ses militants à participer à la curée, les *chercheurs* augmentent la superficie consacrée à la Corée du nord. Un œil pressé se rassurera donc puisqu'en 1979, Pyongyang « vaut » 74 lignes contre 137 pour Séoul. Le semblant de « parité » est pourtant fallacieux; il est aussi riche d'enseignements.

Le Kremlin s'est trouvé entraîné dans le « bourbier cambodgien » par un Viet Nam devenu l'allié ambitieux de la Place Rouge depuis 1978. Or Kim Il sung protège -et abritera plusieurs mois chaque année dans un palais réservé- le prince-camarade Norodom Sihanouk. De plus, Pyongyang garde une attitude d'expectative envers la politique soviétique en Afghanistan qui se traduira, en décembre 1979, par l'intervention de Kaboul. Autant d'irritations pour le clan Brejnev frustré de ne pouvoir exprimer son ressentiment de crainte de s'aliéner un régime toujours tenté par l'alignement chinois. D'où 74 lignes de *Rapport Annuel* 1979 et un rapport spécial.

Mais sur ces 74 lignes, 30 évoquent la constitution indigène sans suggérer que les déjà mauvais articles qui la composent puissent donner lieu à des violations pires, et huit reproduisent des extraits de discours officiels, forcément peu critiques à l'égard du gouvernement [34]. Amnesty International s'en explique sans complexe, arguant que *les seules informations dont (elle) dispose sur la protection des droits de l'homme*

---

[33] — Chun et sept autres anciens militaires de haut rang seront accusés de sédition le 23 janvier 1996 pour avoir sauvé la Corée !

[34] — *Rapport Annuel* 1979, p.112.

concern les garanties [sic] *accordées par la constitution de 1972* **35 36**. Après tout, les *Principes Fondamentaux* afghans ne favorisent-ils pas le *droit des juges à statuer indépendamment?* Combien de militants ont-ils déchiré leurs cartes pour des propos aussi infâmes, combien de journalistes ont-ils bondi sous le coup d'une juste indignation sur leurs stylos à bille? Pour étoffer le dossier, étouffer des critiques qu'aucun bien-pensant normalement programmé par le Système ne songe d'ailleurs à émettre, les *chercheurs* tirent à la ligne.

Au Viet Nam du nord, ils évoquaient (brièvement) les conditions de détention de certains prisonniers *étant donné qu'ils devaient être libérés* ou parce qu'ils avaient déjà purgé leur peine; en Corée du nord, ils s'appesantissent sur le cas d'un « poète », Ali Lameda, dont le sort a déjà été réglé: les péripéties qu'il a connues derrière les barreaux étaient mentionnées sur 11 lignes en 1975, mais 28 lignes confirment, en 1979, qu'il s'est bien sorti d'une situation délicate et a été élargi. Ce qui fait que 66 lignes peuvent être, par de médiocres tours de passe-passe, mises à l'actif de la Rdpc. Les huit restantes manquent, d'autre part, de cette virulence dont userait partout et toujours l'incorruptible organisation-humanitaire, et qu'on rencontre d'ordinaire dans les rapports sur la Corée du sud. Les *chercheurs* ne se préoccupent pas plus du nombre des détenus *dont on ignore le nombre total* **37** qu'en Afghanistan où ils laissent entendre qu'ils *croient toujours en vie* **38** les prisonniers disparus.

En 1981, Amnesty International diffusera un réquisitoire intitulé *Corée du sud: l'Emprisonnement Politique en République de Corée*, long de 64 pages, apparemment sans concession alors qu'il sera gonflé

---

35 — *Rapport Annuel* 1979, p.111.

36 — Il ne s'agit pas là d'un débordement ou d'une maladresse d'un rédacteur, mais d'une constante politique.

Des « dissidents » (c'est-à-dire des opposants) amnestiens, membre d'un certain Groupe 67 - Dreux, relèveront, en 1979 puis 1980, l'exégèse de Derek Roebuck concernant la constitution nord-coréenne (articles 68 et 69): l*a constitution explique les droits et les devoirs des citoyens dans un pays où il n'y a pas d'exploitation et d'oppression* [sic] *et où les intérêts sociaux et individuels sont en plein accord* [sic]; *les droits et les devoirs des citoyens sont basés sur le principe collectiviste: un pour tous, tous pour un* -selon un document intitulé *SF 80 N 401 Interne: problèmes posés par la nomination du professeur D. Roebuck* reproduit in Jean-François Lambert *Itinéraire d'un chrétien progressiste*, Dominique Martin Morin, Bouère 1988, pp.59-60. Rappelons que ledit Roebuck avait été choisi pour diriger le département Recherche d'Amnesty International parce que *son dossier était excellent*, et remarquons que celui qui l'introduisit à ce poste n'était autre que Martin Ennals -selon *ibid.*, p.81.

(D'après un porte-parole du ministère nord-coréen des Affaires Etrangères, la Corée du nord protège « intégralement » les droits-de-l'homme -selon *Vantage Point,* mars 1996, citant un communiqué officiel en date du 13 mars 1996).

37 — *Rapport Annuel* 1979, p.112 (?).

38 — *Rapport Annuel* 1981, p.230.

d'exagérations et de mensonges. En 1979, l'*Organisation* publie, discrètement cette fois-ci, *Ali Lameda: Récit de l'Expérience Personnelle d'un Prisonnier d'Opinion en République Démocratique Populaire de Corée* [39]; il s'agissait, pour la forme, non de l'édition assez luxueuse à couverture plastifiée et calibrée aux dimensions standard des documents officiels facile à conserver et à répertorier de par leur uniformité, mais d'un index court de 39 pages de format « A4 », imprimées au seul recto, de taille encombrante, à la couverture grise et même pas renforcée, le tout retenu par des agrafes disposées en deux endroits -une sorte de polycopié pour étudiants en première année d'université.

Ali Lameda est un personnage énigmatique. Les amis de Sean Mac Bride devaient le tenir en particulière estime et peut-être pas seulement à cause de ses hypothétiques talents de versificateur -au demeurant méconnus puisqu'aucune encyclopédie consultée par nous (sur l'Amérique du sud comprise) ne mentionnait son nom. Arrêté par la police politique en 1968, il monopolise 11 lignes en 1975 quand il est « libéré », mais sa cote passe à 28 lignes en 1979 et il en « vaudra » encore huit en 1980, quatre en 1981, cinq en 1982 et sept en 1986 -soit 11 années après son élargissement. Il avait été recruté par le régime pour encenser Kim Il sung et chanter ses réalisations grandioses avec des accents d'inspiration prolétarienne. Tombé en défaveur, ou suspecté d'activités dommageables au dogme, il tâta des camps de concentration avant de pouvoir quitter le pays.

Bien qu'il ait la plume facile, son *Récit (de mon) Expérience Personnelle* ne remplit pas les 39 pages du livret. L'une reproduit simplement le titre de la couverture, la seconde contient la table des matières; une photographie de Lameda, au sourire bonhomme (comme Staline, comme bon-papa Jacques Duclos), affublé d'un béret de berger enfoncé jusqu'aux oreilles, illustre la troisième; l'éditeur se manifeste brièvement dans la quatrième page pour ne rien dire d'important. Cinq pages annexes brossent des portraits de circonstance du poète ainsi que de Jacques Sédillot, un Français engagé à Alger par les Coréens du nord, arrêté en même temps que son camarade vénézuelien et libéré -selon Amnesty International- en 1975 aussi: non autorisé à regagner l'étranger, il eut la pudeur de décéder l'année suivante plutôt que de continuer à gêner ses geôliers, et les *chercheurs* ne se doutèrent jamais qu'il eut pu être la victime d'une *exécution extra-judiciaire*. A ce stade, Monsieur Ali, ex-prostitué de Pyongyang, s'émeut et s'épanche au souvenir du cher disparu, *un homme magnifique, un internationaliste véritable, honnête*

___
[39] — *ASA 24/02/79*.

et courageux: un linguiste comme moi, tient-il à préciser, se mettant ainsi discrètement en valeur. Six pages sont totalement blanches, une sélection de poèmes s'étale sur dix autres -et l'on s'en félicitera puisqu'il paraît peu probable que les anthologies futures y fassent jamais référence. Sept pages vantent la vie édifiante de l'internationaliste véritable, honnête et courageux, linguiste (comme Sédillot), et le reste (soit 15 pages...) a plus ou moins rapport avec les relations dangereuses entre Ali et l'Etat.

En gros, il a eu faim certes, mais n'a jamais été torturé: c'est à peu près tout! Apparatchik obéissant « comme un corps mort » au dieu-parti, il prévient que son cas, strictement personnel, ne saurait être considéré comme un échantillon représentatif. D'ailleurs le titre donné par Amnesty International soulignait que la narration avait trait au *Récit de l'Expérience d'Un Prisonnier*. L'organisation-humanitaire ne juge donc pas utile de s'attarder sur d'autres cas particuliers, peut-être par respect pour la vie privée d'autrui. Elle se garde de s'émouvoir quand Lameda estime que 150.000 personnes auraient été déportées dans des camps de concentration, telle cette femme « coupable » d'avoir fumé en cachette dans des toilettes [40] -ce serait hors sujet, et fumer ne fait pas, selon les statuts d'Amnesty International, de vous un prisonnier d'opinion. Les *chercheurs* notent seulement *qu'on ignore le nombre total (de prisonniers politiques)* [41], et closent l'affaire -alors qu'au Viet Nam du sud, ils instruisaient des dossiers bien qu'ils ne sussent pas non plus le nombre de *prisonniers politiques* (de 5.081 selon le gouvernement en 1973, à *deux cent mille et plus* selon divers *comités*). Pendant ce temps, Amnesty International a ordonné aux militants de *(s'occuper) activement de plus de cent cas* [42] et lance *une (nouvelle) action d'urgence en faveur de six prisonniers condamnés à mort* [qu'elle admettra être en vie l'année suivante] [43]... en Corée du sud.

A partir de 1982, la vie politique sud-coréenne connaîtra un répit que remettront en cause les Jeux Olympiques d'été 1988, lesquels n'empruntent pas grand-chose à l'Intelligence. En revanche, l'unanimité de rigueur à Pyongyang cèle mal des luttes intestines ponctuées de violences nombreuses. Kim Il sung domine certes la scène intérieure depuis 1945, année de son retour sur la péninsule dans le sillage de l'Armée Rouge; il n'en a pas pour autant juré fidélité au Kremlin, et

---

[40] — *ASA 24/02/79*, p.18.
[41] — *Rapport Annuel* 1979, p.112.
[42] — *Rapport Annuel* 1978, p.164.
[43] — *Rapport Annuel* 1979, p.112.

Staline n'avait d'ailleurs pas l'intention ferme et arrêtée de le laisser au sommet de la hiérarchie. Néanmoins, grâce à des qualités de manœuvrier qui surpassèrent celles de ses « protecteurs », il sut se maintenir déjà précairement puis, au terme d'un jeu complexe d'alliances et de trahisons dont il changeait souvent et sans prévenir les règles, s'imposer, au prix d'une guerre qui dura de juin 1950 à avril 1953. Il y eut aussi les purges presque incessantes qui dévastèrent, en le régénérant, le Parti des Travailleurs, les compagnons de route se réclamant d'un christianisme mondain ou d'un agnosticisme non matérialiste, les membres de l'appareil d'Etat suspectés d'entretenir des sympathies chinoises ou soviétiques, les civils et les militaires. Jamais la révolution permanente ne prit fin: elle redoubla même à partir des années 1970, alors qu'elle s'essoufflait en Chine voisine. L'âge de Kim Il sung expliquait cette recrudescence. Le président, né en 1912, songeait à sa succession. En juin 1971, il lançait un ballon d'essai destiné à promouvoir l'accession au pouvoir de son fils aîné, Kim Jong il, né d'un premier mariage. Le choix de ses préférences, annoncé alors pendant la tenue d'un congrès de la Ligue de la Jeunesse Socialiste, suscita des remous à tous les niveaux de la nomenklatura, n'épargnant pas la famille Kim puisque le clan lié à la seconde famille de Kim Il sung misait sur d'autres héritiers; d'autres groupes d'intérêts se sentaient aussi bien lésés et, pour résister aux plans du président, avançaient des arguments idéologiques incompatibles avec l'établissement d'une « monarchie communiste ». La guerre de succession couvait. Kim Il sung prit l'offensive. Il fit promulguer une nouvelle constitution en décembre 1972 qui faisait de lui « le chef de l'Etat et le représentant de la souveraineté de la république » : s'opposer à lui relevait ainsi de la trahison. Il procéda à une remise à jour des cartes du parti, démettant 100.000 adhérents mais les remplaçant par 400.000 nouveaux militants. La police, réorganisée en mai 1973 pour être un corps « autonome » et placée sous la seule responsabilité du président, ordonna des arrestations nombreuses tandis que Kim menaçait les cadres exténués d'une triple révolution culturelle, technologique et idéologique s'ils n'entérinaient pas ses plans. Ils obtempérèrent, parce qu'ils aspiraient au repos et ne souhaitaient pas voir remettre en cause leurs avantages durement gagnés et que convoitaient 400.000 jeunes loups. Ils élisaient en conséquence Kim Jong il, en septembre 1973, membre alternatif au sein du politburo: il avait un peu plus de 30 ans. Le « dauphin » obtenait dans la foulée le secrétariat à la propagande, et son anniversaire (le 16 février) devint une fête nationale en 1975. Le sixième congrès du parti, en octobre 1980, consacrait son élévation à la deuxième place de facto dans la hiérarchie.

Les Kim rencontraient des difficultés, assassinats et tentatives d'assassinats compris. Il en allait de même à l'étranger. La République Populaire de Chine accepta pourtant, la première, de fort mauvaise grâce, le processus de passation des pouvoirs voulue par les Kim: à Pékin, le parti, certes, brisait le culte de l'idole maoïste. Mais le Viet Nam socialiste étendait son influence dans toute l'Indochine. Deng Xiaoping ne se sentit pas de force à engager une querelle idéologique avec Pyongyang alors que l'Armée Populaire de Libération s'était fait étriper dans les provinces septentrionales du Tonkin au début de 1979: les Chinois, par la bouche du vice-ministre de la Défense en visite en Corée du nord, portaient un toast significatif à la santé des deux Kim, Il sung et Jong il, le 26 octobre 1981. Deng, d'ailleurs accompagné du secrétaire général du Parti Communiste Chinois, Hu Yaobang, confirmait personnellement ces bonnes dispositions fondées sur des relations de bon voisinage lorsqu'il visitait la Rdpc en avril 1982 et invitait l'héritier à Pékin en juin 1983. Il restait toutefois au président à convaincre le Kremlin d'imiter ce geste, et la chose s'avéra plus complexe parce que la Place Rouge croyait en sa force et ne se sentait pas obligée de négocier. Les *Rapports Annuels* d'Amnesty International traduisent d'assez près les tergiversations de l'Urss.

En 1981, année où la Rpc boit à la santé de Kim Jong il, les *chercheurs* déplorent précisément sur neuf lignes que *des personnes qu'on présumait opposées à l'influence de Kim Jong Il, fils du président Kim Il Sung, auraient été envoyées en exil intérieur* [sic] [44]. En 1982, année où Deng se rend à Pyongyang, Amnesty International *a continué à recevoir des rapports selon lesquels on assignait à résidence* [sic] *dans des régions éloignées et isolées des personnes qui s'opposaient au pouvoir politique grandissant de Kim Jong Il*[45]. Or, cette même année, une maison d'édition sise au Japon, la Compagnie de la Liberté, publie un livre condamnant *L'Emergence d'une Dynastie en Corée du Nord* [46]. Un livre qui aurait été commandité par les Soviétiques [47]. Le *centre de Londres* prend des accents tragiques en 1983: Amnesty International établit avec une précision confondante, qui rappelle étrangement sa façon de procéder au Cambodge dans les pages des *Rapports Annuels* 1978 et 1979 [48], que pendant les quatre premiers mois de l'année, *1.090*

[44] — *Rapport annuel* 1981, p. 246.
[45] — *Rapport annuel* 1982, pp. 234-235.
[46] — *The Founding of a Dynasty in North Korea - an Authentic Biography of Kim Il Sung.*
[47] — L'ouvrage, signé « Ly Lim Un », aurait été écrit par un opposant pro-soviétique aux Kim résidant en Urss -selon *The Far Eastern Economic Review,* mars 1984 (semaine non répertoriée).
[48] — Cf par exemple le *Rapport Annuel* 1978, p.174.

personnes avaient été victimes d'une purge pour s'être opposées au fils du président [49].

La situation change en 1984. Le 23 mai, Kim Il sung débarque en gare [50] de Moscou après 18 ans d'absence sur le sol soviétique. Le 24, il accepte d'associer son pays à la défense de l'Urss pour contrer « l'axe » Washington-Tokyo, indique-t-il, alors que Constantin Tchernenko aurait tendance à prolonger ledit axe jusqu'à Pékin. Un mois plus tard, Pyongyang renoue diplomatiquement avec Hanoï, alors que la Rdpc y avait fermé son ambassade quand le Viet Nam avait envahi le Cambodge; Kim conserve toutefois toute sa sympathie envers Sihanouk, autre mauvais despote. En novembre suivant, un litige territorial, qui durait, est réglé au cours de « pourparlers amicaux », annonce l'agence Tass [51].

Mikhaïl Gorbatchev devient le numéro un soviétique en mars 1985. En avril, il dépêche un de ses principaux partisans chargé officiellement des questions syndicales et économiques à Pyongyang. C'est Kim Jong il, responsable de la réalisation du plan septennal, qui le reçoit en grande pompe. Ce qui indique la fin de « l'expérience à la chinoise »[52] en la matière. Le même mois, le vice-ministre nord-coréen des Affaires Etrangères rencontre le principal dirigeant de l'Urss et signe avec lui un communiqué commun exprimant l'identité de vues entre les deux capitales. Moins de dix jours plus tard, Kim Il sung, qui avait refusé de reconnaître le gouvernement communiste afghan, envoie soudainement un télégramme de félicitations à Karmal, et supervise, à domicile, une exposition sur l'éternelle amitié prolétarienne coréo-afghane retrouvée. En mai, le ministre de la Défense soviétique fait un don plus que symbolique pour commémorer l'anniversaire de la reddition allemande en 1945 à Kim Jong il qui avait alors cinq ans: ce cadeau, livré clefs en main, aurait consisté en dix Mig 23. En juillet, le politburo tout entier envoie ses bons voeux aux deux Kim très mécontents du rapprochement entre Séoul et Pékin observé depuis deux ans. Le mois d'août devient le mois de l'amitié soviéto-nord coréenne que Pyongyang célèbre avec un faste ostentatoire. Des bâtiments de guerre du Kremlin visitent alors le port de Wonsan pendant cinq jours. Le nouveau ministre

---

[49] — *Rapport Annuel* 1983, p.255.
[50] — Kim Il sung avait la phobie de l'avion.
[51] — *The Japan Times*, 24 et 26 mai, 19 et 27 juin, 14 et 20 novembre 1984; *The Far Eastern Economic Review*, 25 octobre 1984.
[52] — Cette expérience s'inspirait des principes de base formulés par Deng en juillet 1979. Ebauchée en 1980, il incomba au premier ministre Kang Song san de la mettre en vigueur à partir de janvier 1984, mais il sera limogé en décembre 1986.

des Affaires Etrangères Edouard Chevernadze confère avec son homologue Kim Ung nam en septembre [53].

Pour ne pas troubler inutilement la chaude ambiance de camaraderie prévalant entre l'Urss et la Corée du nord, Amnesty International se fait soudain vague sur la question dite « des droits de l'homme », ne parlant plus que brièvement de *quatre personnalités (...) emprisonnées entre 1969 et 1977* [54], et donc peut-être relâchées depuis cette date quoiqu'on ne puisse l'assurer. Surtout, à l'instar de ces photographies officielles ou des annuaires truqués que propagent toutes les démocraties, le nom de Kim Jong il n'apparaît plus, de même qu'il n'est plus fait référence aux problèmes liés à la succession dite « de type dynastique ». Pourtant, le pouvoir grandissant de Kim Jong il ne diminue pas. Au contraire, la radio nationale lui a donné, pour la première fois le 18 mars 1985, le titre « d'excellence » alors qu'on le connaissait auparavant sous les mots-code de « centre du parti », « cher leader », « cher guide », « l'arc-en-ciel », etc... Et en juillet, le président vieillissant a prophétisé l'imminence de « l'ère Jong il »[55]. Depuis août 1978, Kim Jong il a, en effet, la charge de l'administration au sein de l'appareil[56].

Il ne sera plus fait que très légèrement allusion à la question de la succession en 1988: *des personnes qui critiquent le Président ou la politique du Parti coréen des travailleurs risquent* [sic] *des sanctions allant jusqu'à l'emprisonnement et la rééducation par le travail* [sic] [57]; en 1990: *les personnes qui critiquent le président Kim Il sung, son fils Kim Jong il qui lui succédera dans ses fonctions, ou la politique menée par le Parti du Travail de Corée au pouvoir risquent de longues peines d'emprisonnement* [58].

APRES LA DEBACLE

Gorbatchev devient secrétaire général du Parti Communiste d'Union Soviétique en mars 1985; comme naguère Guillaume II, il souhaite être le seul en charge des politiques qu'il veut instaurer. Le 2 juillet 1985, il met Andrei Gromyko, le Bismarck soviétique, sur la touche en le faisant élire à la présidence du présidium du soviet

---

53 — *North Korea News,* 15 et 29 avril, 6, 13 et 20 mai , 12 et 13 août 1985; *The Far Eastern Economic Review,* 20 juin et 29 août 1985.
54 — *Rapport Annuel* 1985, p.261.
55 — *North Korea News,* 5 août 1985; *Vantage Point,* novembre, 1985.
56 — *North Korea News,* 5 août 1985; *Vantage Point,* novembre, 1985.
57 — *Rapport Annuel* 1988, p.191.
58 — *Rapport Annuel* 1990, pp.79-80.

suprême: il n'y aura plus de diplomatie soviétique. Amnesty International se fait encore plus prudente.

Elle parle longuement de « l'affaire Min Hung gu » (cf p.194), lui consacrant 23,7cm sur une pagination totale de 64cm en 1988 [59], 10cm sur 51 en 1989 [60]; en 1991, elle relate le libération des deux otages japonais sur 4,5cm pour une pagination de 18cm [61]. Elle évoque à peine le sort des prisonniers politiques qui ne l'ont jamais passionnée: ils seraient 100.000 répartis dans *au moins huit grands camps de travail* [62] et « pèsent » 8,7cm -alors que l'*organisation* s'émeut, sur 6,4cm, de l'arrestation possible de *40 professeurs et étudiants* [63]. Mais le nombre de 100.000 est balayé par les *chercheurs*, qui rencontrent des *responsables gouvernementaux et des universitaires* : ils disent que le régime détient environ *un millier de personnes (...) dans trois camps* [64]; Amnesty International répercute sagement qu'*un millier de personnes étaient officiellement détenues dans des camps de rééducation par le travail* [65]. Et elle conclut, en 1995, avec un rapport intitulé *Corée du Nord - nouvelles informations* [66] *sur les prisonniers politiques* qu'elle est

---

[59] — *Rapport Annuel* 1988, pp.190-191.
[60] — *Rapport Annuel* 1989, pp.186-187.
[61] — *Rapport Annuel* 1991, p.81.
[62] — *Rapport Annuel* 1989, p.186.
[63] — *Rapport Annuel* 1989, p.187.
[64] — *Rapport Annuel* 1992, p.102.
[65] — Il faudra attendre l'année 1994 pour que le *centre de Londres* consente à mettre des guillemets (auxquels il recourt pourtant lorsqu'il parle de disparitions) à « camp de rééducation par le travail » in *Rapport Annuel* 1994, p.113.
[66] — Amnesty International refuse de prendre position sur le système concentrationnaire nord coréen avec une belle constance. Ainsi, *comme les années précédentes, les autorités de la République populaire démocratique n'ont divulgué que peu d'informations (sur ce qui préoccupe Amnesty International)* in *Rapport Annuel* 1988, p.190; *comme les années précédentes, les autorités et les media de la (Rpdc) n'ont que rarement fourni des informations (etc)* in *Rapport Annuel* 1989, p.186; *cetaines sources ont évoqué l'existence de milliers de prisonniers d'opinion, informations impossibles à confirmer car il est très difficile d'obtenir des renseignements détaillés sur les droits de l'homme* in *Rapport Annuel* 1990, p.179; *certaines sources ont évoqué l'existence de milliers de prisonniers politiques. Il a toutefois été impossible d'en obtenir la confirmation, car il est resté très difficile de recueillir des informations sur les droits de l'homme* in *Rapport Annuel* 1991, p.81; *un millier de personnes environ étaient officiellement détenues dans des camps de rééducation par le travail, mais il n'a pas été possible d'établir combien étaient internées pour des raisons politiques, ni si parmi elles se trouvaient des prisonniers d'opinion. Les autorités ont nié la détention de milliers de prisonniers politiques* in *Rapport Annuel* 1992, p.102; *de nouvelles informations sont parvenues concernant des prisonniers politiques détenus dans des camps de travail* in *Rapport Annuel* 1993, p.101; *de nouvelles informations ont été recueillies sur des prisonniers d'opinion apparemment détenus sans jugement ou à l'issue de procès inéquitables depuis des années voire des décennies. Parmi elles figuraient des proches et des enfants d'opposants présumés au régime. Des centaines de prisonniers politiques seraient maintenus clandestinement en détention. D'anciens prisonniers ont indiqué que les conditions de détention étaient éprouvantes et que les mauvais traitements étaient pratique courante* in *Rapport Annuel* 1994, p.112; *de nouvelles informations ont été recueillies concernant plusieurs dizaines de prisonniers d'opinion; elles n'ont toutefois pas pu être confirmées. Les autorités nord-*

en mesure d'affirmer que la Corée du nord a placé en détention...51 (cinquante et un) prisonniers politiques dont *Kim Duk Hwan* (...) *arrêté fin 1961 ou début 1962* car *soupçonné de sympathies pour l'Urss* [67].

Si les *Rapports Annuels* sont (modérément) critiques en 1994 et 1995, les *chercheurs* recopient des textes officiels sans beaucoup les commenter: ils résument les droits que conféreraient la constitution et le code pénal en vigueur depuis 1987 en soulignant les adoucissements prévus par la loi [68]; ce n'est que bien plus tard, dans un rapport intitulé *Corée du Nord -Résumé des préoccupations d'Amnesty International,* qu'ils s'interrogent sur la portée réelle des garanties protégeant l'individu [69].

---

coréennes ont cependant fourni quelques renseignements sur plusieurs prisonniers politiques, dont un [1] *prisonnier d'opinion* in *Rapport Annuel* 1995, p.111; si Amnesty International limite à une personne le nombre de prisonniers d'opinion en Corée du nord, Mac Bride assura toujours que le goulag soviétique (dénoncé par Soljenitsyne) en abritait tout au plus 500. Répondant à une interview dans l'émission «Questionnaire » sur TF1 le 6 mars 1977, il disait en effet : «je crois, personnellement, qu'il n'y en a probablement pas plus de 500 [prisonniers d'opinion]. D'autres disent qu'il y en a 10.000. Entre ces deux chiffres, il est très difficile de connaître le nombre exact »; il concluait : « il y a beaucoup de gens qui sont mis dans les camps, qui ne sont pas des prisonniers politiques, qui sont des prisonniers qu'on met là pour travailler. (... Ce sont) des prisonniers de droit commun ».

[67] — *Rapport Annuel* 1995, pp.111-112.
[68] — *Rapport Annuel* 1992, pp.102-103.
[69] — *Rapport Annuel* 1994, p.114.

DEUXIEME PARTIE : SYNTHESE

✔ L'ALCHIMIE DU MENSONGE

✔ L'HISTOIRE RECTIFIÉE

✔ UNE CERTAINE IDÉE DU PROCESSUS JUDICIAIRE

✔ FAUT-IL DÉTRUIRE AMNESTY INTERNATIONAL ?

CHAPITRE VI

L'ALCHIMIE DU MENSONGE

Quelles soient libérales ou populaires, les démocraties prolifèrent sur un même fumier (c'est-à-dire sur un même terrain... d'élections): le mensonge. Voltaire, en fin connaisseur, en vantait « les qualités morales » quand il écrivait à un de ses disciples, en 1736, que « le mensonge est une grande vertu (...): ainsi, il faut mentir non pas seulement quelques fois et timidement mais hardiment et toujours ». Lénine, que les principes moraux n'obsédaient pas vraiment, le ramenait à un rôle plus pratique: « le mensonge n'est pas seulement un moyen qu'il est permis d'employer; c'est le moyen le plus éprouvé de la lutte bolchevique »[1]. Montage lexical, omissions, insinuations, contre-vérités, etc -tel sera en effet l'arsenal d'Amnesty International.

LE MONTAGE: DES LETTRES...

Les *chercheurs* savent suggérer à leurs lecteurs d'appréhender une situation dans le sens souhaité par Moscou et l'Histoire revisitée, à l'aide d'adverbes innocents, d'adjectifs anodins et de propositions adversatives appropriées.

Ainsi remarquent-ils dans l'introduction du chapitre Asie en 1981 que *plusieurs pays ont témoigné d'un plus grand respect des droits de l'homme. Certains, notamment le Viet Nam et le Laos* [deux pays alignés sur Moscou] *ont libéré un très grand nombre de prisonniers politiques* [2]. En revanche, *la détention prolongée pour motifs politiques, plus*

---

1 — Cité par Jean Madiran in *Itinéraires*, Paris novembre 1980.
2 — *Rapport Annuel* 1981, p.221.

particulièrement à Taïwan, en Indonésie, en Malaisie, au Brunei et à Singapour, est une grave préoccupation pour Amnesty International -justement cinq pays tous très anti-soviétiques... Dans l'introduction du *Rapport Annuel* 1982, *Amnesty International a présenté (à l'Onu) des rapports exposant les violations flagrantes et systématiques des droits de l'homme au Pakistan et en Corée du sud* [3]: on sait que ni Islamabad ni Séoul ne figurent au nombre des alliés de Moscou.

Si Amnesty International attribue parfois quelques bons points aux régimes considérés très schématiquement et par ethnocentrisme européen « pro-occidentaux », c'est pour les leur retirer très vite, intérêts compris. Si la Malaisie vide ses prisons politiques à l'exception de deux détenus, *malheureusement il n'y a pas de changement relatif à la situation des quelque vingt personnes privées de leur nationalité pour des raisons politiques.* A Singapour, le gouvernement libère bien des détenus, *cependant ces quelques personnes en liberté ne semblent pas signifier un changement de politique même si aucune nouvelle arrestation au titre de la Sécurité Intérieure n'a été signalée* [4]; en conséquence, 26 groupes prennent en charge 100 personnes incarcérées. *(Si le général Hossein Mohammed Ershad)* [5] *a reconnu qu'il fallait améliorer les conditions (de détention), d'inquiétantes informations ont fait état de passages à tabac et de décès dans les prisons* [6]. Au Brunei, *(si) début 1982 tous les prisonniers* [communistes ayant fomenté une révolution en 1962] *sauf neuf ont été libérés, d'autres personnes soupçonnées de liens avec le (Parti du Peuple) ont été arrêtées* [7]. Aux Philippines du président Ferdinant Marcos, *(si) le nombre des prisonniers politiques diminue (...), les « disparitions » et les exécutions extra-judiciaires sont de plus en plus courantes et la torture demeure courante* [8], alors qu'à Kaboul on tue *de temps à autre.* En Corée du sud nationaliste, *la loi martiale a (certes) été levée le 25 janvier 1981 et de nombreux prisonniers politiques ont été relâchés* [9]. *Néanmoins, les arrestations se sont poursuivies en vertu d'autres textes* [10], si bien que *si Amnesty International a écrit au président pour se féliciter des libérations, (elle) continue à recevoir des informations sur l'emploi de la torture* [11]. En Malaisie, *plusieurs détenus politiques de longue date ont été*

---

3 — *Rapport Annuel* 1982, p.211.
4 — *Rapport Annuel* 1971-1972.
5 — Il se proclama président du Bangla Desh en 1983.
6 — *Rapport Annuel* 1983, p.231.
7 — *Rapport Annuel* 1983, p.233.
8 — *Rapport Annuel* 1983, p.274.
9 — *Rapport Annuel* 1982, p.228.
10 — *Rapport Annuel* 1982, p.228.
11 — *Rapport Annuel* 1983, p.232.

*libérés cette année (...). Toutefois, au moins quatre autres détenus (...
sont) demeurés (emprisonnés)* **12**.

Quand la République Socialiste du Viet Nam déporte dans les
zones insalubres les populations hostiles à sa politique avec le dessein
affiché de les y faire mourir, Amnesty International traduit qu'elles sont
transférées à la campagne **13**. Du temps de la guerre ouverte qui
précéda la chute de Saïgon en avril 1975, les Sudistes *(rapatriaient) de
force* **14** et les *chercheurs* les dénonçaient à l'Onu et aux médias **15**; mais
si le gouvernement Thieu disait *(que des civils) avaient été enlevés*,
l'*Organisation* rejetait ses propos en expliquant dédaigneusement qu'elle
ne pouvait tenir compte d'accusations selon lesquelles *ces personnes
auraient été* [ici, le conditionnel prévaut] *emmenées* **16**.

A Taïwan, les prisonniers logent dans l*a sinistre prison de l'Ile
Verte* **17**; dans le Viet Nam de Ngo Dinh Diem, on les parquait sur l'île
notoire de Con Son. A Kaboul, que Mümtaz Soysal connaît assez pour
n'en avoir pas dépassé la banlieue, Amnesty International évoque
simplement *la prison de Pule Charchi* **18** où *des* [pas: les] *prisonniers
auraient été battus* **19**; à Séoul, ils sont *torturés et battus* **20**.

Si les *chercheurs* ne remettent pas en cause la version officielle des
autorités pro-soviétiques ou non anti-soviétiques pour expliquer, par
exemple au Cambodge, l'exécution de *sept super-traîtres* **21**, au Viet Nam
d'agents secrets, de saboteurs, de petits délinquants de droit commun
sinon de *prêtres immoraux* **22**, en Afghanistan de *terroristes* **23** -ils se
montrent, à l'inverse, pleins de sens critique lorsqu'ils ont affaire aux
services de sécurité plutôt non anti-occidentaux et/ou anti-soviétiques.
Par exemple, au Pakistan, en Indonésie et aux Philippines. Pour
comprendre les manipulations d'Amnesty International, un court
récapitulatif s'impose dans chacun des trois cas.

---

12 — *Rapport Annuel* 1989, p.206.
13 — *Rapport Annuel* 1979, p.145.
14 — *Rapport Annuel* 1974, p. 66.
15 — *Rapport Annuel* 1974, p.66.
16 — *Rapport Annuel* 1974, p.67.
17 — *Rapport Annuel* 1981, p.221.
18 — *Rapport Annuel* 1981, p.229.
19 — *Rapport Annuel* 1981, p.267.
20 — *Rapport Annuel* 1981, p.250.
21 — *Rapport Annuel* 1976, p.138.
22 — *Rapport Annuel* 1975, p.109; *Rapport Annuel* 1976, p.149; *Rapport Annuel* 1977, p.171.
23 — *Rapport Annuel* 1983, p.227.

En août 1947, Westminster accordait leur indépendance aux Indes. Mais certaines communautés musulmanes [24] du nord-est et du nord-ouest craignaient pour leurs identités raciales et religieuses [25]; elles réclamèrent, et obtinrent au cours de combats acharnés, d'être réunies en un seul pays, le Pakistan. Cette créature bicéphale monstrueuse car absurde était évidemment vouée à l'échec, pour des raisons domestiques (l'ouest, pauvre, disposait du pouvoir afin de surexploiter l'est plus fertile mais éloigné de quelque 1.500 km), autant que diplomatiques (l'Inde une et indivisible entendait ne pas être « menacée » à long terme sur deux fronts). La fondation de la Ligue Awami au Bengale, en janvier 1949, résumait le malaise entre les deux provinces puisque son président, Mujibur Rahman, militait pour une autonomie qui préluderait à une partition plus définitive. Allié à l'Association des Paysans et au Parti National Awami (tous deux communisants mais dont les tendances n'étaient pas majoritairement pro-soviétiques), la Ligue enleva, lors des élections législatives de décembre 1970, tous les sièges (sauf deux) dans la partie orientale du Pakistan tandis que son allié occidental le Parti du Peuple de Zulfikar Ali Bhutto (socialisant mais alors favorable à un certain « jeu politique des partis ») émergeait comme la principale force politique à l'ouest: désormais, Mujibur Rahman contrôlait la majorité du parlement national. Mais Bhutto, renversant ses alliances, se rapprocha des militaires (qui dirigeaient de facto le pays depuis 1947) et, avec l'aval du Parti Communiste Marxiste-Léniniste du Pakistan, refusa de réunir l'assemblée élue; des pourparlers est-ouest échouèrent et le leader bengali fut arrêté le 26 mars 1971, soit le lendemain du jour où il avait proclamé l'indépendance du futur Bangla Desh. L'affaire n'en resta pas là et rebondit: un gouvernement provisoire s'érigea, en Inde, en détenteur légitime et légal de la nouvelle République Populaire du Bangla Desh, le 17 avril. La suite alla très vite: le 9 août, New Delhi signait son pacte de coopération avec Moscou; ses forces armées, « à la requête » de l'Armée de Libération du Bangla Desh, franchissaient la frontière et investissaient sans coup férir la capitale provinciale, Dacca,

---

[24] — Le cas avait été réglé précédemment en Birmanie dès janvier 1947.

[25] — Bien qu'appartenant à la caste des « prêtres », le premier ministre, le pandit (savant) Jawahardal Nehru, avait décidé, dès 1949, de modeler le sous-continent indien en un Etat centralisé, laïc et socialiste: la mort du mahatma (sage) Mohandas Gandhi, assassiné le 30 janvier 1948, et avec lequel il était brouillé pour des raisons personnelles et idéologiques, lui permirent d'aller vite dans cette voie. Il proclama la république en janvier 1950, légalisa le Parti Communiste d'Inde (Pci, fondé en 1920), et lança le premier plan quinquennal. Sa mort en 1964 amena au pouvoir pour quelque temps des éléments conservateurs; mais des troubles orchestrés par des agitateurs soviétiques leur imposèrent la fille de Nehru, Indira Gandhi, deux ans plus tard: elle recrutera toujours plus d'experts techniques, financiers (elle étatisa le système bancaire en 1969) et militaires (elle créa à cette époque une agence de sécurité encadrée par le Kgb et passa un accord de coopération avec le Kremlin en 1971) -et elle gouverna « autoritairement » de 1969 à 1977 avec la collaboration du Pci.

le 4 décembre 1971. (Mme) Gandhi reconnaissait son instigateur Mujibur Rahman le 10 janvier 1972.

Ce revers national, qui discréditait l'armée, profitait à Bhutto qui accédait à la présidence du Pakistan en décembre 1971. Comme il rédigea une constitution, en 1973, dans l'esprit démocratique que lui avaient inculqué ses professeurs des universités libérales américaine et britannique, on lui pardonna bien facilement, à Boston « son (mauvais) absolutisme tempéré d'assassinats » [26] et ses méthodes tyranniques pour « pacifier », de 1973 à 1977, le Balouchistan contigu à l'Afghanistan. Bien en cour auprès des Kennedy qui, eux non plus, ne rechignaient pas à assassiner, il se rapprocha avec leur accord de la République Populaire de Chine sur le soutien de laquelle il comptait dans sa partie de bras-de-fer avec l'Inde. En juillet 1977, son chef d'état-major qui plaisantait encore avec lui la veille, le général Zia ul Haq, réussissait un coup d'Etat: Bhutto était exécuté en 1979 [27]. Pour (Mme) Gandhi et pour le Kremlin qui ne lui a jamais ménagé ses faveurs [28], le général-président apparaissait encore plus dangereux que son prédécesseur; non seulement parce que ni les médecins ni les politologues pourtant

---

[26] — L'expression est d'un journaliste, Youssouf Lohdi -cité in *The Far Eastern Economic Review*, Hong Kong date non répertoriée.

[27] — Ses partisans assuraient volontiers qu'il avait été torturé et meurtri avant d'être pendu. Or, d'après le fossoyeur de la famille Bhutto, Haji Nazar, « (il) était rasé de frais. Son visage avait l'éclat de la perle » quand les autorités l'autorisèrent à disposer du corps (témoignage qui, par ailleurs, pourrait démentir qu'il ait été pendu comme l'affirma le gouvernement) -selon *Asiaweek*, Hong Kong 17 mai 1987.

[28] — (Mme) Gandhi dut à ces faveurs de devenir la présidente des Non-Alignés en 1983.
Normalement, le septième sommet du mouvement aurait dû se tenir à Bagdad en septembre 1982 et « choisir » un successeur à Fidel Castro: le protocole voulait que ce fût la puissance invitante qui dirigeât la nébuleuse tiers-mondiste pendant trois ans. Il se serait agi, en l'occurrence, du président Saddam Hussein, lequel offrait moins de garantie que Cuba, même si l'Urss l'approvisionnait largement en matériel militaire. Or, depuis qu'il était en guerre contre l'Iran, la collusion esquissée entre les stratèges de Téhéran et de Damas risquait de précipiter Bagdad dans le camp de l'orthodoxie musulmane qui se confondait un peu avec les intérêts « occidentaux ». Si, donc, Hussein accédait à la direction des Non-Alignés, il menaçait de réduire à rien l'œuvre tissée par Castro: il fallait, en conséquence, que le sommet se tînt à New Delhi.
La clientèle soviétisante du mouvement, Syrie en tête chronologiquement, argua de l'impossibilité de se réunir, pour des raisons morales et de sécurité, dans une capitale en guerre. L'Algérie prit le relais en proposant que New Delhi accueillît les participants: des missions de conciliation conseillèrent au président irakien de céder, afin de sauver l'organisation d'un éclatement probable (l'Iran avait déjà fait savoir qu'il n'enverrait aucun représentant à Bagdad). En contre-partie, Moscou (militairement) et New Delhi (diplomatiquement) ne se montreraient pas ingrats. Le « De Gaulle arabe » céda et Castro put annoncer, le 6 août 1982, que les adhérents se retrouveraient en mars 1983 dans « le pays de la non-violence ».
Le 20 septembre, (Mme) Gandhi débarquait à Moscou et qualifiait Leonid Brejnev « d'ami de l'Inde » : l'Inde accédait à la présidence des Non-Alignés en mars 1983 selon *Présent*, Paris 2, 10, 11 août, 1er et 23 septembre 1982; *Aspects de la France*, Paris 22 mars 1983; *La Presse Française*, Paris 15 et 22 juin 1984; Centre Français d'Etude des Relations Internationales/département Asie-Pacifique *Chronologie du mouvement des Non-Alignés* 1982 et 1983.

pléthoriques ne savent enrayer ou guérir la paranoïa mais parce qu'il s'était montré capable de forger des alliances, semble-t-il solides, avec les Etats-Unis et la Chine Populaire à une époque où ces deux pays entraient dans la phase ultime de leur mutuel rapprochement. Il avait aussi normalisé avec le Bangla Desh en le visitant officiellement en 1979; il soutenait le Sri Lanka dans sa lutte contre les terroristes tamouls (d'origine indienne) [29]; il cultivait en outre d'excellentes relations avec les Maldives musulmanes; enfin, il autorisait certains résistants afghans à opérer à partir de son territoire contre les troupes occupant Kaboul.

Du coup, New Delhi, avec ses 800 millions d'habitants, se sent encerclée et le Kremlin, avec son potentiel atomique, pris à revers: il y a très longtemps que la logique a déserté la géopolitique! Du coup aussi, tous les moyens pour renverser Zia sont bons: Amnesty International, là encore, a été réquisitionnée. Notamment pour épauler le Parti Populaire du Peuple fondé par Bhutto en 1967 que dirigeaient (elles s'aimaient alors l'une et l'autre) au début des annnées 1980 sa veuve Nusrat et sa fille Benazir. Ce qui intéressa le clan se résume à la reconquête de l'influence perdue et à la vengeance: le défunt président s'était aligné sur Pékin puisque l'Inde s'appuyait sur Moscou; ses survivantes ont vu le résultat d'une telle tactique. Dans l'opposition, elles se sont tournées dans la direction de l'Urss [30] qui a répondu favorablement à leurs signaux, à condition qu'elles agissent dans le cadre légal et sur le terrain. Le Parti Populaire du Pakistan (Ppp) constitua ainsi l'élément moteur d'un front uni, le Mouvement pour la Restauration de la Démocratie (Mrd), dont les thèses convergèrent souvent avec celles du Kremlin tant que le Ppp et Mrd furent dans l'opposition, c'est-à-dire jusqu'en 1988. Bhutto, par ailleurs, avait laissé deux fils, l'un marié à une Afghane de la haute société dont le clan s'était Rallié à Karmal -qui « retournés », ne restent pas inactifs et organisent un mouvement clandestin du nom de leur père, Al Zulfikar.

(Le 2 mars 1981), un avion des Pakistan Airlines a été détourné (...). Selon la presse, le détournement serait l'œuvre de l'organisation Al Zulfikar, que le gouvernement a accusé plus tard, mais sans en donner la preuve, d'être l'aile armée du P.P.P. [31]. Les *chercheurs* doutent alors de l'authenticité de propos qui pourraient s'avérer calomnieux, et

---

[29] — Le Bangla Desh est sorti de la sphère d'influence indienne en 1975, date de l'assassinat de son fondateur. Le Sri Lanka a suivi deux ans plus tard quand le Parti National Unifié a remporté les élections législatives au détriment du Parti de la Liberté.

[30] — Quand elle aura été nommée premier ministre une dizaine d'années plus tard, Benazir Bhutto (devenue l'ennemie de son frère ainsi que de sa mère) s'alignera tant bien que mal sur les Etats-Unis et la Chine Populaire.

[31] — *Rapport Annuel* 1981, p.286.

invitent leurs lecteurs à s'en défier. Ils expliquent que *les auteurs du détournement (...) demandaient la mise en liberté de prisonniers politiques* [et a priori, un prisonnier politique est éminemment respectable]. Mais les *chercheurs* omettent de dire que l'avion fut détourné sur Kaboul où les deux frères Bhutto résidaient [32]; ils ne croient pas utile de préciser que c'est de la tour de contrôle (sous la protection des Soviétiques) de l'aéroport qu'ils « négociaient » avec les membres de l'équipage; ils cèlent qu'au cours de l'incident, un fonctionnaire pakistanais fut froidement abattu par les pirates de l'air qui voulaient qu'on ne doutât pas de leur détermination; ils ne retiennent pas que ces pirates de l'air mirent un terme à leur périple en Syrie, pays lié à l'Urss par un traité d'amitié et de coopération depuis le 7 octobre 1980. Au contraire, ils placent le gouvernement du président Zia au banc des accusés puisque *cet événement a entraîné l'arrestation de milliers de membres des principaux partis d'opposition,* et ce, en vertu d'un total arbitraire *(puisque), à la connaissance d'Amnesty International, aucune preuve d'un lien quelconque entre Al Zulfikar* [dirigé par les fils Bhutto] *et le P.P.P.* [dirigé par la veuve et la fille de Bhutto] *n'a été produite* [33]. Parce qu'Islamabad doit rendre des comptes à Amnesty International! La police continuera de sévir en toute iniquité: elle tue un étudiant en pénétrant dans son appartement -il était tout de même *accusé d'être le chef d'une cellule d'Al Zulfikar* [34]. Et quand cette organisation assassine un proche du président le 16 octobre 1982, quand la police découvre un missile Sam 7 (de fabrication soviétique) chez un militant du mouvement terroriste clandestin le 27 juillet 1983 à Lahore, l'*organisation humanitaire* persiste à affirmer que les arrestations visent à mettre sous les verrous des gens *(pour) leurs activités pacifiques* [35]!

L'Indonésie non plus n'échappe pas au truquage amnestien, et l'évolution du Parti Communiste d'Indonésie (le Pki, pour les puristes) ne va pas sans rappeler la dérive du clan Bhutto.

Après l'indépendance dont on l'a largement et plutôt abusivement crédité, le président Sukarno, soucieux de rompre avec un Occident qui l'admire pourtant, entreprit une politique d'« indigénisation » inspirée par

[32] — Les *Rapports Annuels* ultérieurs offriront des versions quelque peu différentes: *dirigée par Murtaza, fils de l'ancien premier ministre, cette organisation serait* [sic] *basée en Afghanistan* (in *Rapport Annuel* 1982, p.262); *l'Organisation d'opposition* [il n'est pas dit qu'elle est armée comme quand il s'agit de décrire les résistances afghanes et khmères] *Al Zulfikar (est)* [cette fois, la chose est établie] *basée en Afghanistan (mais) serait dirigée* [cela reste à vérifier] *par les deux fils* [et non plus par le seul Murtaza] *de l'ancien premier ministre* (in *Rapport Annuel* 1983, p.261).
[33] — *Rapport Annuel* 1982, p.262.
[34] — *Rapport Annuel* 1982, p.264.
[35] — *Rapport Annuel* 1983, p.268.

l'enthousiasme soulevé dans certaines sphères restreintes et intellectuelles de leaders afro-asiatiques dévoyés par Paris, Londres ou New York. Sa politique incohérente toute entière dévouée à son propre culte rencontrait des critiques nombreuses dans la population gagnée par la paupérisation; certains secteurs reprochaient la saisie des biens étrangers, les nationalisations, l'instauration d'un centralisme démocratique rampant; l'armée le plus souvent (et c'est elle qui avait mené les Pays-Bas à la table des négociations bien plus que Sukarno qui ne brilla jamais par ses vertus militaires), les clergés musulmans et chrétiens, les milieux conservateurs ou réactionnaires désemparés depuis la retraite anticipée et forcée du vice-président Hatta en 1956, présentaient une opposition incapable, objectivement, de menacer un président de moins en moins raisonnable: des mutineries éclatèrent, sporadiques et sans succès. Et pourtant, le président se sentait bel et bien menacé: par la Cia, alors que Dwight Eisenhower avait respecté une totale non-intervention dans les affaires domestiques indonésiennes et que John Kennedy avait favorisé les plans d'expansion du satrape contre des vestiges territoriaux de La Haye. Pour se sauver, Sukarno se rapprocha de l'Urss qui l'inonda d'armes dans le but avoué de détruire la Malaisie, dont le Parti Communiste avait été mis hors d'état de nuire en 1957 sur le terrain; et aussi de la Rpc, avec laquelle le flirt esquissé lors des conférences de Colombo en 1954 et de Bandœng en 1955 avait abouti à un traité d'amitié paticulière en mars 1961; à domicile, il confia sa sécurité à son ministre des Affaires Etrangères Subandrio et au secrétaire général du Pki (fondé en 1920), Aidit, devenu ministre en 1962. Il disposait ainsi d'une garde personnelle dotée de pouvoirs discrétionnaires et forte de trois millions d'adhérents. Toutes ces précautions le perdirent.

Dans la plus grande confusion, des officiers communistes et procommunistes fomentaient un coup d'Etat le 30 septembre 1965. Leur plan incluait l'assassinat immédiat de toutes les personnalités jugées conservatrices ou réactionnaires, familles inclues: parmi elles figurait en bonne place le général Suharto, responsable des unités stratégiques de réserve. Prévenu à temps, il parvint à échapper aux tueurs et, à l'appel de manifestations de rues massives et organisées, entre autres, par le Parti National Chrétien, il put reprendre l'initiative, puis prendre l'avantage. Les combats, très violents, qui durèrent cinq mois après la capture de Aidit dans son maquis et son exécution en novembre, les lynchages d'une foule (tyrannisée pendant presque vingt ans par une minorité professant l'athéisme et souvent d'origine chinoise) difficilement mais en général réellement contenue par l'armée loyaliste, coûtèrent la vie à plusieurs dizaines de milliers de personnes [36]. Les libéraux et les progressistes attribuent ces chiffres à des massacres délibérés orchestrés froidement par l'armée [37] -sans remarquer que la « gauche » déclencha les hostilités et que les pertes furent souvent le résultat d'affrontements en règle, même s'il y eut d'indéniables débordements.

En 1966, le gouvernement mettait le Pki hors-la-loi; Sukarno qui, avec Subandrio, avait essayé sans honte de revenir aux affaires, était respectueusement écarté du pouvoir l'année suivante, et le général Suharto lui succédait en 1968.

Les rescapés de l'état-major du parti se réfugiaient pour beaucoup à Pékin, puisque c'est là qu'ils avaient puisé logistique et soutien idéologique pour tuer et construire une nouvelle société (Mao Zedong venait de lancer la Révolution Culturelle); l'aile pro-soviétique, racialement souvent d'origine indonésienne, gagna l'Europe de l'est. Depuis l'avènement de Deng Xiaoping, la Rpc, qui avait ouvert des ambassades dans la majorité des pays de l'Association des Nations du Sud-Est Asiatique [38] pour contrebalancer la menace nord viet-namienne [39], souhaitait se rapprocher de Djakarta qui avait gelé ses relations avec elle en 1967: le statut accordé aux quelque 200 militants du Pki s'en trouva sensiblement modifié à la baisse [40]. En revanche, le Kremlin dorlota, jusqu'à l'ère Gorbatchev, ceux qui avaient choisi la voie soviétique: ils travaillaient à *La Revue Mondiale du Marxisme*, tel un certain Satiadjaya Sudinam promu responsable d'un noyau de 50 irréductibles, ou même à *La Pravda* tel un certain Tomas Sinvraya envoyé rendre compte des invasions du Cambodge par le Vietnam et de l'Afghanistan par l'Urss, participaient à des congrès, signaient des pétitions, etc. Aussi, bien que la faction chinoise continentale fût peut-être numériquement plus nombreuse, on pensait généralement que le

---

36 — De 100.000 à 500.000 -selon The Encyclopedia Americana, 1980, t.15, p.93; « peut-être 400.000 » -selon un prêtre des Missions Etrangères de Paris; 500.000 -selon le *Quid ?*, Paris 1984, p. non répertoriée... qui cite Amnesty International.

37 — Cf, à ce sujet, les versions données par *Le Grand Dictionnaire Encyclopédique Larousse*, Paris 1982-1985 et *The Great Soviet Encyclopedia*, Moscou 1973-1983, t. et p. non répertoriés -ces deux sources étant encore une fois très proches l'une de l'autre.

38 — L'Ansea (plus connue sous le sigle anglo-saxon d'Asean) fut fondée en août 1967 sans susciter beaucoup d'espoirs d'aucune sorte chez les observateurs; elle regroupa, jusqu'en janvier 1984 quand le nouvellement indépendant sultanat de Brunei la rejoignit, la Thaïlande, la Malaisie, Singapour, l'Indonésie et les Philippines. Depuis 1995, elle compte un nouveau membre: le Viet Nam -en attendant l'adhésion probable et prochaine du Laos, du Cambodge et de la Birmanie.

39 — Kuala Lumpur (mai 1974), Manille (juin 1975) et Bangkok (juillet 1975) nouèrent ainsi des relations diplomatiques pour diverses raisons (neutralisation des mouvements communistes, alliance défensive de facto pour faire face à une menace d'invasion vietnamienne, etc).

40 — Djakarta et Pékin ont renoué diplomatiquement en 1990.

Kremlin (parce qu'il disposait, contrairement à la Rpc, d'une ambassade et parce que les cellules clandestines, recrutées principalement parmi la population autochtone plutôt que chinoise, sont plus malaisées à détecter par les services de sécurité gouvernementaux) contrôlait, jusqu'à la fin des années 1980, le Pki. Cela explique qu'Amnesty International se préoccupe de *Munir et de Ruslan, présumés* [sic. En fait, condamnés pour] *appartenir (au Pki)* [41]. Munir, c'est a priori inoffensif. La réalité diffère quelque peu. Munir n'appartenait pas de manière *présumée* [42] au parti: il siégeait (comment Amnesty International l'ignorait-elle, alors qu'elle ne recrute que du personnel au fait des problèmes politiques -comme le suggèrent ses petites annonces [43] à la presse?) au sein du politburo, et il a été arrêté, les armes à la main, pour cette raison. La justice indonésienne le condamne à mort avec trois autres camarades accusés et reconnus coupables d'avoir planifié les assassinats en 1965: ils sont fusillés en mai et en juillet 1985. Les *chercheurs* leur consacrent 18 lignes [44], ramenant le rôle du doux Munir à celui d'un syndicaliste dévoué et tout au plus *affilié* au Pki... tandis qu'à Moscou, on le gratifie du titre de « combattant de la liberté » [45].

Aux Philippines aussi, après un long processus tout en nuances que l'on essaiera d'analyser plus loin, les *chercheurs* volent au secours des militants détenus, récusant les charges retenues contre eux. Ainsi, selon Amnesty International, les forces de sécurité arrêtent-elles sans preuve en 1977 un certain *José Maria Sison, président présumé du Parti Communiste* [46]. On serait tenté de croire que le *centre de Londres* ne s'est pas livré à des recherches intensives sur le curriculum vitae plutôt chargé du personnage: car tout le monde savait depuis des années [47] -et le principal intéressé le confirmera [48] - que non content de diriger le

---

[41] — *Rapport Annuel* 1983, p.251.
[42] — Le terme, et d'autres dérivés, revient souvent dans la prose amnestienne: le demi-million de Coréens du nord massés le long du 38ème parallèle représentent une *menace présumée* (in *Rapport Annuel* 1975, p.246). Quand des indépendantistes papous sont arrêtés, la police les accuserait d'avoir *prétendument hissé un drapeau sécessionniste* (in *Rapport Annuel* 1982, p.246; *Rapport Annuel* 1983, p.253). Les Vietnamiens du sud sont *prétendument enlevés* par les bodoïs communistes (in *Rapport Annuel* 1974, p. 67?). Les soldats de Colombo sont tués *prétendument par des groupes extrémistes tamouls (de gauche)* (in *SF 84 CA 340/ASA 37*). Le roi du Bhouttan échappe à *une prétendue conspiration visant à (l')assassiner* (in *Rapport Annuel* 1975-1976, p. non répertoriée), etc.
[43] — Cf, par exemple, *The Far Eastern Economic Review*, 24 octobre 1984, 30 janvier et 25 septembre 1986.
[44] — *Rapport Annuel* 1986, p.252.
[45] — Cf *The Far Eastern Economic Review*, 20 et 27 juin 1989; *The Yearbook on International Communist Affairs*, Hoover Institute, Stanford 1984, 1985, 1986, pp.226-229, 187-190, etc.
[46] — *Rapport Annuel* 1982, p.278.
[47] — Cf, par exemple, *The Yearbook on International Communist Affairs*.
[48] — *The Asahi Evening News*, Tokyo 11 mars 1986.

Parti Communiste des Philippines (Pcp), il en était l'instigateur. De même appréhende-t-on *Horacio Moralès, porte-parole présumé du Front Démocratique National* (Fdn) [49], et les *chercheurs* suggèrent qu'il s'agit là d'une grande injustice, d'autant que le Fdn n'est qu'*un groupe* [anodin] *de coalition dont le programme comporte* [tout au plus] *un soutien à la (Nouvelle Armée du Peuple)* [50], présentée comme un aimable *corps de guérilleros* [51]. Or, là encore Amnesty International abuse du langage: Moralès présidait effectivement le Fdn dont il coordonnait les activités sur l'ensemble du territoire [52]; le Fdn, « organisation auxiliaire du P. C.P. » [53] structurée dès sa fondation par les gens de Sison, est techniquement contrôlé par eux qui y détiennent une autorité absolue dans tous les domaines et lui dictent sa ligne de conduite [54]. Quant à la Nap, l'aile militaire du Pcp, désavouée par le Kremlin [55] mais alimentée par le Kgb [56], elle a à son actif des assassinats grâce à l'action de ses escadrons de la mort spécialisés dans les meurtres de policiers isolés, de journalistes critiques et de chefs de villages -familles comprises. L'*organisation humanitaire* se préoccupe enfin de l'inculpation de *(syndicalistes) pour leur appartenance au (Mouvement du Premier Mai) prétendument coiffé par le P.C.P.* [57]; elle va jusqu'à faire adopter *comme prisonnier d'opinion Felixberto Olalia, vice-président du M.P.M. (et) âgé de 79 ans* [58]. Or, le Mpm est la courroie de transmission principale des communistes dans le « monde du travail » : sa seule dénomination indique son programme puisque « le premier mai est célébré (dans les pays en voie de développement) comme un jour de lutte contre l'impérialisme et la réaction domestique, pour l'élimination du colonialisme et du néo-colonialisme et pour l'établissement d'une économie indépendante et une approche progressive du développement socio-économique [sic] »[59]. Quant à Olalia, il symbolise tout autre chose qu'un gâtisme sans conséquence: son hagiographie dans *The Far Eastern Economic Review*, dûe au compagnon de route Guy Sacerdoti, explique pourquoi le personnage intéressait tant le Kremlin et le *centre de Londres*: pendant la Seconde Guerre Mondiale et l'occupation japonaise,

---

49 — *Rapport Annuel* 1983, p.276.
50 — *Rapport Annuel* 1983, p.276.
51 — *Rapport Annuel* 1982, p.271.
52 — *The Yearbook of International Communist Affairs*, 1984, p.266.
53 — *The Yearbook of International Communist Affairs*, 1984, p.266.
54 — *The Far Eastern Economic Review*, 21 novembre 1985. *Ibid.* 26 mars 1987 précise que le Fdn a invité à Manille deux révolutionnaires salvadoriens fin 1986, a envoyé des missions à Cuba en janvier 1987 et au Zimbabwe en février.
55 — *The Great Soviet Encyclopedia*, 1973-1983, t.12, p.271.
56 — *The Yearbook of International Communist Affairs*, 1985, p.232.
57 — *Rapport Annuel* 1983, p.278.
58 — *Rapport Annuel* 1983, p.278.
59 — *The Great Soviet Encyclopedia*, 1973-1983, t.19, p.94.

il dirigeait une unité de résistants Huks (moyennement actifs, mais équivalant aux Ftp de France), et il goûta de la prison dans les années 1950 pour avoir repris les armes contre le gouvernement. Il servit d'intermédiaire entre Manille et Pékin avant la normalisation entre les deux capitales, dont il espérait qu'elle conduirait à éloigner les Philippines des Etats-Unis -en pleine crise « morale » du Watergate. Ses obsèques, célébrées le 11 décembre 1983 au milieu d'innombrables drapeaux rouges, tournèrent à la manifestation anti-américaine et pro-léniniste: à part cela, le « hautement respecté » Olalia n'avait rien à voir avec le communisme international [60].

... ET DES CHIFFRES

Pour beaucoup, et notamment parmi les détracteurs du *centre de Londres* [61], Amnesty International aurait une vision répressive de l'Etat. Sa pagination réservée à chaque pays indiquerait l'intensité des violations des droits-de-l'homme qui y sont (ou seraient) pratiquées. Jacques Médecin, ex-député-maire de Nice et un des seuls parlementaires français à avoir jamais osé mettre en doute l'honorabilité de l'*organisation-humanitaire*, déclarait un jour dans une interview au *Quotidien de Paris*: « je ne peux me taire quand je vois Amnesty International publier un document sur les atteintes aux droits de l'homme, dans lequel on consacre 8 pages à l'Union Soviétique et 2 pages à la Suisse, comme si les choses étaient comparables » [62]. Or, cette approche de la pagination des *rapports* nécessite des nuances, et quand Amnesty International prévient: *le fait qu'un pays ne soit pas traité (...) ne doit pas être interprété comme un constat de non violation des droits de l'homme dans cet Etat pendant l'année écoulée. Par ailleurs, on ne peut mesurer l'importance des préoccupations d'Amnesty International à l'aune de la longueur des textes consacrés à chaque pays* [63], c'est Amnesty International qui a raison: de longs rapports, annuels ou de mission, peuvent en fait servir à consolider les équipes pro-soviétiques au pouvoir. Le tableau ci-après, commenté, devrait aider le lecteur encore attentif à y voir plus clair dans la façon que les *chercheurs* ont de procéder.

---

[60] — *Agence Associated Press* 11 décembre 1983.
[61] — *Confidentiel,* Paris hiver 1979, pp.19-35.
[62] — Cité in *Lectures Françaises*, Chiré-en-Montreuil décembre 1983.
[63] — *Avertissement au lecteur* in *Rapports Annuels*.

Légendes des tableaux

Légende du tableau (années 1976-1996)

Pour chaque pays, les lettres A à G correspondent aux relations entre l'Urss et le pays considéré. Le nombre qui suit, correspond au nombre de lignes que contient le *Rapport Annuel*.

Dans l'optique du Kremlin, les pays référencés par un symbole dans le tableau seraient:

A = pro-soviétiques

B = pro-soviétiques avec de légères divergences

C = pro-soviétiques avec des différences accentuées

D = « non-alignés » favorables à l'Urss (l'Inde de (Mme) Gandhi pourrait figurer dans la catégorie A)

E = non-alignés plutôt favorables ou neutres vis-à-vis de l'Urss (le Népal de 1976-1983 doit jouer de l'animosité indo-chinoise; le Sri Lanka de 1976 est un satellite de New Delhi)

F = non-alignés plutôt défavorables ou franchement défavorables à l'Urss (la Birmanie est isolationniste; le Sri Lanka se rapproche des Etats-Unis autant qu'il s'éloigne de l'Inde; l'Iran de Khomeiny rompt avec Washington dont les frontières sont éloignées, mais temporise avec Moscou qui administre des républiques limitrophes)

G = anti-soviétiques (mais la Rpc est communiste; l'Indonésie est peu encline à s'associer à la Rpc, à l'inverse de la Thaïlande et de la Malaisie; l'Iran du chah est nationaliste mais prudent dans ses relations avec les Etats-Unis, alors que l'Iran islamique s'inscrit dans le courant anti-américain; le Pakistan de Zia ul Haq est en délicatesse avec Washington jusqu'à la fin de la présidence Carter, tandis que le pays continue sous tous les régimes depuis 1949 à cultiver de bonnes relations, nécessaires autant que vaines, avec la Rpc; Singapour a des relations équivoques avec la Maison-Blanche et cherche à rester non-aligné entre Pékin et Taïpeh; la Thaïlande est la Thaïlande)

121

* = depuis la chute d'Andrei Gromyko et les bouleversements de l'après-Brejnev, l'Urss (puis la Cei) n'ont plus de diplomatie.

[Certains pays ou territoires ne figurent pas sur ce tableau; et certains pays mentionnés montrent des statistiques incomplètes. Le lecteur intelligent n'y verra aucun inconvénient]

PAYS ANNÉES	AFGHANISTAN	AUSTRALIE	BANGLA DESH	BHOUTTAN	BIRMANIE
1976	B 0	?	E 112	E 16	F 15
1977	C 23	?	E 153	E 0	F ?
1978	A 42	?	E 184	E 0	F 37
1979	A 168	?	E 107	E 0	F 36
1980	A 345	?	F 147	E 0	F 0
1981	A 249	?	A 255	E 0	F 31
1982	A 146	?	G 234	E 0	F 98
1983	A 103	?	G 188	E 0	F 28
1984	A 155	?	E 204	E 0	F 28
1985	B 155	?	D 189	E 0	F 77
1986	B 176	?	D 175	E O	F 77
1987	BC 131	?	D 139	E 0	F 56
1988	* 112	* 56	* 168	* 0	* 112
1989	* 106	* 71	* 140	* 0	* 170
1990	* 88	* 55	* 98	* 20	* 203
1991	* 116	* 55	* 126	* 50	* 177
1992	* 116	* 60	* 116	* 58	* 174
1993	* 126	* 70	* 126	* 108	* 220
1994	* 125	* 63	* 160	* 77	* 205
1995	* 174	* 65	* 165	* 78	* 180

PAYS	BRUNEI	CHINE (CONTINENTALE)	CHINE (TAIWAN)	COREE (DU NORD)
ANNÉES				
1976	G 15	G 113	103	B 0
1977	G 14	G 213	153	B 7
1978	G 40	G 166	120	B 6
1979	G 25	G 154	96	C 74
1980	G 29	G 314	180	C 30
1981	G 53	G 246	130	C 48
1982	G 43	G 195	146	C 37
1983	G 43	G 206	134	C 41
1984	G 33	G 232	158	A 22
1985	G 34	G 209	97	A 25
1986	G 25	G 194	92	A 31
1987	G 44	G 174	96	A 52
1988	* 56	* 206	* 131	* 76
1989	* 71	* 186	* 85	* 53
1990	* 50	* 232	* 116	* 58
1991	* 40	* 242	* 72	* 58
1992	* 40	* 242	* 78	* 58
1993	* 25	* 239	* 80	* 60
1994	* 0	* 235	* 85	* 174
1995	* 0	* 232	* 76	* 85

PAYS	COREE (DU SUD)	HONG KONG	FIDJI	INDE	INDONESIE	IRAN
ANNÉES						
1976	G 102	?	?	D 226	G 263	DG ?
1977	G 158	?	?	D 278	G 123	DG ?
1978	G 87	?	?	F 218	G 186	DG ?
1979	G 137	?	?	D 157	G 162	F ?
1980	G 258	?	?	D 180	G 295	F ?
1981	G 358	?	?	D 145	G 273	F ?
1982	G 254	?	?	D 275	G 282	F ?
1983	G 250	?	?	B 135	G 218	F 203
1984	G 229	?	?	D 215	G 218	F 227
1985	G 197	?	?	D 234	G 266	F 204
1986	G 137	?	?	D 250	G 204	E 137
1987	G 174	?	?	D 204	G 177	E 114
1988	* 187	* 0	* 94	* 224	* 112	* 112
1989	* 132	* 78	* 103	* 212	* 150	* 177
1990	* 184	* 72	* 72	* 170	* 202	* 174
1991	* 176	* 78	* 70	* 200	* 184	* 184
1992	* 146	* 64	* 60	* 200	* 124	* 146
1993	* 160	* 62	* 58	* 220	* 235	* 184
1994	* 174	* 65	* 0	* 200	* 200	* 185
1995	* 170	* 88	* 0	* 214	* 235	* 194

PAYS ANNÉES	JAPON	KAMPUCHEA/CAMBODGE	LAOS	MACAO	MALAISIE
1976	G ?	B 57	A 22	?	G 69
1977	G 15	B 73	A 62	?	G 106
1978	G 32	G 139	A 79	?	G 130
1979	G 4	A 37	AB 72	?	G 142
1980	G ?	A 92	B 167	?	G 186
1981	G ?	A 81	B 135	?	G 162
1982	G 16	A 89	B 131	?	G 156
1983	G 20	A 74	B 134	?	G 154
1984	G 55	A 70	B 134	?	G 151
1985	G 34	BC 128	B 135	?	G 112
1986	G 40	BC 146	B 115	?	G 90
1987	G 31	BC 146	B 116	?	G 123
1988	* 56	* 112	* 112	* 0	* 112
1989	* 45	* 70	* 100	* 0	* 132
1990	* 30	* 72	* 80	* 0	* 80
1991	* 60	* 116	* 75	* 0	* 58
1992	* 60	* 116	* 65	* 0	* 100
1993	* 58	* 136	* 100	* 58	* 70
1994	* 136	* 174	* 58	* 0	* 70
1995	* 108	* 194	* 55	* 30	* 67

PAYS ANNÉES	MALDIVES	MONGOLIE	NEPAL	NOUVELLE ZELANDE	PAKISTAN
1976	?	?	E 56	?	F 158
1977	?	?	E 80	?	G 222
1978	?	?	E ?	?	G 239
1979	?	?	EF 62	?	G 200
1980	?	?	EF ?	?	G 202
1981	?	?	EF ?	?	G 207
1982	?	?	EF 16	?	G 373
1983	?	?	EF 20	?	G 274
1984	?	?	F 180	?	G 248
1985	?	?	F 71	?	G 206
1986	?	?	F 139	?	G 188
1987	?	?	F 123	?	G 154
1988	* 0	* 0	* 94	* 0	* 187
1989	* 40	* 0	* 120	* 0	* 177
1990	* 30	* 0	* 94	* 0	* 174
1991	* 42	* 0	* 110	* 0	* 170
1992	* 60	* 30	* 88	* 0	* 190
1993	* 72	* 30	* 83	* 0	* 184
1994	* 70	* 25	* 126	* 58	* 204
1995	* 75	* 0	* 80	* 58	* 185

PAYS ANNÉES	PALAOS	PAPOUASIE N. G.	PHILIPPINES	SINGAPOUR
1976	0	0	G 48	G 48
1977	0	0	G 139	G 202
1978	0	0	G 82	G 118
1979	0	0	G 88	G 96
1980	0	0	G 162	G 146
1981	0	0	G 341	G 121
1982	0	0	G 400	G 116
1983	0	0	G 242	G 116
1984	0	0	G 229	G 106
1985	0	0	G 188	G 51
1986	0	0	G 184	G 35
1987	0	0	G 124	G 67
1988	* 56	**	* 224	* 112
1989	* 0	* 0	* 177	* 80
1990	* 0	* 116	* 220	* 68
1991	* 0	* 108	* 190	* 60
1992	* 0	* 88	* 210	* 58
1993	* 0	* 108	* 232	* 55
1994	* 0	* 110	* 174	* 58
1995	0	* 110	* 110	* 40

PAYS	SRI LANKA	THAILANDE	VIET NAM
ANNÉES			
1976	E 60	G 19	B 164
1977	F 106	G 140	B 195
1978	F 89 (53)	G 136	B 134
1979	F 72	G 93	A 102
1980	G 193	G ?	A 255
1981	G 157	G ?	AB 225
1982	G 148	G 63	AB 139
1983	G 148	G 63	B 139
1984	G 218	G 122	B 172
1985	G 212	G 105	B 149
1986	G 264	G 104	BC 137
1987	G 178	G 103	BC 126
1988	* 168	* 132	* 131
1989	* 179	* 79	* 169
1990	* 216	* 100	* 130
1991	* 232	* 83	* 146
1992	* 170	* 116	* 130
1993	* 224	* 180	* 125
1994	* 185	* 120	* 116
1995	* 165	* 122	* 110

Evolution par pays
du nombre de pages du
Rapport Annuel

AFGHANISTAN

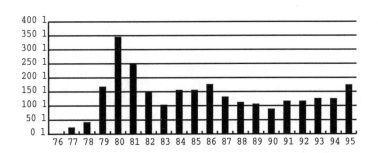

1979 La pagination du *Rapport Annuel* est défavorable, dans son ensemble, au régime de Nur Taraki. De plus, Amnesty International remet un procès-verbal à l'Onu en mai qui fait état de violations graves et systématiques des droits-de-l'homme.

A cette époque, le « concept Brejnev » a décidé d'envahir l'Afghanistan pour le stabiliser et le placer définitivement dans l'orbite soviétique.

1980 La pagination du *Rapport Annuel* est entièrement favorable au régime de Babrak Karmal, et il en va de même en ce qui concerne le *Rapport de Mission*: les critiques ne visent que les précédentes équipes, déchues.

Brejnev tente d'imposer Karmal comme un responsable tiers-mondiste non-aligné et de présenter l'intervention de l'Armée Rouge non comme un gain tactique de premier ordre mais comme un retour à une situation normale au bénéfice des populations.

1981-1982 La pagination des *Rapports Annuels* 1981 et 1982 va décroissant: moins 96 lignes de 1980 à 1981, et moins 103 lignes de 1981 à 1982.

L'Urss nie qu'il y ait un « problème afghan » et le clan Brejnev continue de soutenir la politique d'occupation ainsi que Karmal.

1983 La pagination du *Rapport Annuel* 1983, bien qu'elle aussi décroissante (moins 53 lignes de 1982 à 1983), comporte des critiques; de plus, un communiqué de presse en date du 2 novembre 1983 porte sur des cas de *torture pratiquée par la police de sécurité.*

Le « concept Andropov » a pris la direction du Kremlin et entend se passer de Karmal: critiqué pour ses abus, sa disparition pourrait donner une certaine légitimité aux envahisseurs.

1984 Les termes du *Rapport Annuel* perdent en virulence mesurée.

Le « concept Brejnev », en la personne de Tchernenko, a écarté les partisans d'Andropov décédé; Karmal retrouvera quelque vigueur politique. Mais les luttes d'influence se poursuivent tant à Moscou qu'à Kaboul.

1985 Le *Rapport Annuel* met à peu près constamment en cause la gestion de l'administration Karmal; un responsable d'Amnesty International lit, et ce à l'Onu même, un texte accusant Kaboul de ne pas respecter les droits-de-l'homme.

Gorbatchev, au pouvoir depuis mars, envisage de remplacer Karmal et, déjà peut-être, de retirer tout ou partie des troupes soviétiques du pays.

1986 Amnesty International vitupère, dans ce *rapport*, contre Karmal déchu en avril.

L'Urss lui substitue, en décembre, Sayid Mohammed Najib(ullah).

1987 Le *Rapport Annuel* ainsi qu'*un communiqué de presse* le 1er mai, font état de massacres et de tortures impliquant des gouvernementaux afghans mais aussi des soldats soviétiques (lesquels ont été mentionnés en 1984 -c'est-à-dire durant « l'ère Andropov » - pour la première fois mais en tant qu'acteurs de second rang).

Malgré les résistances de Najib, Gorbatchev ne fait plus mystère de sa décision d'évacuer l'Afghanistan.

BANGLADESH

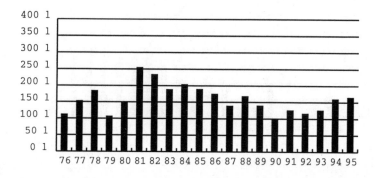

1981 La pagination devient plus critique et plus nombreuse (une augmentation de 108 lignes) par rapport à 1980 qui déjà avait enregistré une hausse sensible dans la forme et dans le fond.

En 1980, le Bangla Desh, afin de protester contre l'invasion de l'Afghanistan, avait refusé de participer aux Jeux Olympiques de Moscou. De plus, les services de sécurité avaient démantelé le Parti Communiste pro-soviétique lorsqu'ils avaient, dans un premier temps, arrêté une quarantaine de ses dirigeants.

1982 Le *Rapport Annuel* demeure critique.

Cette fois, le contre-espionnage a intercepté en juin du matériel d'écoute destiné à l'ambassade d'Urss, ce qui a abouti à l'expulsion de deux diplomates soviétiques. Moscou n'apprécie pas non plus la visite du premier ministre chinois au Bangla Desh en juin, ni celle du président de l'assemblée nationale bengalaise en Chine Populaire en juillet: on parle trop Afghanistan au cours de ces rencontres.

1984 Après une trêve en 1983 (46 lignes de moins par rapport à l'année précédente), la pagination gonfle à nouveau en volume (plus 16 lignes) pour atteindre le troisième record quantitatif.

Le général Mohammad Ershad, auteur d'un coup d'Etat en mars 1982, s'était rendu à Pékin en décembre 1982 puis à Washington en octobre 1983, soit chez les deux plus grands adversaires (?) du régime soviétique -ou du moins de ses intérêts diplomatiques. Le 28 novembre suivant, des troubles ensanglantaient la capitale; le lendemain, le gouvernement ordonnait à l'ambassade d'Urss de réduire de moitié ses effectifs pléthoriques (140 agents en poste, dont certains espions célèbres).

BIRMANIE

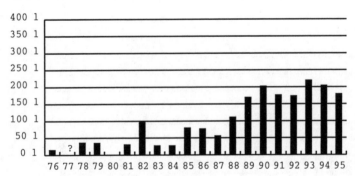

1983 La pagination est une des plus réduites.

132

Pourtant le gouvernement soit-disant socialiste institue cette année-là une variante de l'apartheid. Trois catégories de citoyens sont définies: les Birmans de race pure et les membres des ethnies périphériques (Karen, Kachin, Arakanese, etc) installées en deçà des frontières avant 1824 (date de la première guerre anglo-birmane); les sang-mêlés entre ces divers groupes; les naturalisés arrivés après la mise en place de l'administration impériale britannique et à qui certaines professions sont légalement interdites. Il faudra attendre l'effondrement très attendu (d'ailleurs en vain) du régime du Programme Socialiste de Birmanie (Myanmar) pour qu'Amnesty International publie deux textes en mai 1988 de 71 pages et en août de 25 pages sur le pays: Rangoun/Yangoon entretiendra alors de bonnes relations avec l'Ansea ainsi qu'avec la Chine continentale, le Japon et la Corée du sud

CHINE (REPUBLIQUE POPULAIRE)

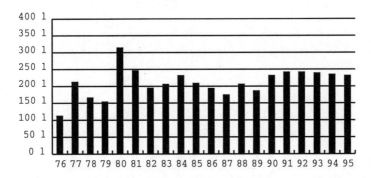

1977 La pagination double presque d'une année sur l'autre.

La Chine Populaire est à nouveau plongée dans l'anarchie à la suite des décès de Zhou Enlaï, de Mao Zedong et de l'arrestation de la Bande des Quatre par Hua Guofeng à l'initiative de Deng Xiaoping.

1980 Après deux années d'accalmie (1978-1979), le *rapport* fait plus que doubler en ce qui concerne la pagination.

En août 1978, la Chine Populaire et le Japon avaient signé un traité de paix auquel le Kremlin s'était opposé: lors du conflit khméro-vietnamien et vietnamo-chinois de l'hiver 1978-1979, Deng s'était rendu aux Etats-Unis et au Japon. Après l'invasion soviétique en Afghanistan en décembre 1979, Pékin ne ménage plus ses critiques vis-à-vis de l'Urss qui ne place plus aucun espoir en Deng.

1981 La pagination, critique, décroît lentement et globalement bien que demeurant à un niveau assez haut: moins 70 lignes de 1980 à 1981, moins 51 lignes de 1981 à 1982, plus 11 lignes de 1982 à 1983.

L'irritation du Kremlin demeure sensible tout au long de la période qui va de 1981 (début de la fin de « l'ère Brejnev ») à 1984 (fin de « l'interrègne Tchernenko »).

1985 Après une augmentation de la pagination en 1984 (plus 26 lignes de 1983 à 1984), les *rapports* vont décroître en quantité.

Gorbatchev déclare, le 2 juillet 1986 à Vladivostok, que l'objectif prioritaire de sa nouvelle diplomatie, débarrassée de la tutelle de Gromyko, est le rapprochement avec Pékin. Les hausses d'après 1989 suivent « l'incident de la Place Tienanmen» de juin 1989.

COREE DU NORD

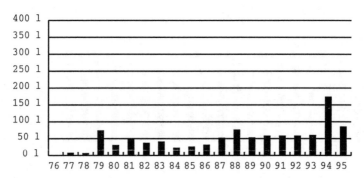

1976 Si Amnesty International ne consacre aucune ligne à la Rdpc cette année-ci, elle prétend recenser d'éventuels abus au Bhouttan, au Sikkim, au Népal et même à Hong Kong...

1977 Les *chercheurs* se mobilisent sur 13 lignes (dont aucune n'est défavorable au gouvernement de Pyongyang) pour la période 1977-1978... contre 245, hostiles, en ce qui concerne la Corée du sud de 1975. Kim Il sung a adopté une politique parfaitement non-alignée entre Pékin et Moscou sans doute par crainte de se voir menacé au moment où la Chine Populaire apparaît encore à la veille de troubles majeurs consécutifs au décès de Mao Zedong, et aussi parce qu'il envisage une attaque armée en Corée du sud.

1979 Le *Rapport Annuel*, accompagné d'une brochure de 64 pages sur Ali Lameda, devient légèrement critique sur 8 lignes (environ 10% du volume).

La Chine Populaire est encerclée depuis « l'intégration » de l'Indochine au dispositif soviétique extrême-oriental, mais Kim Il sung garde une certaine et bien réelle autonomie: à ce titre, il a mis à la disposition de Sihanouk, porte-parole en exil des Khmers anti-vietnamiens, un palais sis à Pyongyang.

1981 Neuf lignes (environ 20% de la pagination) peuvent être considérées comme critiques.
La Chine Populaire, contrairement à l'Urss qui y répugne pour des motifs idéologiques, a accepté le projet de succession Kim Il sung/Kim Jong il -ce qui lui permet de briser la tentative soviétique d'encerclement.

1982 Qualitativement, ce *rapport* se subdivise en 7 lignes « favorables » (4) ou « plutôt favorables » (3), 27 lignes « neutres » et 4 « défavorables »; ces dernières se concentrent sur la question de la succession.
Brejnev s'oppose toujours à l'avènement de Kim Jong il, officialisé en octobre 1980 mais qui suscite une assez vive hostilité dans les cercles dirigeants de Pyongyang: récupérer les mécontents, c'est leur arracher comme gage -dans l'hypothèse où ils accèderaient au pouvoir- de briser avec Pékin.

1983 Le *Rapport* ne contient aucune ligne favorable; parmi la vingtaine de lignes à connotations négatives, 6 concernent directement et 14 indirectement le problème de la succession.
Un certain Ly Lim un, opposant aux Kim basé en Urss, rédige un ouvrage hostile au régime de Pyongyang, qui est publié au Japon et est largement « piraté » par les milieux anti-communistes. L'Urss (qu'il s'agisse des clans Brejnev, Andropov, etc...) poursuit sa politique d'hostilité au non-alignement de tendance pro-chinoise de la Corée du nord.

1985 Le *Rapport* se répartit en 19 lignes « neutres » et 7 à peine critiques. Surtout, comme sur les photos truquées dont l'usage est fréquent dans les démocraties libérales et progressistes, le nom de Kim Jong il n'apparaît plus.
En mai 1984, Tchernenko avait reçu Kim Il sung au Kremlin; en juin, Pyongyang avait renoué avec Hanoï, réduisant ainsi son soutien aux factions Sihanouk et Khmers Rouges au Cambodge, ce qu'apprécie Gorbatchev, leader de la Place Rouge depuis mars 1985, et qui accepte alors l'idée de Kim Jong il succédant à Kim Il sung.

1986 La pagination est bienveillante.
Le rapprochement nord coréo-soviétique se confirme tous azimuts; politique (le mois d'août devient le « mois de l'amitié » entre les deux peuples), économique (fin de « l'expérience chinoise »), militaire (livraison de Mig, visite de navires de guerre), diplomatique (retrouvailles entre Kaboul et Pyongyang).

COREE DU SUD

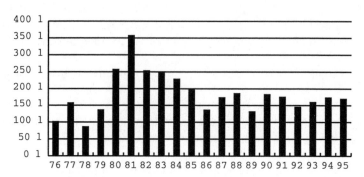

400
350
300
250
200
150
100
50
0
76 77 78 79 80 81 82 83 84 85 86 87 88 89 90 91 92 93 94 95

1979 La pagination s'accroît fortement sur l'année précédente.

Des troubles secouent la partie méridionale de la péninsule, déstabilisée par l'intention déclarée du président américain Carter de retirer ses troupes. L'agitation sociale mènera à l'assassinat du président Park Chung hee par le responsable de la Kcia.

1980 La pagination est encore à la hausse. Amnesty International félicite le président Choi Kyu hah et critique le général Chun Doo hwan. Le premier représente, par la force des choses, les intérêts des libéraux, le second ceux des nationalistes.

1981 La pagination culmine avec ce *Rapport Annuel*, auquel il convient d'ajouter un fascicule intitulé *Corée du sud: l'Emprisonnement en République de Corée* et trois communiqués à la presse, le tout très hostile à Chun qui a écarté Choi en février 1981.

1982 La pagination va décliner pendant la période 1982-1986.

La tentative de déstabilisation a échoué; mais quand des troubles d'envergure surviendront en 1987, précipitant le départ de Chun et donnant quelques espoirs de revanche au libéralo-progressiste Kim Dae jung neutralisé après les élections présidentielles de 1971 puis en 1980, les *chercheurs* se font à peine incisifs.

La politique de rapprochement coréo-soviétique voulue par Séoul (au plan ploitique) depuis la présidence Park porte enfin ses fruits, principalement grâce à la nouvelle politique soviétique (qui attend beaucoup au plan économique d'une Corée du sud stable).

INDE

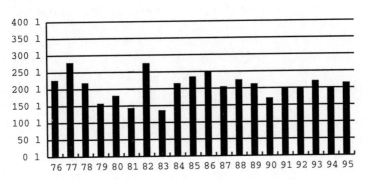

[Nous ne nous estimons pas compétent dans les affaires indiennes pour en traiter en détail. Le Parti du Congrès (fondé en 1885, dirigé par le pandit (savant) Nehru sans rival charismatique après l'assassinat du mahatma (sage) Gandhi en 1948 jusqu'à son propre décès en 1964, repris en main par sa fille Indira Gandhi après une courte vacance du pouvoir, jusqu'en 1977 puis de 1980 jusqu'à son assassinat en 1984, présidé par la suite par son fils cadet Rajiv Gandhi assassiné en 1991) n'offre en effet que l'illusion d'un bloc mono-lithique. En réalité, le parti est divisé à tous les niveaux en des clivages personnels, idéologiques, religieux, linguistiques, financiers, régionaux, etc, ce qui a conduit plusieurs groupes, d'ailleurs pas toujours hostiles à la gestion de l'organisation, à faire sécession. Le cas le plus célèbre étant celui de (Mme) Gandhi elle-même, présidente depuis 1959 mais expulsée en 1969 pour « collaboration avec l'Urss », et qui créa le Congrès I(ndira)].

1976 Pendant deux ans à partir de 1975, (Mme) Gandhi, alliée aux communistes pro-soviétiques depuis 1969 au sein d'une coalition, supervise l'état d'urgence avec son fils aîné Sanjay Gandhi (qui se tuera dans un accident (?) d'avion en 1980). La police, notamment l'Aile de Recherche et d'Analyse, façonnée par des experts soviétiques à la fin des années 1960, arrête environ 100.000 opposants.

1977 La pagination du *Rapport Annuel* progresse.
Les partis anti-soviétiques tenteront de se maintenir au pouvoir de mars 1977 à janvier 1980.

1980 La pagination atteint des sommets dans les *Rapports Annuels* 1980, 1981 et 1982.
Elue en janvier 1980 -soit peu de temps après l'invasion soviétique de l'Afghanistan le 27 décembre 1979-, les commentaires de (Mme) Gandhi

comptaient pour les diplomates d'autant que Fidel Castro, président du Mouvement des Non-Alignés, malgré une réputation longtemps flatteuse, avait perdu un peu de son crédit dans ses aventures africaines. (Mme) Gandhi symbolisait désormais seule cette Conscience tiers-mondiste bien décatie; or, elle refusa de commenter le coup de force de Brejnev à Kaboul: depuis, même au travers des crises entre les gouvernements de Moscou et de Kaboul, New Delhi conservera des relations très privilégiées et actives avec Karmal et Najib (... puis avec Rabbani). (Mme) Gandhi se tut encore quand le gouvernement polonais, alors dévoué à Brejnev, imposa la loi martiale en décembre 1981. Moscou chaperonnait sa candidature anticipée à la présidence des Non-Alignés au cours de l'été 1982: elle sera élue en mars 1983 ce qui lui permettra de confier, pour la première fois dans l'histoire du mouvement, des postes de vice-secrétaires à l'Organisation de Libération de la Palestine et à l'Organisation du Peuple du Sud-Ouest Africain, de prôner l'évacuation de la base américaine de Diego Garcia, de plaider pour une « normalisation » du conflit afghan sous l'égide de Karmal, de critiquer « l'hypocrisie » de l'administration Reagan (qu'elle avait courtisée en juillet 1982 au cours d'un voyage à Washington, afin de se gagner ses faveurs et son soutien pour sa candidature à la tête du mouvement), de vanter la politique évidente de paix d'Andropov. Plus tard, elle s'abstiendra de commenter la destruction du Bœing sud-coréen par la chasse soviétique en septembre 1983, mais elle s'ingurgera peu après lors du débarquement américano-caraïbe à Grenade. Au début de 1984, le Kremlin proposera à l'Inde de lui livrer des Mig 29 et 31, normalement réservés, au compte-goutte, aux seuls pays du pacte de Varsovie.

Mais (Mme) Gandhi doit neutraliser ses opposants à domicile pour que perdure l'amitié indo-soviétique de laquelle, a-t-elle déclaré en septembre 1982 à Moscou, dépend rien moins que la paix mondiale. Amnesty International lui prête son concours de commande: *le 3 septembre 1980, (elle) a écrit aux gouverneurs des vingt-deux Etats de l'Inde (...), demandant aux Chief Ministers du Bihar, du Bengale occidental, du Madhya-Pradesh, de l'Uttar-Pradesh, du Gujarat, du Maharashtra de l'Haryana, du Tamil Nadu et du Tripura (...) de mener une enquête au sujet des décès en garde à vue survenus dans leurs Etats* (in *Rapport Annuel* 1980, p.259). Or, d'après un « sondage » réalisé par nous durant l'été 1982 auprès d'un diplomate français du ministère des Relations Extérieures, J.-P. M... six sur neuf de ces Etats sont alors classés comme réactionnaires (Bihar, Uttar-Pradesh, Madhya-Pradesh), deux comme pro-chinois (Tripura, Bengale occidental) ou comme anti-Gandhi (Gujarat). Nous n'avons rien su quant au Maharashtra, à l'Haryana, au Tamil Nadu.

INDONESIE

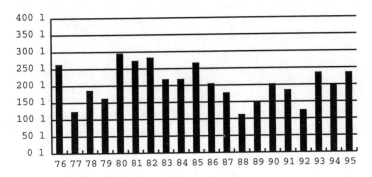

1976 La pagination est très dévarorable, notamment en ce qui concerne le Timor oriental.

Le Front Révolutionnaire pour l'Indépendance de Timor, (Frente Revolucionaria de Timor Leste: Fretilin) armé de quinze mille fusils pour la plupart donnés par l'armée portugaise après la révolution d'avril 1974, s'assure du pouvoir par la force en août 1975 et proclame l'instauration d'une République Démocratique le 28 novembre. Cette mesure est dénoncée par les partis majoritaires (mais désarmés) d'opposition: « à leur requête », les troupes indonésiennes, formées de « volontaires », investissent la capitale (nationale pour le Fretilin, régionale et en état de rébellion pour Djakarta) Dili le 7 décembre. L'ancienne colonie portugaise est annexée en juillet 1976, à l'issue d'un referendum démocratique en mai. Il s'agit d'un grave revers pour les intérêts soviétiques, comme l'indiquera le représentant vietnamien à l'Onu quand il entendra dénoncer le 6 octobre 1986 « l'occupation (américaine) [sic] de Timor » (in *Asian Survey*, janvier 1987).

IRAN

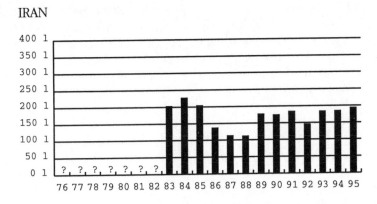

1983 En plus d'une pagination critique, Amnesty International saisit le comité des droits de l'homme de l'Onu en octobre 1982.

En septembre les autorités iraniennes ont fermé une permanence du Toudeh à proximité de la frontière soviétique.

1984 Le contenu du *Rapport Annuel* demeure négatif à l'égard du gouvernement, les *chercheurs* lancent un appel à la clémence en mars et mai.

En janvier 1984, les services de sécurité expulsent le correspondant de l'agence Tass et la presse officieuse s'en prend à l'Urss dans plusieurs domaines. En février, le principal responsable du Toudeh est arrêté et incarcéré; en mai, la justice dissout le parti « traître et pro-soviétique ». L'Armée Rouge procède à des incursions en Iran.

1985 La pagination, toujours critique, commence à décroître. De plus, Amnesty International adresse un résumé de ses soi-disant préoccupations à l'Onu en février et en décembre 1985, au parlement européen.

Gorbatchev, au pouvoir depuis mars 1985, a décidé de montrer de la fermeté sans pour autant recourir à la force: il n'envoie pas de blindés, mais rappelle 800 techniciens. Et il propose des « ouvertures » au leadership épuisé par la révolution et la guerre avec l'Irak, passablement isolé par ailleurs. Après l'épreuve de force de cette même année 1985, les vols Aéroflot reprennent entre Téhéran et Moscou en février 1986; le président de l'assemblée nationale Ali Akbar Rafsanjani déclare le même mois que l'Iran et l'Urss partagent de nombreux points de vue; le vice-ministre des Affaires Etrangères Mohammad Javad Larijani se réjouit, en août, de la volonté soviétique d'améliorer ses relations avec la République Islamique; Téhéran annonce alors que les livraisons de pétrole à l'Urss vont reprendre dans un proche futur, et les deux parties signent un accord de coopération technique; en décembre, une délégation soviétique paraphe d'autres textes en matière de commerce, de finance, de technologie et de transport. En mars 1987, les deux pays décident d'échanger à nouveau des étudiants; on apprend que Moscou a installé des stations d'écoute en Iran peu après, l'Iran recevant en échange quelque 200 missiles Scud sol-sol, etc. Les relations ont atteint un tel degré d'« intimité » qu'en novembre la Grande-Bretagne demande à l'Urss de jouer les bons offices entre les Iraniens et les Etats musulmans de la région.

KAMPUCHEA/CAMBODGE

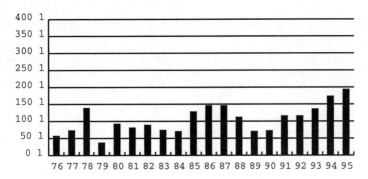

1978 La pagination double presque par rapport à l'année précédente. La situation, par ailleurs décrite comme normale en 1975-1976 et 1976-1977, apparaît désormais *(demeure...)* comme dramatique: le pays est livré à *un arbitraire sommaire*.

Pol Pot s'est rendu à Pékin en septembre-octobre 1977: alors que Khieu Samphan avait refusé, lors de son voyage en Chine Populaire en avril 1975, de prendre position comme ses hôtes l'en pressaient dans le conflit sino-soviéto/vietnamien, Pol Pot se déclare désormais officieu-sement mais ostensiblement en état de belligérance avec les Soviétiques et les Vietnamiens (ce que, d'ailleurs, ses hôtes... redoutaient un peu).

1979 La pagination chute de quelque deux-tiers.

Le Viet Nam, ayant forcé la main de Brejnev comme en 1975 (invasion de la république du Viet Nam), envahit le Cambodge en décembre 1978 et prend la capitale en janvier 1979. L'Urss présente ce revers chinois comme une victoire des droits de l'homme et hésite à donner trop de publicité à l'événement: les joournalistes libéraux du Monde-Libre l'imitant par crainte d'avoir à se déjuger après beaucoup d'années passées au service du marxisme-Léninisme.

1985 etc La pagination double presque par rapport aux années précédentes et elle est souvent négative.

Du temps de Brejnev, le secrétaire général du Parti Révolutionnaire du Peuple Cambodgien, Pen Sovan, avait tenté un coup de force « anti-vietnamien » (et, de ce fait, « pro-soviétique ») en novembre 1981, qui avait échoué en décembre. L'Urss l'avait rapatrié à Moscou, Andropov le réexpédia à Phnom Penh en avril 1983, où il est mis en veilleuse. Gorbatchev place en lui des espoirs tactiques dans sa stratégie de rapprochement avec la Rpc: ces calculs vont donc à l'encontre des intérêts du Viet Nam, vitaux dans la mesure où Hanoï espère s'imposer comme une super-puissance régionale. Le différend vietnamo-soviétique s'affirme les années suivantes et la pagination amnestienne augmente à l'encontre du gouvernement « pro-vietnamien », mais le *centre de Londres* suggèrent que les sihanoukistes (dont le chef ne serait pas hostile à une entente avec l'Urss et les Etats-Unis -ce qui pourrait mener à une détérioration des relations américano-chinoises) présentent le profil le plus convenable en matière des droits-de-l'homme.

LAOS

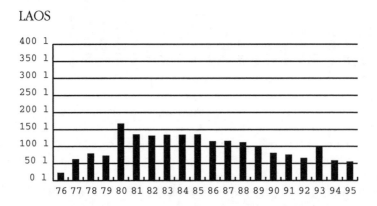

1980 Le rapport fait plus que doubler par rapport à l'année précédente, et Vientiane est le régime le moins ménagé de toute l'Indochine Rouge.

En 1980, le Viet Nam semble avoir balayé les influences soviétiques et pro-soviétiques. Or, l'Urss souhaiterait échanger des sphères d'influence dans ce pays avec la Chine Populaire toujours présente sur le terrain et au sein du Pathet Lao: là encore, les intérêts soviétiques et vietnamiens s'opposent.

MALAISIE

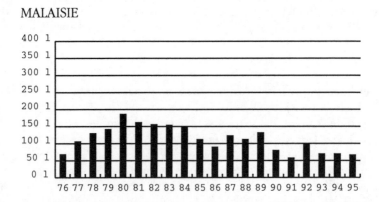

1977 La pagination consacrée aux pays de l'Association des Nations du Sud-Est Asiatique progresse de 447 lignes en 1976 à 710 lignes en 1977 (et de

184 à 587 lignes si l'on considère à part l'Indonésie à cause du cas particulier du Timor oriental).

Depuis la chute de Phnom Penh et de Saïgon (avril 1975), puis de Vientiane (mai et décembre 1975), la Thaïlande, la Malaisie et Singapour surtout deviennent des « dominos » prêts à s'écrouler tour à tour. La communisation de ces Etats entraînerait la fermeture, possible à tout moment, du détroit de Malacca qui relie le Monde-Libre occidental à ses clientèles disparates d'Extrême-Orient.

1978 La pagination amnestienne croît de 1977 à 1980.

Le Viet Nam tente de déstabiliser Kuala Lumpur par l'afflux orchestré de boat people. Puisque cette manœuvre tournerait à l'avantage des Soviétiques (qui admettent le Viet Nam au sein du Comecon), toutes les armes de la panoplie rouge sont mises à contri-bution: partis communistes locaux, désin-formation amnestienne, etc.

1981 La pagination décroît globalement à partir de 1981.

La Malaisie a surmonté le choc vietnamien, et l'Urss ne prend plus au sérieux les chances de déstabilisation de la Thaïlande, de la Malaisie et de Singapour (la pagination Malaisie/Singapour régresse de 332 lignes en 1980 à 283 lignes en 1981, 272 lignes en 1982, 270 lignes en 1983, 257 lignes en 1984, 163 lignes en 1985 et à 125 lignes en 1986).

NEPAL

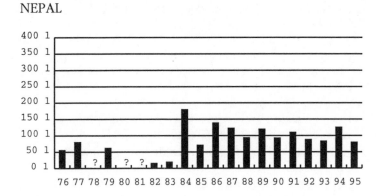

1984 Le *rapport* augmente de 900% par rapport à l'année précédente.

Une évolution se dessine autour du roi Birendra, visant à condamner l'invasion soviétique de l'Afghanistan. Elle aboutit à la nomination de Randhir Subba, ex-ambassadeur à Pékin de 1963 à 1971 considéré comme très anti-soviétique, aux Affaires Etrangères à la place du « modéré » Padma Khatri en mai 1985. La presse « proche » de Moscou et de New Delhi à Katmandou prévient le gouvernement royal « qu'il aura à payer un prix élevé pour s'être éloigné de la voie du non-alignement »: de fait, un Front Révolutionnaire, Démocratique et Républicain, s'initie au terrorisme urbain en juin en déposant plusieurs bombes meurtrières... et en 1990, la monarchie absolue est liquidée.

PAKISTAN

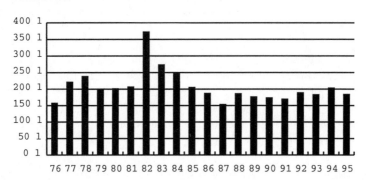

1976 Le Pakistan d'Ali Bhutto, en délicatesse avec l'Afghanistan sur la question du Balouchistan, entretient des relations satisfaisantes avec l'Iran réactionnaire du chah, amicales avec la République Populaire de Chine maoïste et confiantes avec les Etats-Unis libéraux.

1977 La pagination progresse de façon sensible de 1976 à 1977 (plus 64 lignes) et de 1977 à 1978 (plus 17 lignes).
Le gouvernement du général Zia ul Haq, issu du coup d'Etat militaire de juillet 1977, poursuit les politiques chinoise et iranienne de son prédécesseur; en revanche, l'administration Carter se méfie, comme Brejnev, de l'émergence d'un courant religieux au Pakistan.

1979-1982 La pagination croît de 1979 à 1980 (plus 2 lignes), de 1980 à 1981 (plus 65 lignes) et de 1981 à 1982 (plus 107 lignes).
Le Pakistan n'a pas hésité, seul et abandonné par l'administration Carter, à aider les résistants afghans dès les premières semaines de 1980. L'Urss a rétorqué en commanditant le détournement d'un appareil des Pakistan Airlines sur Kaboul en mars 1981: de la tour de contrôle de l'aéroport, les fils Bhutto ont fait assassiner un fonctionnaire pakistanais, et l'avion a fini par se poser à Damas, lié à l'Urss par un traité d'amitié depuis octobre 1980. Au Pakistan même, les militants du Parti du Peuple du Pakistan, fondé en février 1981 et dirigé par la veuve et la fille de Bhutto, organisent des attentats dans plusieurs villes.

1983-1987 Le volume des *rapports* diminue de 1982 à 1983 (moins 99 lignes), de 1983 à 1984 (moins 26 lignes), de 1984 à 1985 (moins 42 lignes), de 1985 à 1986 (moins 18 lignes), de 1986 à 1987 (moins 34 lignes).

L'opposition divisée et le clan Bhutto ne parviennent pas à s'allier avec les groupes pro-soviétiques: les troubles de l'été 1983 échouent, et une participation assez importante au cours de la campagne électorale pour le plébiscite de décembre 1984 confirme la baisse du crédit dont aurait joui le Mouvement pour la Restauration de la Démocratie dont le Ppp est la composante majeure. 55% de la population participe à des élections provinciales et nationale en février 1985, et certains experts croient en la reprise de l'économie: le Kremlin remet à plus tard ses velléités subversives et révolutionnaires.

PHILIPPINES

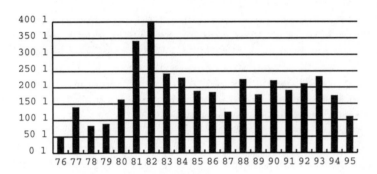

1976 Manille reconnaît diplomatiquement Moscou en mai 1976, et depuis octobre 1974, le Parti Communiste pro-soviétique (le Pkp) apporte officiellement son soutien « aux mesures progressistes du président (Ferdinand) Marcos » -selon les propres termes de *The Great Soviet Encyclopedia*, 1973-1983, t.12, p.271.

1977 La pagination progresse, et de façon critique.
L'Urss sonde la résistance des pays de l'Ansea suite à la chute de l'Indochine et essaie de voir jusqu'où elle peut aller trop loin.

1980 La pagination double presque par rapport à l'année précédente.
Marcos renouvelle le 7 janvier 1979 (soit dans la semaine suivant l'établissement des relations diplomatiques entre Washington et Pékin [un coup dur pour l'Urss qui rend d'ailleurs plus sensible la question de la présence militaire américaine aux Philippines puisque Carter s'est engagé vis-à-vis de la

Chine à évacuer la Corée du sud] les baux américains sur les bases navale de Subic Bay et aérienne de Clark. D'autre part, depuis l'arrestation du président-fondateur du Parti Communiste des Philippines (Pcp. Anti-soviétique), José Maria Sison, les agents de l'Urss ont pénétré l'appareil parfaitement adapté, à l'inverse du Pkp devenu légaliste, à une guérilla dangereuse pour les intérêts de la Maison-Blanche.

1981 La pagination fait plus que doubler.

Rodolfo Salas dirige maintenant le Pcp: il relance l'activité terroriste jusque dans la capitale: il reçoit du matériel soviétique, notamment par l'intermédiaire de la Compagnie Navale d'Odessa autorisée à pêcher en eaux philippines.

1982 La pagination atteint un chiffre record.

De plus, hormis ce *Rapport Annuel*, Amnesty International met en circulation le 22 septembre un fascicule intitulé *Arrestations Illégales, Tortures et Assassinats par les Forces Gouvernementales*.

L'année 1982 marque le point culminant de l'agitation pro-soviétique concernant les Philippines. En mars, le secrétaire d'Etat américain à la Défense, Caspar Weinberger, débarque à Manille. A la fin de la seconde décade de septembre (et le fascicule d'Amnesty International date du début de la troisième décade), Marcos est l'hôte de Reagan: à ce même moment, les syndicats progressistes et le Pcp tentent une insurrection armée étouffée dès septembre mais qui sera relancée au milieu de l'hiver 1982-1983.

1983 La pagination va désormais décroître d'année en année: de 58 lignes entre 1982 et 1983, de 13 lignes entre 1983 et 1984, de 41 lignes entre 1984 et 1985, de 4 lignes de 1985 à 1986, de 34 lignes entre 1986 et 1987.

En août 1983, à l'aéroport de Manille, l'ex-sénateur Begnino Aquino est assassiné dès son retour des Etats-Unis (où il avait cultivé des relations avec le lobby ultra-libéral et fait le commerce de son âme avec les Edward Kennedy du Massachusets, Stephen Solarz de New York, Alan Cranston de Californie). Dès ce moment, l'avant-garde des démocrates libéraux dame le pion aux démocrates progressistes pro-soviétiques et inaugurent une ère de confrontation ouverte entre Marcos et le Congrès américain à majorité libérale (août 1983-février 1986); Moscou adopte un profil bas et prendra parti pour Manille.

Boris Smirnov, expert de la manipulation psychlogique, est accrédité aux Philippines en avril 1984... et l'ambassade soviétique inonde les milieux intellectuels de brochures tronquées portant l'estampille de la Maison-Blanche complètement désemparée (à la fin de 1983, Reagan a annulé une escale qu'il devait faire à Manille). Le commerce soviéto-philippin croît, alors que les législateurs américains s'ingénient à ruiner les exportations philippines, et en août 1985, l'Urss décerne la Médaille des Héros au président pour son action contre les Japonais entre 1942 et 1945 (alors que les libéraux contestent soudainement les faits de guerre de Marcos), pendant que (Mme) Imelda Marcos, en visite au Kremlin en octobre suivant, obtient de Gorbatchev une promesse de non-interférence dans les affaires domestiques de l'archipel (Pékin avait concédé pareille mesure au début 1984).

Alors que la presse libérale, un tantinet hystérique, surenchérit dans la propagande hostile aux Marcos et utilise l'affaire Aquino comme base de son argumentation, Amnesty International consacre peu de lignes à l'assassinat et à la procédure judiciaire qui s'ensuit: 27 sur 229 en 1984 et 11 lignes (dont aucune défavorable au gouvernement) sur 188 en 1985.

En février 1986, l'ambassadeur Vadim Chabaline est le seul membre de la communauté diplomatique à féliciter Marcos pour sa victoire (contestée par les bien-pensants... qui se gardent bien de recompter les bulletins quand ils saisiront le pouvoir par la force) lors des présidentielles du 7: la *Pravda* et l'agence Tass font également campagne pour l'équipe dirigeante. A la fin du mois, Marcos quitte le pays et une situation confuse prévaut. Moscou doit réestimer sa politique en fonction d'un rapport entre factions qui défie les clivages traditionnels: des communistes et des activistes opposés aux bases américaines côtoient, au sein du cabinet, des ministres catholiques nationalistes et protestant pro-américain. D'autres militants progressistes ont accepté d'ouvrir des négociations avec le gouvernement de fait de (Mme) Corazon Aquino en vue de déposer peut-être les armes, une troisième obédience avertit qu'elle continuera la lutte armée... Gorbatchev, à peine parvenu au pouvoir, demeure dans l'expectative (comme Brejnev vis-à-vis du Cambodge en 1975-1977) tandis que les stratèges de la Place Rouge essaient de coordonner les actions des progressistes. Amnesty International observe un silence hostile envers le nouveau régime.

SRI LANKA

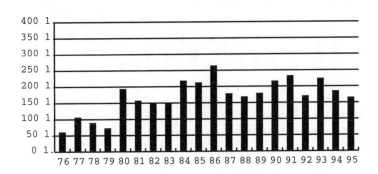

1977 La pagination progresse de 46 lignes par rapport à l'année précédente.

Le Parti National Unifié de Junius Jayewardene, très anti-communiste, remporte les élections législatives de juillet 1977 aux dépens d'une coalition de gauche éclatée et auparavant généralement alignée sur l'Inde de (Mme) Gandhi, gouvernant avec le soutien du Parti Communiste pro-soviétique.

1984 La pagination progresse de 70 lignes par rapport à l'année précédente.

Depuis 1979, les partis progessistes ont essayé de présenter une plate-forme électorale commune, sous la supervision des Soviétiques qui savent l'importance considérable du Sri Lanka (révélée par les Français, depuis le XVIIème siècle).

Mais le Pnu confirme sa victoire de 1977 lors des législatives d'octobre 1982. La voie légale a échoué: après un patient travail de sape en faveur des groupes para-militaires tamouls, progressistes et/ou nationalistes, (lettres au gouvernement en avril et juin 1981, août, octobre et décembre 1982 -soit en tout huit interventions et un rapport à l'Onu), Amnesty International remet à la presse ses conclusions sur le problème des droits-de-l'homme le 6 juillet 1983. Le 23 juillet, des Tamouls armés par l'Inde et l'Urss déclenchent une vague de terreur dans tout le pays (qui dure encore en 1996) coûtant la vie à des milliers de personnes...

THAILANDE

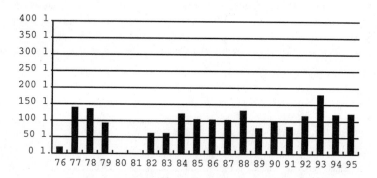

1984 La pagination double presque par rapport à l'année précédente.

Les relations soviéto-thaïlandaises se détériorent un peu plus: en avril 1984, l'ambassadeur d'Urss à Bangkok accuse les Américains d'avoir essayé de débaucher (sous-entendu: avec la complicité du gouvernement local) deux de ses diplomates. En juillet, une formation d'avions Bear franchit profondément la limite de l'espace aérien thaïlandais à partir du Vietnam; à la fin de l'été, l'ambassadeur Youri Kouchetsov quitte la capitale en compagnie de 33 de ses collaborateurs suspectés d'« activités incompatibles avec leur statut » (et ce, juste après que le contre-espionnage eut démantelé un réseau urbain, forçant un responsable de l'ambassade au Viet Nam à rentrer précipitamment à Hanoï).

1985 La pagination décroît de 1984 à 1985 (moins 17 lignes), de 1985 à 1986 (moins 1 ligne), de 1986 à 1987 (moins 1 ligne).

En octobre 1984, Valentin Kasatkine prend ses fonctions à la tête de l'ambassade soviétique de Bangkok. Avec sa charmante épouse, le diplomate « gorbatchévien » multiplie les contacts sociaux: des Thaïlandais établissent une Amicale Soviéto-Thaïlandaise, les services culturels de la mission recrutent, souvent hors des circuits requis, des étudiants (48 en 1984 et 73 en 1985) pour des séjours dans les universités d'Urss où ils seront approchés par les services de renseignements rouges... Les Soviétiques jouent donc, cette fois-ci, la carte de la détente et du sourire afin de tranquiliser leurs hôtes toujours prudents: notant que Moscou dispose en Thaïlande de 86 diplomates en 1985 et que Bangkok entretient 10 officiels en Urss, le conseil de Défense thaïlandais met en cause, en octobre 1985, les agissements du Kremlin dans le pays. En novembre 1986, le commandant en chef de l'armée, le général Chaolaouit Yongchaiyut, ayant déclaré que le Parti Communiste de Thaïlande s'était réorganisé dans les villes, la lutte anti-marxiste est redéfinie dans les centres urbains (Bangkok serait surtout contrôlé par les pro-soviétiques, le nord-est du royaume par les pro-vietnamiens, le sud par les « nationaux-communistes »). La pression amnestienne se stabilise.

VIET NAM

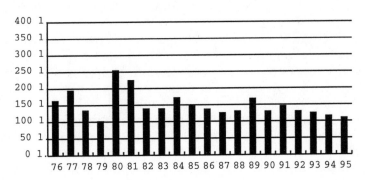

1976 Sur 164 lignes, 19 concernent le Viet Nam du nord, et 145 le Viet Nam du sud.

1980 La pagination du *Rapport Annuel* croît de quelque 155 lignes; un *Rapport de Mission*, rédigé en 1980 et publié en 1981 (année où le *Rapport Annuel* se stabilisera à la baisse avec ses 225 lignes), augmente ainsi la pagination amnestienne. En gros, les *chercheurs* insistent pour exprimer leur satisfaction envers le gouvernement socialiste. Le Viet Nam, isolé depuis l'invasion du Cambodge en 1978-1979, se voit décerner une mention « très honorable ».

1984 La pagination décroît régulièrement, de moins 23 lignes entre 1984 et 1985, de moins 12 lignes entre 1985 et 1986, de moins 11 lignes de 1986 à 1987. En revanche, les termes utilisés dans les commentaires successifs sont souvent critiques.

Or, critiques sont les relations soviéto-vietnamiennes. L'objectif prioritaire annoncé par Gorbatchev en juillet 1986 pour sa diplomatie est le rapprochement avec la République Populaire de Chine (que l'Urss considère toujours comme un Etat socialiste, même si elle est rebelle à l'hégémonie soviétique): l'ennemi prioritaire de Hanoï, toutefois, demeure la même Rpc (que le Viet Nam considère comme un Etat impérialiste); donc, si le Viet Nam était un atout dans le jeu soviétique à l'époque de la confrontation larvée entre les deux « géants communistes », il devient un fardeau quand Moscou fait montre de se rapprocher de Pékin. De plus, le Viet Nam n'apprécie pas les réformes économiques auxquelles s'attache Gorbatchev et que le leader du Kremlin a essayé d'imposer à Truong Chin, sommé sur la Place Rouge, juste avant que le chef du Kremlin ne s'envole pour prononcer son discours-programme de Vladivostok en juillet 1986. Or, pour entretenir une armée d'un million de soldats, le Viet Nam a emprunté à l'Urss de 1978 à 1986 environ cinq milliards de dollars (au moins). En mai 1987, le nouveau secrétaire général du Pcvn, Nguyen Van Linh, rencontre Gorbatchev à Moscou: la question cambodgienne (que l'Urss veut régler puisque la Rpc l'exige, alors que le ministre des Affaires Etrangères Nguyen Co Thach réaffirmait en avril qu'il constituait « un faux problème ») divise toujours les autorités soviétiques et vietnamiennes.

Amnesty International traduit le malaise politique en termes de droits-de-l'homme, et elle réintroduit le facteur religieux, longtemps « oublié » mais redevenu un « must » de par la personnalité du pape Jean-Paul II. Elle avait ainsi fait l'impasse sur les suppliques envoyées aux dirigeants vietnamiens et étrangers (nous possédons des copies de deux de ces textes datés des 17 mars et 25 avril 1977), et préféré donner la parole à Hanoï pour expliquer la mort de 12 personnes dont un bonze: désormais, elle va accorder une audience grandissante à la répression religieuse (tous cultes confondus, puisque le Vatican, depuis la réunion d'Assise, le 27 septembre 1986, apparaît comme le porte-parole de toutes les religions).

Les tiraillements Viet Nam-Urss sont quasiment reconnus à partir de 1982: au printemps, le Vème congrès du Parti Communiste du Viet Nam s'en fait l'écho. Cette année-là, les *chercheurs* consacrent à peine huit lignes à la question religieuse (soit 6% de la pagination), mais 10 lignes en 1983 (10% de la pagination -et l'organisation « adopte » par ailleurs huit prêtres catholiques), 28 lignes en 1984 (13% de la pagination), 44 lignes en 1985 (28% de la pagination), 36 lignes en 1986 (24% de la pagination). Toutefois, il n'y a pas rupture, et le Kremlin, contraint à des concessions pour d'évidentes raisons d'éloignement géographique, doit composer avec la Rsvn. Amnesty International ne peut donc agir comme elle l'avait fait en Afghanistan, si bien qu'elle ne dépose pas de rapport spécial à l'Onu ni au conseil de l'Europe et elle ne convoque pas la presse non plus.

AUTRES ACCESSOIRES

Amnesty International recourt aussi parfois aux truquages photographiques. Alors que des dessins au graphisme douteux illustrent les pages de couverture des *Rapports Annuels* jusqu'en 1985 et de 1988 (au moins) à 1995, celui de 1986 montre la photographie d'un prisonnier, non pas européen, cubain, grec ou d'Afrique noire « émancipée » - mais asiatique [64]. Le personnage, les yeux doux et suppliants d'une biche au moment de l'hallali et les doigts de la main droite passés artistiquement à travers le grillage de sa cellule, ne subit pas sa peine en Corée du nord, en Indochine, mais aux Philippines: il s'agit d'un certain Edwin Lopez [65], membre du Parti Communiste des Philippines... rallié à Moscou.

---

[64] — Rappelons que Gorbatchev sembla vouloir donner une priorité à sa diplomatie asiatique comme l'indiquait son discours de Vladivostok en juillet 1986.

[65] — Il est identifié ainsi dans la complaisante *Far Eastern Economic Review*, 3 mai 1984 -qui accepte dans ce numéro les « explications » d'Amnesty International au point de les recopier sans guillemets, à savoir que « les pays qui ne sont pas mentionnés sont ceux à propos desquels il est difficile d'obtenir des informations, tels que la Corée du nord [sic. Ce qui prouve que le journaliste commis à l'encensement de l'*Organisation* n'a même pas ouvert le *Rapport Annuel* dont il parle: Amnesty International consacrait, en effet, 41 lignes en 1983 et estimait à 1.090 le nombre de prisonniers politiques] et la Mongolie.

CHAPITRE VII

L'HISTOIRE RECTIFIEE

Avec l'arsenal dont elle dispose, Amnesty International se trouve bien placée pour corriger les faits et les présenter triturés à ses lecteurs, incapables d'en vérifier la véracité (mais ils sont prêts à les accepter tels quels): au travers du prisme soviétique, ils apparaîtront hypertrophiés ou atrophiés, en tout cas toujours déformés.

Les *chercheurs* restreignent la chute et le martyr de Saïgon à *un important changement politique* auquel ils ne daignent pas accorder plus de deux lignes, alors que le destin national et individuel de 25 millions de personnes bascule. L'intervention de l'Armée Rouge à Kaboul devient *un coup d'Etat militaire*, tandis que l'invasion du Cambodge « pro-chinois » par le Viet Nam « pro-soviétique » conclurait *un soulèvement politique*. La discrétion vaut autant pour le Laos: *après que les gouvernements eurent changé au Cambodge et au Viet Nam du sud, en mars et en avril 1975, la situation politique de leur voisin, le Laos, a également changé rapidement (à cause de manifestations estudiantines)* [1]. On sait que ces manifestations d'étudiants furent en fait organisées par le Pathet Lao dont les hommes placèrent sous résidence surveillée les députés et déportèrent, jusqu'à ce qu'il en mourût, le roi dans des lieux secrets; mais pour Amnesty International, le monarque ne fut jamais considéré comme un *disparu* victime d'une *exécution extra-judiciaire*.

S'il minimise certains événements jusqu'à les nier (le coup d'Etat communiste en Indonésie en 1965 devient *une soi-disant tentative de coup d'Etat*), le *centre de Londres* verse dans la prolixité pour en décrire

---

1 — *Rapport de Mission* 1980.

d'autres de portée considérablement plus réduite. Ainsi, au Bangla Desh, le 30 mai (1981), *le président Ziaur Rahman* [non aligné sur l'Inde de (Mme) Gandhi, mais entretenant avec elle des relations plutôt amicales] *fut assassiné à Chittagong par un groupe d'officiers, lors d'une tentative de coup d'Etat. Le 1er juin, le général Manzur (Rahman)* [très hostile à (Mme) Gandhi au point qu'il voulait abroger le traité d'amitié signé pour 25 ans avec l'Inde], *accusé par le gouvernement d'être le chef du putsch, fut abattu dans des circonstances demeurées obscures après avoir été arrêté avec deux autres officiers. La tentative de coup d'Etat échoua. L'état d'urgence fut proclamé le 1er juin par le vice-président Abdus Sattar* [très favorable à (Mme) Gandhi] *qui occupa la fonction de président par intérim jusqu'au 15 novembre, date où il fut élu président du Bangladesh à la tête d'un gouvernement du Parti Nationaliste du Bangladesh. L'état d'urgence fut levé le 21 septembre 1981* [2]. *Le 24 mars 1982, le gouvernement du président Sattar fut renversé par un coup d'Etat militaire* [non sanglant] *organisé par le général Hossein Mohammed Ershad* [très peu favorable à l'Inde], *qui prit le titre de « Chief Martial Law Administrator » (Haut-Administrateur de la Loi Martiale)* [3]. *A compter du 24 mars 1982, l'application de la constitution a été suspendue, l'assemblée nationale était dissoute et les forces armées prenaient la direction du pays. La loi martiale était en vigueur dans tout le pays, où opéraient de nouveaux tribunaux militaires. En vertu de la loi martiale, toute activité était interdite chez les étudiants et les syndicalistes.* Or, que déduira de ce fatras d'informations (?) sciemment incomplètes le militant de base, auquel échapperont à l'évidence les subtilités de réajustements politiques sans grandes conséquences sur la

---

2 — *Rapport Annuel* 1982, pp.215-216.

3 — Tels des charlatans égrenant leurs incantations, les *chercheurs* savent user d'un vocabulaire plein de suffisance, propre à impressionner l'adhérent moyen (et Amnesty International compte peu de militants, dans ses rangs, au-dessus de la médiocrité) soudain lui aussi initié et partie de la liturgie. Les dénominations anglaises, superflues mais qui font sérieux apparaissent de temps en temps: la justice pakistanaise procède à l'arrestation de membres *(de la) All Pakistan Lawyers Convention (Congrès des Avocats Pakistanais).* Pour les amateurs de sables chauds et de jeunes créatures lascives, on rappellera le destin contraire de *Sejvarajah Yogachandiran (dit Kuttimany) et Gane Shanathan Jeganathan (dit Jegan),* assassins d'un policier cynghalais (in *Rapport Annuel* 1983, p.283), et les turpitudes subies par le *Pakkakaisang Manggyagwang Philippe,* confédération syndicale sise à Manille (in *Rapport Annuel* 1983, p.277). Ceux « concernés » par l'injustice réservée aux minorités ne manqueront pas de compatir (d'ailleurs peut-être avec raison pour ce cas précis) *sur la mort de ce jeune Harijan (intouchable) appelé Subhah* (in *Rapport Annuel* 1982, p.239) ni de participer, de loin, aux actions du *Malis Permusyaratan -MRP (Conseil de Libération du Peuple)* (in *Rapport Annuel* 1983, p.254) sévissant en Indonésie. Les ethnologues en herbe apprendront que la communauté musulmane birmane peut s'appeler indifféremment *Arakanese ou Rohingya* (in *Rapport Annuel* 1982, p.221) puisque les deux termes sont permutatifs. Les frais émoulus de l'Ecole Nationale d'Administration ou de l'Institut des Sciences Politiques, à l'esprit aride, de même que les lecteurs des petites annonces apprécieront la concision d'un témoignage selon lequel *Epifanio Pueble aurait été vu pour la dernière fois avec des membres du P.C. et de la CHD avant de disparaître aux Philippines* (in *Rapport Annuel* 1982, p.273).

question des droits-de-l'homme, censés être sa préoccupation majeure [4].

D'autre part, Amnesty International n'hésite pas non plus à bousculer la chronologie pour noircir un gouvernement nationaliste et conservateur. En juillet 1975, des troubles communautaires éclataient au Sri Lanka. Les *chercheurs* notent que *les incidents sont survenus après* [sic] *la proclamation de l'état d'urgence* [5] - insinuant ainsi que des mesures prises (bien sûr sans raison) par les forces de l'ordre provoquèrent une juste réaction populaire. Ce qui revient à inverser les causes et les conséquences et à excuser un « terrorisme de réaction » en butte à un « terrorisme d'Etat », les mesures de police ayant été prises après lesdits *incidents*.

LES TURBULENTS PETITS FRERES

Moscou, comme le docteur Frankenstein, n'est jamais parvenu à maîtriser parfaitement ses créatures est-européennes: le Cambodge, le Viet Nam et l'Afghanistan pourtant limitrophe n'ont pas échappé à cette constante. Le récit des déboires du Kremlin transpire dans les Rapports Annuels selon un mécanisme à l'étonnante régularité.

---

4 — Contrairement à ce que suggère Amnesty International, la question des droits-de-l'homme semble avoir connu une amélioration durant la présidence Ershad. La courte présidence de l'honnête Sattar, ancien juge de la cour suprême, n'avait nullement stabilisé le pays, bien qu'il essayât de se concilier les diverses coteries de politiciens professionnels en tolérant une corruption largement et ouvertement pratiquée et en distribuant des portefeuilles pléthoriques. Le général Ershad assainit dans une certaine mesure ces moeurs, essaya de relancer l'économie au profit du plus grand nombre (dénationalisation des banques, aides à la paysannerie, etc) et de limiter l'ingérence de l'Etat dans les moyens de communication (privatisation, etc); si ces plans n'ont rencontré qu'un succès mitigé, la faute en revenait surtout aux dirigeants de l'opposition, spécialistes des grèves générales - selon *The Yearbook on International Communist Affairs*, 1982, 1983, 1984, pp.166-167, p.150-151, pp. 202-204; *The Far Eastern Economic Review*,10 (?) et 16(?) janvier, 7 et 28 février, 14 et 28 mars, 4 et 11 avril, 2 et 30 mai, 6 juin, 18 juillet, 15 et 22 août, 5 et 26 septembre 1985; Centre Français d'Etude des Relations Internationales/département Asie-Pacifique *Bangla Desh: approche chronologique 1982-1987*.

5 — A cette époque, Moscou ne joue probablement aucun rôle dans un conflit plus ethnique que politique; ses agents n'interviendront que plus tard mais sans vraiment influencer le cours des événements, sauf à partir de juillet 1983: l'Organisation de Libération du Peuple Tamoul Eelam (dont les émissaires en Europe avaient l'habitude de participer aux manisfestations communistes), qui dénonçait en vrac « l'Etat cynghalais, le Mossad israélien, les forces S.A.S. de Londres, les gouvernements des Etat-Unis, de Grande-Bretagne, de Chine et du Pakistan » et « demandait, (...) en tant que classe ouvrière qui lutte pour libérer notre patrie, la coopération entière et le soutien de tous les Etats socialistes et mouvements révolutionnaires du monde », fut balayé par un autre groupe rival anti-cynghalais, mais non-communiste quoiqu'utilisant une phraséologie tiers-mondiste, les Tigres Libérateurs de l'Eelam Tamoul.

Quand Leonid Brejnev place beaucoup de ses espoirs dans les Khmers Rouges, le secrétaire général d'Amnesty International envoie au Cambodge un télégramme *pour se (réjouir) de l'esprit de large Union Nationale proclamée par le second congrès national du peuple cambodgien* [6]; le prince Sihanouk se voit décerner le titre de *Samdech (Monseigneur)* [7]. Le *centre de Londres* souligne que le gouvernement de Saïgon crucifié *insiste beaucoup sur la réconciliation nationale*, et son secrétaire général exprime sa *satisfaction* au Gouvernement Révolutionnaire Provisoire (sur lequel Moscou mise, aux dépens de Hanoï) pour les « principes » dont il s'inspire [8]. En Afghanistan, *Amnesty International salue le président Daoud* qui ne déplaît pas au Kgb, dans une lettre adressée par son secrétaire général. Elle le *félicite* aussi d'introduire des garanties pour les droits-de-l'homme dans la constitution [9]; deux ans plus tard, et parce que l'Urss tolère encore ses déviations, *Amnesty International félicite* [cette fois] *Taraki pour ses déclarations publiques à propos du respect des droits de l'homme* [10]; *(elle) félicite (Monsieur Amin) pour sa nomination (au poste de premier ministre)* [11] alors qu'il doit sa promotion plus aux calculs des Soviétiques qu'à ses seuls talents de bourreau. *(Elle) se réjouit* [enfin] *de l'intention de (Karmal)* [tout juste débarqué de Termoz] *de libérer tous les prisonniers et d'étendre les libertés démocratiques* [12].

Durant cette période heureuse d'établissement de liens fraternels, les geôles ne cessent de se vider: *les dizaines de milliers* [sic] *de prisonniers détenus par le régime vaincu ont retrouvé la liberté* à Saïgon en avril et mai 1975- puis des centaines l'année suivante [13]; il en va de même à Kaboul au début des ères Taraki et Karmal qui organise une opération huis-ouvert non-stop en février, en avril, en août, en novembre, en décembre 1980 et avril 1981. Rien ne saurait mitiger la

---

6 — *Rapport Annuel* 1975, p.89. De son côté, *L'humanité-Dimanche* (23-29 avril 1975), hebdomadaire du Parti Communiste reflète parfaitement l'attentisme du Kremlin : « Ils [les Kmers Rouges] édifient un Kampuchéa prospère, ou chacun mange à sa faim, s'habille décemment, dispose d'un logement, bénéficie de soins médicaux et de l'instruction. *A l'extérieur* [et c'est ce qui intéresse l'URSS], *ils pratiquent une politique de neutralité et de non-alignement* ». Si, à cette époque, les médias pro-soviétiques parlent de génocide, il s'agit de celui qu'auraient pratiqué... les Américains : il y aurait eu, en effet, « un génocide délibérément programmé et réalisé par l'impérialisme américain » au Cambodge... de 1970 à 1975 ! in *L'humanité-Dimanche*, 23-29 avril 1975.

7 — *Rapport Annuel* 1975, p.89.

8 — *Rapport Annuel* 1976, p.151.

9 — *Rapport Annuel* 1976, p. non répertoriée.

10 — *Rapport Annuel* 1978, p.153.

11 — *Rapport Annuel* 1979, p.102.

12 — *Rapport Annuel* 1980, p.217.

13 — *Rapport Annuel* 1976, p.151.

satisfaction de commande -sans doute sincère- relayée par Londres, surtout pas quelques assassinats pour l'exemple. *Personne n'a été exécuté au Cambodge après la prise de pouvoir communiste, à l'exception de sept super-traîtres* [14]; au Viet Nam, les condamnations à mort s'expliquent *puisqu'il fallait enrayer la vague de criminalité qui déferlait (faute de) forces de police* [15], et elles ne concernent qu'un éventail limité de *voleurs*, de *pillards*, de *saboteurs*, de *criminels de guerre* et d'*anciens agents des services secrets*. En Afghanistan, Karmal définit les maquisards comme « des bandits, des mercenaires et des esclaves des cercles impérialistes qui commettent des crimes inexcusables »; les *chercheurs* récitent en conséquence que *dix rebelles ont été exécutés le 4 décembre, pour divers crimes, notamment des vols et des meurtres alors qu'aucune exécution ou condamnation à mort n'avait été signalée (depuis le début de l'année)* [16]. *D'autres ont subi la même sanction pour enlèvements et pour une série de crimes, dont la pose d'une bombe dans un restaurant.*

A part ces faits vérifiés et tenus à jour, tout le reste n'est que « propagande noire » issue des cercles de l'impérialisme occidental: les témoignages de massacres perpétrés par les Khmers Rouges *reposent sur des affirmations sans solidité et des récits* [autant dire des contes] *de seconde main* [17]. *Les rumeurs selon lesquelles les officiers (sud-vietnamiens) avaient été emmenés pour être exécutés* [comme à Katyn [18]] *ne sont pas retenues car quelqu'un a déclaré que ces bruits couraient depuis un accident de camion dans lequel plusieurs officiers, qu'on emmenait hors de la ville, auraient trouvé la mort* [19]. *(Des) informations en provenance d'Islamabad* [donc sans doute de la Cia] font état d'exécutions de « rebelles », mais Amnesty International s'empresse de corriger la mauvaise impression qu'elles pourraient laisser en précisant qu'*(elle) n'a pu les vérifier par la suite* [20].

Les témoignages des réfugiés de l'intérieur ou de l'extérieur sont ramenés eux aussi à des bruits que l'*organisation humanitaire* n'entend

---

[14] — *Rapport Annuel* 1976, p.138.

[15] — *Rapport Annuel* 1976, p.149.

[16] — *Rapport Annuel* 1983, p.227.

[17] — *Rapport Annuel* 1975, p.89.

[18] — Les Soviétiques ne reconnurent pas jusqu'en 1989 le massacre de Katyn au cours duquel 4.500 officiers périrent d'une balle tirée dans la nuque avant d'être entassés dans des fosses communes (les Vietnamiens du nord et le Viet Cong agirent pareillement à Hué lors de l'offensive du Têt en 1968). Sous Brejnev, *The Great Soviet Encyclopedia*, 1973-1983 observe un silence discret sur cette tuerie au cours de laquelle le père de l'ex-président Wojcieh Jaruzelski fut tué; mais l'agence Aéroflot sur les Champs-Elysées à Paris distribuait, il y a encore peu (vers 1987) des prospectus et des brochures montrant le monument aux morts... « tués par les nazis ».

[19] — *Rapport Annuel* 1976, p.150.

[20] — *Rapport Annuel* 1980, p.222.

pas. Elle passe sous silence la déportation de la quasi-totalité de la population khmère dans des conditions défiant le sens commun sinon la logique communiste. Elle ne mentionne que 10 boat people, et seulement pour les accuser d'assassinats [21]. Elle n'a pas un mot pour les quelque quatre à cinq millions d'exilés afghans que les Mig soviétiques bombardent au napalm jusque dans leurs camps pakistanais. Elle explique sa complicité en arguant que *(ses) objectifs statutaires (ne) concernent (que) les seuls prisonniers* [22].

Mais ce régime de faveur coûte cher et ses cours se fixent à Moscou: qu'un « régime-frère » dévie de la ligne orthodoxe, et la disgrâce n'attend pas. A peine Pol Pot a-t-il débarqué à Pékin que *les convictions, plutôt que les preuves* [23] des réfugiés malveillants deviennent des *preuves alarmantes* et que la question des droits-de-l'homme *reste caractérisée par des violations flagrantes* [24]. Ses successeurs « pro-vietnamiens » ne se montrent pas assez malléables pour Mikhaïl Gorbatchev: eux aussi *(violent) de façon flagrante et répétée les droits de l'homme* [25]. Taraki, à Kaboul, élimine les éléments pro-soviétiques de la faction Parcham: Amnesty International dénonce *les violations graves*[26] dont se rendent soudainement coupables les autorités - et quand Youri Andropov songe à remplacer Karmal, l'*organisation (reçoit)* [très à propos] *des rapports concordants* sur la pratique de la torture dans les prisons afghanes [27], qui deviennent accablants du temps de Gorbatchev [28], lequel a trouvé mieux en la personne de Najib pour exécuter ses ordres sur place.

A l'issue d'un round d'observation, le Kremlin intervient, directement ou indirectement. Amnesty International prépare le terrain. En juin 1978, au moment où le Viet Nam rejoint le Comecon, l'*organisation humanitaire* rédige une déclaration sur le Cambodge à l'intention de la commission des droits de l'homme à l'Onu: en décembre, *des soulèvements politiques armés ont abouti en janvier 1979 au renversement du gouvernement du Kampuchéa démocratique par les Forces Unies de Salut National du Kampuchéa* [29]. En mai 1979, Mümtaz Soysal dépose un procès-verbal devant les Nations-Unies, critiquant le régime Taraki-Amin; en décembre, *le régime du président Hafizullah*

---

21 — *Rapport Annuel* 1980, p.229.
22 — *Rapport Annuel* 1986, p.14.
23 — *Rapport Annuel* 1976, p.136.
24 — *Rapport Annuel* 1978, p.173.
25 — *Rapport Annuel* 1986, p.264.
26 — *Rapport Annuel* 1979, p.104.
27 — *Rapport Annuel* 1983, p.226.
28 — *Rapport Annuel* 1985, p.241; *Rapport Annuel* 1986, pp.222-225.
29 — *Rapport Annuel* 1979, p.123.

Amin (a) été renversé par un coup d'Etat militaire [30] - et le *centre de Londres* de dépêcher une mission d'enquête juste après l'invasion de l'Afghanistan en janvier 1980, comme il en a envoyé une autre peu avant au Viet Nam. Mais Karmal ne parvient pas à s'imposer ni dans son palais présidentiel fortifié ni sur la « scène » internationale, ce qui navre Moscou: Amnesty International se montre alors *préoccupée* [31] et *(elle présente) au rapporteur de la commission des droits de l'homme à l'Onu, en octobre 1984, un résumé de ses préoccupations* [32], *puis encore l'année suivante (une liste de) tous les cas dont elle a eu connaissance (...) sur les exécutions arbitraires ou sommaires* [33], liste confirmée dans un rapport de 51 pages présenté à la presse londonienne le 19 novembre - et le Kremlin d'évincer sans douceur le président, dès le ...20, pour lui substituer son poulain, Najib.

Gorbatchev est un communiste honteux et décadent: il répugne à la violence ouverte telle que l'exerçaient Brejnev et la vieille école contemporaine de Lénine et de Staline; pour lors, ses politiques afghane et vietnamienne se nuancent [34]: les rapports d'Amnesty International se font en demi-teinte. Auparavant, les conflits pour Kaboul et Phnom Penh étaient présentés à la presse comme civils: *l'armée populaire du Kampuchéa appuyée par les forces vietnamiennes* [35] tenait éloignés *des groupes (armés)* [36] ayant à leur tête l'ex-*Samdech (Monseigneur)* devenu simple Norodom Sihanouk [37]; de leurs côtés, *les troupes gouvernementales (afghanes) renforcées par les troupes soviétiques* [38] menaient des opérations de police contre *différents groupes d'opposition*. Mais Gorbatchev veut inaugurer une politique de détente en Extrême-

---

30 — *Rapport Annuel* 1980, p.216.

31 — *Rapport Annuel* 1982, p.213; *Rapport Annuel* 1983, p.225.

32 — *Rapport Annuel* 1985, p.240.

33 — *Rapport Annuel* 1986, p.224.

34 — Ce qui ne l'empêche pas d'autoriser les Mig « afghans » à bombarder les réfugiés le long de la frontière pakistanaise les 1er, 14, 24 et 26 février et le 23 mars 1987 -tuant en tout environ 150 personnes (et ce, alors que Kaboul et Islamabad négocient à Genève, sous les auspices de l'Onu, les moyens de mettre un terme au conflit); ni de laisser opérer les agents du Khad qui firent exploser dans des lieux publics au moins 48 bombes en 1986 (in *The Far Eastern Economic Review*, 25 décembre 1986). Ainsi, après des années au pouvoir gorbatchévien, il y a eu 250 violations de frontière aérienne par les Mig « afghans » en 1985 et 750 en 1986 (in *Asiaweek*, Hong Kong 12 avril 1987). Selon le département d'Etat américain, le Wad (les services secrets afghans) commit à lui seul, 187 actes terroristes au Pakistan -soit une augmentation de 338% par rapport à 1986), ce qui représentait environ la moitié des attentats politiques pratiqués par les Etats dans le monde entier (in *The Asahi Evening News*, 23 août 1988; *The Daily Yomiuri*, Tokyo août 1988).

35 — *Rapport Annuel* 1983, p.297.

36 — *Rapport Annuel* 1983, p.257.

37 — *Rapport Annuel* 1983, p.256.

38 — Dans son mensuel *La Chronique d'Amnesty International* décembre 1995, n°109 il est écrit que l'*Afghanistan est ravagé par seize années de guerres civiles (...) à la suite de l'intervention soviétique, en 1979*.

Orient, dans le Pacifique et l'océan Indien ainsi que regagner l'influence perdue au Proche-Orient depuis le décès du président Gamal Abdel Nasser [39]. En gage de bonne volonté, il accepte d'évoquer le retrait des troupes vietnamiennes du Cambodge et soviétiques d'Afghanistan -avec le ferme espoir de les éviter. Amnesty International découvre simultanément que [*le régime « pro-vietnamien » de Phnom Penh*] *et les membres des forces militaires et de sécurité vietnamienne ont violé de façon flagrante et répétée les droits de l'homme des Kampuchéens soumis à leur autorité* [40]; elle apprend aussi que les Soviétiques participent plus ou moins activement à des massacres en Afghanistan [41], à des interrogatoires pendant lesquels *(l'usage de) la torture a été signalé* [42] mais note que ces rumeurs *(sont) difficiles à vérifier* [43]: il est vrai qu'à cette époque et malgré force publicité, l'Armée Rouge n'a évacué, en octobre 1986, que 9.000 hommes [44]. Les *chercheurs* seront plus catégoriques après la signature des accords de Genève.

---

[39] — C'est à partir de l'été 1985 que le Kremlin renoua le dialogue avec Israël, rompu en 1967 lorsque Brejnev dénonça les relations bilatérales, et que le Kgb relâcha des « dissidents » juifs, tandis que des visas de sortie étaient accordés en nombre croissant à la grande satisfaction des organisations juives mondiales, notamment américaines proches de ces banques d'affaires dont Gorbatchev attendait des crédits pour relancer son économie (in *The Asahi Evening News*, 21 mars 1987 et *The Japan Times*, 27 mars 1987).

[40] — *Rapport Annuel* 1986, p.254.

[41] — *Rapport Annuel* 1984, p.240.

[42] — *Rapport Annuel* 1985, p.241.

[43] — *Rapport Annuel* 1986, p.222.

[44] — Cf *The Japan Times* 10, 15, 17 octobre et 1er novembre 1986.

CHAPITRE VIII

UNE CERTAINE IDEE
DU PROCESSUS JUDICIAIRE

Aux termes de ses statuts (article 1, alineas a, b et c), Amnesty International surveillerait de très près et sans tolérer d'exception le déroulement des actions en justice intentés par les gouvernements contre des particuliers ou des groupes d'individus, volant au secours des prisonniers politiques ou de droit commun maltraités et condamnés à mort: *elle n'a rien à offrir* en échange de son silence, s'émerveille-t-elle [1]. Et Manuel Lucbert, journaliste au *Monde*, soucieux de ne pas prendre de risque avec sa carrière mais au contraire de réaliser un parcours (professionnel) sans faute, de surenchérir, pitoyable hérault: « Amnesty ne compare pas -une atrocité est une atrocité [et réciproquement], qu'elle soit commise à l'Est ou à l'Ouest [comme si les relations internationales, depuis 1917, se limitaient à ces deux « blocs »!]. Amnesty établit des faits, les recoupe, les vérifie et les additionne »[2]. Toutefois, l'équidistance des *chercheurs* ne résiste pas à l'épreuve du rideau de bambou quand ils dressent leurs bilans en-deçà de ses limites.

---

1 — *Rapport Annuel* 1986, p.7.
2 — *Le Monde*, Paris 1er octobre 1987.

CEUX QU'ON ARRETE

Les polices des pays anti-soviétiques [3] recruteraient, si l'on en croit les *Rapports Annuels*, leurs victimes chez d'inoffensifs opposants politiques, dans les rangs de certains milieux professionnels, ou par « machisme ».

Le détournement d'un appareil des Pakistan Air Lines, organisé à Kaboul par les fils Bhutto en mars 1981 au nom de Al Zulfikar *a entraîné l'arrestation de milliers de membres des principaux partis d'opposition regroupés sous le sigle* [sic] *du Mouvement pour la Restauration de la Démocratie par la veuve et la fille d'Ali Bhutto en février 1981) bien qu'à la connaissance d'Amnesty International aucune preuve d'un lien quelconque entre (les deux mouvements) n'a été produite* [4]. A Djakarta, *(le) ministre de l'Intérieur*, le général [on sait que ce grade, symbole d'un mélange de brutalité et de bêtise la plus épaisse, revêt une connotation immanquablement péjorative dans l'inconscient « occidental » fatigué et pacifique; le général indonésien est donc a priori suspect] *Amir Machmund, (dit que) le gouvernement aurait découvert que des prisonniers libérés projetaient de relancer le Parti Communiste (...) sans en apporter la preuve* [5]. *La sécurité sud-coréenne arrête Kim Tae Yul (...) pour espionnage (alors qu'il était) sans doute un prisonnier d'opinion* [6] *et incarcère plus de 30 militants syndicaux (...), des membres d'un groupe biblique (et des) prisonniers d'opinion qui considéraient favorablement la marxisme et le communisme* [7]. Le gouvernement de Kuala Lumpur *(se débarrasse de son) opposition légale ainsi que des syndicats engagés dans des activités légitimes* [8]. La République (non Populaire) de Chine détient des personnes qui n'ont fait *(qu'exercer) pacifiquement leur droit à la liberté d'expression* [9]. Les

---

3 — Bergeron in *Cinq continents accusent Amnesty International,* Bouère 1982, p.311 remarque à la lecture de la biographie de Sean Mac Bride que, lorsque ce dernier (des derniers) « énumère le sigle des polices (réputées pour être) particulièrement agressives, on trouve le K.G.B. certes, mais aussi la SAVAK iranienne, la PIDE chilienne, la KCIA coréenne -mais ni le SD polonais, ni les polices secrètes yougoslave, roumaine et bulgare, qui n'hésitent jamais à intervenir en territoire étranger pour enlever un dissident ou à assassiner par diverses méthodes, ne sont citées dans ce sinistre palmarès ». Amnesty International recourt à un procédé identique: le Khad afghan, par exemple, n'est pas cité, croyons-nous jusqu'en 1982; mais dès que Youri Andropov cherche un successeur à Babrak Karmal, il apparaît une fois en 1983, six fois en 1984 (soit un total de 25 lignes), quatre fois en 1985 (soit 19 lignes), cinq fois en 1986 (soit 36 lignes).
4 — *Rapport Annuel* 1982, p.262.
5 — *Rapport Annuel* 1981, p.265.
6 — *Rapport Annuel* 1983, p.244.
7 — *Rapport Annuel* 1982, p.229.
8 — *Rapport Annuel* 1981, p.227.
9 — *Rapport Annuel* 1982, p.287; *Rapport Annuel* 1981, p.305.

mollahs qui posent les scellés sur les portes des permanences du Toudeh *(semblent agir de façon) totalement arbitraire* [10].

Les « dictatures » (en fait la plupart du temps, des régimes autoritaires) se nourrissant de violences institutionnelles, elles en viennent à malmener toutes sortes de corporations. Au Pakistan, le général Zia ul Haq fait arrêter *17 syndicalistes (des lignes aériennes)* [11], *des étudiants, des ouvriers, des syndicalistes (dans la région du Cachemire).* Au Bengla Desh, le général Mohammed Ershad remplit les prisons de centaines de militants politiques, de syndicalistes et d'étudiants [12]. Le roi absolu Birendra du Népal, devenu très critique à l'égard de la politique du Kremlin en Afghanistan, enferme *des ouvriers et des militants syndicaux (... qui ont) protesté contre leurs conditions de travail* [13]; et *(les chercheurs) ouvrent une enquête sur le cas (d')un journaliste et éditeur d'une revue,* sans préciser son obédience républicaine et marxiste. En Malaisie, le sympathique *Teh Cheng Poh, un menuisier, a été condamné à mort* sous l'inculpation combien mineure (dans un pays encore traumatisé par l'enjeu de durs combats menés jusqu'à l'indépendance) *de fabrication et détention d'armes à feu* [14]; en effet, Amnesty International a raison -il était menuisier; d'autres subiront un sort malheureux pour des pécadilles, comme *Ng Teo Huan, 36 ans, ancien commerçant et Lim Mai Kim, ouvrière de Malacca* [15] ou encore *Wong Yang Huat (qui travaillait) sur une plantation d'hévéas, tout en suivant, le soir, des cours de chinois: il fut aussitôt soupçonné d'activités pro-communistes et arrêté* [16]; être chinois dans la péninsule malaise semble être un gros handicap pour la promotion sociale puisque les autorités arrêtent *Tuang Pik King (pour le seul motif qu'il) était éducateur chinois* [17]. A Singapour, la police terrorise *un directeur de troupe de théâtre* [18] et le brave *Tan Chu Boon, éleveur de poissons tropicaux* [19]. Aux Philippines, la soldatesque enlève *Jaime Nierra, vendeur sur les marchés,* injustement soupçonné de participer aux actions terroristes de la Nouvelle Armée du Peuple [20], alimentée par le Kgb. Taïwan arrive en tête de l'arbitraire: la police persécute un *li-*

---

10 — *Rapport Annuel* 1983, p.374.
11 — *Rapport Annuel* 1982, p.263.
12 — *Rapport Annuel* 1984, p.283.
13 — *Rapport Annuel* 1984, p.283.
14 — *Rapport Annuel* 1981, p.279.
15 — *Rapport Annuel* 1984, p.279.
16 — *Rapport Annuel* 1985, p.280.
17 — *Rapport Annuel* 1990, p.168.
18 — *Rapport Annuel* 1985, p.280.
19 — *Rapport Annuel* 1984, p.297.
20 — *Rapport de Mission* 1982, pp.22-23.

braire [21], *une diplômée en sociologie, un pharmacien* auquel on reprochait faussement un activisme communiste [22], *Chang Hua Min, journaliste et historien (coupable de propager le marxisme-léninisme)* [23], *Wen Jui An et Fang E Chen, écrivains (...) condamnés (...) pour avoir, semble-t-il, discuté du communisme lors de réunions d'une société littéraire* [24]. Les Maldives taquinent, elles, le retraité dont *un ancien directeur de l'aviation civile soupçonné d'avoir participé à un prétendu complot* [25]. Le général Park Chung hee neutralise *le grand poète Kim Chi Ha* [26] - et des ouvriers *(qui ont) revendiqué des droits syndicaux* [27] n'échappent pas non plus à la nasse tissée par l'alliance des militaires et des grands patrons de Corée du sud.

Cette atmosphère viciée invite aux voluptés sommaires. A Séoul, les parachutistes du général Chun Doo hwan *déshabillent de force des étudiantes (avant d'en tuer) un certain nombre à coups de baïonnettes* [28]. Les jeunes Philippines sont soumises à des *sévices sexuels de routine* [29]. Au Viet Nam du sud, la police du général Nguyen Van Thieu osait *(mettre) au secret à l'hôpital des prisons de Saïgon* une femme, avocate de surcroît et pacifiste *des plus connues* [30]: « lecture éprouvante », frémit Lucbert avec du recul, avant d'ajouter comme s'il redemandait quelques pages de sang et de sexe: « l'oppression est présente, insidieuse, brutale, sur tous les continents ».

Bien sûr, des arrestations se produisent dans les pays communistes « orthodoxes »; mais les autorités ne fabriquent pas de « preuves », interpellent certes mais non sans motifs. Amnesty International se montre pleine de compréhension. Hanoï arrête *des délinquants civils, des voleurs et des pillards* [31] en mai 1975; mais quand des tensions surviennent avec Moscou, le ministère de l'Intérieur commet subitement

---

[21] — *ASA 18/12/1981.*
[22] — *Rapport Annuel* 1983, p.286.
[23] — *Rapport Annuel* 1983, p.286.
[24] — *Rapport Annuel* 1983, p.287. Or, il se trouve que les sociétés littéraires ne sont pas toujours aussi inoffensives que leur nom pourrait sembler l'indiquer. Ainsi, il y eut à Arras, dans les années 1780, une « société littéraire » (et même à prétention philosophique) -les Rosati- qui réunissait Napoléon Bonaparte, Lazare Carnot, Joseph Fouché, Maximilien de Robespierre et Jean-Paul Marat -selon Henry Noëll *De la soutane au bonnet phrygien et à l'habit de cour,* Paris 1947, p.17.
[25] — *Rapport Annuel* 1981, p.281.
[26] — *Rapport Annuel* 1978, p.164.
[27] — *Rapport Annuel* 1978, p.163.
[28] — *Rapport Annuel* 1981, p.16.
[29] — *Rapport Annuel* 1983, p.277.
[30] — *Rapport Annuel* 1974, p.66.
[31] — *Rapport Annuel* 1975, p.109.

des bavures à l'encontre d'*un célèbre romancier* [32]. Le Khad traque les maquisards afghans qui ne sont pas des héros mais des *traîtres* [33], des voleurs et de lâches meurtriers déposant des bombes dans les restaurants populaires de la nomenklatura [34] et assassinant, sans raison apparente, *(le) neveu d'un ministre* [35]; à partir de 1982, Brejnev meurt et la discipline se relâche: *Amnesty International a appris l'arrestation (...) de personnalités intellectuelles* -professeurs de droit, poètes, artistes, cadres du ministère de la Culture [36].

CEUX QUI JUGENT

La justice du président pakistanais Zia se caractérise par *(une) procédure sommaire,* d'ailleurs appliquée par *(des) tribunaux militaires sommaires* [37]; ce qui laisse évidemment très peu de chances au prévenu de sortir libre de la salle d'audience; c'en est au point que si les statuts du *centre de Londres* lui commandent, selon le président de la filiale française Jean-François Lambert en mai 1980, de ne pas prendre parti sur les législations, *les chercheurs* expriment quand même *l'inquiétude que (leur) inspirent des modifications constitutionnelles* [dans un sens islamique], *indiquant qu'à (leur) avis il s'agissait d'une nouvelle et grave dérogation du régime du droit,* et *ils (prient le Pakistan) d'abolir la pratique du jugement des prisonniers politiques par des tribunaux militaires appliquant des procédures sommaires* [38]. Puisqu'il méprise leurs avis, ils se vengent en lançant deux *communiqués à la presse à diffusion internationale,* les 27 novembre 1984 pour s'opposer *à un procès injuste* [39] et le 20 novembre 1985 pour demander la révision d'un procès [40]. Le Bangla Desh lui non plus n'échappe à la critique sagace

---

32 — *Rapport Annuel* 1978, p.200.
33 — *Rapport Annuel* 1981, p.226.
34 — *Rapport Annuel* 1983, p.227.
35 — Là encore, Amnesty International est à l'unisson de la propagande. En mars 1983, l'agence Tass accuse la résistance de placer des bombes pour tuer des civils; en avril, le premier ministre Ali Keshtmand indique, « statistiques » à l'appui, que les moudjahidins ont détruit presque la moitié des hôpitaux et des écoles; en octobre 1985, Radio-Kaboul s'indigne d'actes de profanation déclanchés par les « bandits, les mercenaires et les esclaves (de l'impérialisme) qui ont encore une fois commis un crime inexcusable » en tirant deux missiles sur la mosquée historique de Masjed e Jamai à Hérat; en décembre 1986, cette station « révèle » l'arrestation de 12 membres du Hezb i Islami qui essayaient de passer en fraude en Grande-Bretagne, avec (pour faire bonne mesure) l'aide du Pakistan et de la Cia (toujours à l'affût d'une bonne affaire), du hashish pour une valeur marchande de 10 millions de dollars -selon *The Japan Times*, Tokyo 7 mars et 13 avril 1983, 29 octobre 1985 et 29 décembre 1986.
36 — *Rapport Annuel* 1983, p.226.
37 — *Rapport Annuel* 1981, pp.286 et 288.
38 — *Rapport Annuel* 1981, p.289.
39 — *Rapport Annuel* 1985, annexe 2, p.419.
40 — *Rapport Annuel* 1986, annexe 2, p.402.

d'Amnesty International qui y découvre, horrifiée, *(une) procédure sommaire très en deça des normes internationales* [41]; et elle rappelle au président Abdus Sattar, ancien juge de la cour suprême, que *le droit exige non seulement que la justice soit rendue, mais également qu'elle le soit au vu et au su de tous*: elle rejette donc la compétence de ses pairs *qui ne satisfont pas aux normes reconnues en matière d'impartialité judiciaire (puisqu'ils relèvent du pouvoir exécutif)* [42]. Les simulacres de procès organisés à Taïpeh apparaissent *sommaires (et) injustes* [43]*, les accusations (portées par le procureur) n'ayant pas été prouvées. Les inculpés (sud-coréens) ne bénéficient pas de conditions de jugement équitables (parce que les charges retenues contre eux en matière d'espionnage étaient) abusives* [44], que les actes d'accusation *sont montés de toutes pièces* [45] et que les condamnations s'appuient *sur la base d'aveux obtenus sous la torture* [46]*. Les tribunaux militaires (philippins) se sont vus mis en cause pour divers motifs (et) les procédures d'instruction et de jugements sont incroyablement dilatoires: nombre d'accusés (ont) été condamnés sur la base d'aveux obtenus sous la torture* [47]*, tandis (qu'ils ne bénéficiaient) pas des conditions de jugement équitables* [48]; une mission amnestienne qui assista à un procès dénonce un réquisitoire *fabriqué de toutes pièces* et des charges *abusives* [49]. Amnesty International tend une perche au premier ministre malais Mohammad Mahatir récemment élu à ce poste: comme pour le Pakistan, elle lui conseille, toujours en dépit de ses statuts [50], de réviser les procédures d'appel, lui faisant miroiter qu'ainsi *un premier pas (aura été accompli) afin d'éviter les décisions arbitraires* [51].

Vraiment, ces pays pourraient prendre exemple sur leurs voisins communistes. Depuis l'invasion du Cambodge de 1978-1979, les procès

---

41 — *Rapport Annuel* 1981, p.235.
42 — *Rapport Annuel* 1981, p.235.
43 — *Rapport Annuel* 1981, p.305.
44 — *Rapport Annuel* 1982, p.230.
45 — *Rapport Annuel* 1982, p.230.
46 — *Rapport Annuel* 1981, p.248.
47 — *Rapport Annuel* 1981, p.248.
48 — *Rapport Annuel* 1982, p.230.
49 — *Rapport Annuel* 1982, p.230.
50 — En effet, selon lesdits statuts, *Amnesty International (...) ne cherche pas à changer le système soviétique pas plus qu'elle ne cherche à changer le système chilien* [toujours cette fausse symétrie entre un régime totalitaire de fait et un régime autoritaire de droit] *parce qu'elle estime ne pas avoir à se prononcer sur les lois* [sauf quand elles autorisent la torture, la peine de mort, certaines détentions, etc] *mais à agir dans leur cadre* -selon la *Note interne SF/81/071/EPOL3* en date du 6 mai 1981 et signée par Jean-François Lambert in *Itinéraire d'un chrétien progressiste*, Bouère 1988, pp.88-89.
51 — *Rapport Annuel* 1981, p. non répertoriée.

*vagues, toujours sommaires et arbitraires*⁵² organisés par les Khmers Rouges ont pris fin; les juges mis en place par Hanoï et indépendants du pouvoir exécutif *(se conforment) à la décision n°2 des Directives du Conseil Révolutionnaire du Peuple concernant les criminels en date du 15 avril 1979* ⁵³; des reproches surgissent plus tard, mais mesurés: la torture existe certes, mais *dix personnes (...) ont été condamnées (par un tribunal révolutionnaire* [non sommaire et respectant les normes internationales] *pour avoir activement aidé les forces armées khmères rouges* ⁵⁴. Les procès dans les stades vietnamiens satisfont Amnesty International puisqu'ils sont publics ⁵⁵. Les clauses de la constitution nord-coréenne relatives aux droits de la défense ravissent l'*organisation humanitaire* qui en recopie pieusement de larges extraits dans les *Rapports Annuels* 1979 et 1981, 15 lignes sur 45 de la pagination totale, sans les commenter ni mettre en doute leur valeur effective. Elle s'extasie à Kaboul et relate sur 19 lignes *les Principes fondamentaux (édictés par) le Conseil révolutionnaire qui assurent le droit des juges à (agir) indépendamment;* le huis-clos, pas plus que *les tribunaux révolutionnaires* ⁵⁶, ne la trouble puisqu'*il est régi par la loi* ⁵⁷ et que *les sanctions (se conforment) au droit*; si des excès se produisent parfois, *ils enfreignent les principes de la République démocratique de l'Afghanistan* qui, eux, sont bons par essence ⁵⁸. Toutefois, durant la transition Andropov-Tchernenko-Gorbatchev et des relations équivoques entre Moscou et Kaboul, *trois hommes se seraient vu refuser (...) l'assistance d'un avocat et leurs actions (n'ayant) violé en rien la Constitution Afghane, appelée principes fondamentaux (...), tous trois ont été adoptés (...) comme prisonniers d'opinion* ⁵⁹: et *un professeur de journalisme (...) rétracte, au cours de son procès, des aveux antérieurs, affirmant qu'ils lui avaient été extorqués sous la torture.*

CEUX QU'ON DETIENT

Le *centre de Londres* ne trouve rien de très répréhensible en ce qui concerne les conditions de détention dans les pays débiteurs de l'Urss; à l'inverse, il s'inspire de Dante pour dépeindre les prisons qui échappent à l'influence soviétique.

---

52 — *Rapport Annuel* 1978, p.174.
53 — *Rapport Annuel* 1982, p.249.
54 — *Rapport Annuel* 1984, p.274.
55 — *Rapport Annuel* 1976, p.150.
56 — *Rapport Annuel* 1982, p.213.
57 — *Rapport Annuel* 1981, p. non répertoriée.
58 — *Rapport Annuel* 1981, p.227.
59 — *Rapport Annuel* 1984, p.238.

Les policiers armés (font) irruption dans une prison (pakistanaise) occupée par des mutins (en octobre 1980): 39 prisonniers ont été tués au cours de l'affrontement qui a suivi [60], lequel incombe donc, présenté tel quel, aux forces de l'ordre; rien de surprenant à cela car, par habitude, *elles se rendent responsables de sévices graves* [61]. A Séoul, les subordonnés du général Chun *torturent* [62], *battent et privent de sommeil les détenus* [63]. Les geôliers philippins recourent aussi à la torture pour se défouler au cours *d'interrogatoires tactiques* [sic] *dont la pratique semble être de règle dans les unités de renseignement et de sécurité* [64]; de fait, *les conditions des prisonniers transférés à Muntinlupa sont pires encore qu'à Bicutan* [des lieux que connaissent bien les militants d'Amnesty International, tous capables de les placer avec précision sur une carte] [65], puisque *les conditions de captivité dans les prisons civiles (sont) souvent encore pires* [66]; c.q.f.d.

Les prisonniers ne connaissent de sécurité, voire de bonheur tranquille, que dans les pays satellites du Kremlin. Quand Müntaz Soysal débarque à Kaboul en janvier 1980, ses interlocuteurs lui promettent de bannir à tout jamais la torture, *même en cas de menace étrangère contre la sûreté du pays* [67]: fidèles à leurs engagements, *(ils promulguent) en septembre 1982, une loi relative à l'application des peines dans les prisons (dont l') article 3 insiste sur l'interdiction de la torture dans les prisons afghanes* [68]; mais, la disgrâce s'abattant sur Karmal devenu encombrant, cette mesure paraît soudainement *théorique et les détenus (sont) privés de sommeil, battus et soumis à la torture* [69] eux aussi.

Les autorités vietnamiennes font assaut de bonté envers leurs prisonniers, au pourtant lourd passé politique, la plupart ayant quand même lutté dans les rangs des bérets verts, des rangers, des parachutistes, des marines, des policiers et des services secrets organisés par les Etats-Unis [70]: mais le gouvernement, qui est très bon, *insiste beaucoup sur la réconciliation nationale* [71]. Les conditions de survie

---

60 — *Rapport Annuel* 1981, p.232.
61 — *Rapport Annuel* 1981, p.233.
62 — *Rapport Annuel* 1981, pp. 247-249.
63 — *Rapport Annuel* 1981, p.250.
64 — *Rapport Annuel* 1983, p.279.
65 — *Rapport Annuel* 1981, p.295.
66 — *Rapport Annuel* 1982, p.277.
67 — *Rapport Annuel* 1980, p.218.
68 — *Rapport Annuel* 1983, p.226.
69 — *Rapport Annuel* 1984, p.239.
70 — *Rapport Annuel* 1977, p.169.
71 — *Rapport Annuel* 1979, p.108.

dans « l'Enfer vert » *(varient) suivant les conditions naturelles* [72], *la manière dont sont gouvernés (les camps) et la gravité des infractions* [sic]; en général, même si les *chercheurs* adoptent un profil bas en refusant *(d')établir un bilan d'ensemble des conditions de détention des camps* [73], ils présentent une situation qui, *pour spartiate qu'elle soit, n'en est pas moins acceptable* [74]. Dans les trois sortes de camps répertoriés, où sont parqués ceux qui n'ont pas donné satisfaction à leurs maîtres *à la fin de leurs cours* (en 1975) [75], *les détenus (...) se réunissent au moins une fois tous les trois mois pour discuter* [sic] *de leurs progrès respectifs* [sic]; *ils présentent ensuite des recommandations au fonctionnaire responsable du groupe* [sic] [76], lequel a la charge de mener à bien *une politique de rééducation (...) instaurée à des fins de réconciliation nationale* [77]. Amnesty International se justifie en se référant à un journaliste du *Washington Post*: *(ladite) rééducation consiste en travaux manuels pendant la journée avec séances d'autocritique le soir* [78]. Si le *centre de Londres* a conscience de certains points noirs dans ce tableau idyllique (arrestations d'opposants politiques, notamment quand Moscou fonde quelqu'espoir sur eux; carence sanitaire non à tous les niveaux comme chacun le sait, mais seulement pour les détenus *dont l'état de santé nécessite un traitement spécialisé* [79], *(milliers de personnes retenues [sic] dans les camps)*, il ne sous-estime pas *les difficultés économiques actuelles* [80] *et se réjouit d'apprendre que les autorités vietnamiennes procédaient à un réexamen de la législation pénale.*

Depuis 1945, Kim Il sung a rebâti le jardin d'Eden qu'on croyait perdu et ce, sans forcer son talent: simplement parce que ses œuvres surpassent, d'après les propagandistes, celles de Dieu -Qui, par ailleurs, n'existe pas. On patauge dans la joie et les éclats de rire. *On ne connaît que deux camps de détention,* assurent péremptoirement les *chercheurs*; ils les nomment même *les camps n°8 et 149* [81]. Les pensionnaires du

---

72 — Si le blé ne pousse plus en Ukraine depuis 1917 ni la canne à sucre à Cuba depuis 1960, si la famine s'étendait du Zimbabwe (si prospère quand il s'appelait la Rhodésie) à l'Ethiopie que même les Italiens avaient su exploiter, si le Viet Nam importe du riz et si ses prisonniers meurent dans des sites choisis exprès pour leur insalubrité -c'est toujours la faute des « conditions naturelles », jamais de l'idéologie communiste.

73 — *Rapport de Mission* 1980, p.12 (?).

74 — *Rapport de Mission,* 1980, p.15. Les anciens prisonniers des camps vietminhs apprécieront.

75 — *Rapport Annuel* 1976, p.150.

76 — *Rapport Annuel* 1980, p.15.

77 — *Rapport Annuel* 1980, p.14.

78 — *Rapport Annuel* 1977, p.170.

79 — *Rapport de Mission* 1980, p.7.

80 — *Rapport Annuel* 1980, p. non répertoriée.

81 — *Rapport Annuel* 1981, p.245.

n°149 ont un sort enviable puisqu'ils peuvent y vivre avec leurs familles [82] [83]. Or, il semble qu'il n'y ait pas deux camps [84] et que les règlements qui y prévalent manquent d'attrait.

On savait depuis le début des années 1980 qu'il y avait huit camps dans des « districts soumis à la dictature spéciale », établis vers 1953, et administrés par le bureau de la sécurité politique nationale et surveillés par la garde populaire [85]. Il y en aurait aujourd'hui une douzaine regroupant environ 150.000 personnes dont certains détenus -Amnesty International ne peut pas ne pas le savoir- pour avoir fumé en cachette dans les toilettes [86]. Le déporté y arriverait dépouillé de tous ses biens, carte d'identité comprise, à l'exception des vêtements qu'il portait lors de son arrestation; légalement rayé de l'état-civil, il recevrait de mauvais ustensiles de cuisine, deux ou trois outils de jardinage et des graines de patate et de maïs; il travaillerait 13 heures par jour, sans compter les séances de « rééducation » longues de deux heures au minimum. Certaines « fortes têtes » serviraient de cibles vivantes aux unités d'élite, les instructeurs vérifiant ainsi l'ardeur de la haine patriotique de leurs soldats [87]. Sa famille rejoindrait le prisonnier, sans espoir de libération en vertu de l'irréversibilité des acquis du socialisme, non pour le réconforter mais conformément au principe de la responsabilité collective. L'*organisation humanitaire* refuse de s'attarder à ces détails et persiste dans *ses déclarations optimistes* [88]. Alors qu'en Malaisie, par

---

[82] — Au Laos communiste aussi, les familles « rejoignent » les détenus dans les camps (in *Rapport Annuel* 1985, p.277). Imagine-t-on le tollé qu'aurait suscité l'Afrique du sud au temps de l'apartheid si le gouvernement avait permis la « réunion » de Nelson et de Winnie Mandela. Ces réunions de famille qu'Amnesty International considère comme des mesures d'adoucissement dans les pays « pro-soviétiques » à un degré ou à un autre, lui deviennent intolérables ailleurs: aux Philippines « pro-américaines », elle intervient pour que l'épouse et la complice du président-fondateur du Parti Communiste des Philippines, José Maria Sison reçoive *un traitement spécial* (in *Rapport Annuel* 1982, p.278) malgré sa participation active aux actions terroristes du Pcp.

[83] — *Rapport Annuel* 1981, p.246.

[84] — Amnesty International finira par transiger; dans son *Rapport Annuel* 1989, p.186, elle admet que les Coréens du nord ont installé *au moins huit grands camps de travail* abritant 100.000 prisonniers; p.187, elle conclut pour s'inquiéter de *quarante professeurs et étudiants* .

[85] — La province de Hamgyong abriterait au moins trois camps (62.000 prisonniers répartis sur 740 km^2), celle de Pyongyang un camp (20.000 prisonniers répartis sur 210 km^2), celle de Chagando un camp -selon *The New York Times*, New York 11 avril 1982; cette source est partiellement recoupée par un porte-parole de l'Agence pour la Sécurité Nationale, interviewé par nous en juin 1983 à Séoul. Par ailleurs, et selon *North Korea News*, citant des dépêches de Tokyo, quatre autres camps (dont « le bureau n°17 » et « le bureau minier de Kachun » dans la province de Hampyongan) auraient été ouverts par la suite.

[86] — *ASA* 1979.

[87] — Selon Shin Yong man, espion en poste à Tokyo qui déserta en mars 1977.

[88] — *Rapport Annuel* 1985, p.280. Il faudra, sauf erreur de notre part, attendre les *Rapports Annuels* 1990, p.79 pour qu'Amnesty International mentionne enfin et en peu de mots pour évoquer le « goulag » nord-coréen: elle y fera allusion dans les *Rapports Annuels* 1991 (p.81), 1992 (p.102), 1993 (p.101), 1994 (p.112), 1995 (p.111); soit 237 mots (pas toujours défavorables à la

exemple, *les conditions de détention au camp de Taiping seraient très mauvaises (et qu') il règnerait une chaleur extrême dans des cellules mal aérées*[89], les Coréens du nord peuvent jouir du climat sain de la nature environnante: comme au Laos, *où on aurait encouragé les femmes des détenus à aller s'installer avec leurs maris (en 1976-1977) dans des camps ouverts* [sic][90], comme au Viet Nam, *où des citadins (ont été) transférés* [91] *à la campagne* [92]. Enfin, *des personnes qu'on présumait opposées à l'influence de Kim Jong Il auraient été envoyées en exil intérieur* [sic] [93]; *d'autres sont assignées à résidence* [sic] *dans des régions éloignées* [94].

CEUX QU'ON LIBERE

Ceux-là sont légion à Kaboul après chaque révolution, et Amnesty International en veut pour preuve les articles paraissant dans *The Kabul Times*; au Cambodge anti-chinois (plutôt que pro-vietnamien) d'après 1978 et jusqu'au décès tardif de Brejnev, les prisons, pratiquement désertées, sont devenues des musées rappelant les régimes carcéraux lonnolien ou polpotien; au Viet Nam du sud en 1975, le problème des rares détenus demeure marginal, les portes ayant été grandes ouvertes à partir du 30 avril, et *leurs cas doivent être considérés comme résolus* [95].

Ce qui mobilise donc le *centre de Londres* tourne autour des conditions de libération et de la période qui s'ensuit. *Les procédures de mise en liberté (au Viet Nam), en s'écartant dans une certaine mesure du système de détention de type administratif* [en l'occurence, dans un sens plus doux] *(dépendent) aussi du bon comportement* [sic] *des détenus* [96]. Amnesty International s'en attribue pour une part le mérite car *(elle avait écrit auparavant) au gouvernement pour le féliciter de poursuivre l'examen des possibilités de libération de personnes réunies en vue d'une*

Corée du nord) en six ans: pour une « fourchette » de 100.000 à 150.000 prisonniers -soit 41 mots par an.

  [89] — *Rapport Annuel 1985*, p.280.
  [90] — *Rapport Annuel 1983*, p.261.
  [91] — Les Vietnamiens du sud ont *été emmenés* au Viet Nam du nord (*Rapport Annuel 1974*, p.67).
  [92] — *Rapport Annuel 1979*, p.145.
  [93] — *Rapport Annuel 1981*, p.246.
  [94] — *Rapport Annuel 1982*, p.234.
  [95] — *Rapport Annuel 1975*, p.108.
  [96] — *Rapport Annuel 1981*, p.316.

réforme collective [sic] *et qui (auraient) fait des progrès réels* [97]. En Indonésie, en revanche, les prisonniers *peuvent être libérés sur parole, en application d'un décret arbitraire, à la discrétion* [le fameux « bon plaisir » des despotes capricieux] *des autorités* [98]; de même, en Malaisie, *les sorties dépendent du bon vouloir de la direction du camp* [99]. Et les *chercheurs* s'acharnent sur ce pays deux ans plus tard: *le vice-premier ministre (...) a annoncé (...) qu'il avait été décidé que toutes les personnes détenues sans jugement au titre (d'une loi sur la sécurité intérieure) pourraient être libérées à condition d'être « adoptées » par des personnes ou des associations étrangères et de quitter le pays. Cependant, elles seraient obligées de renoncer à leur nationalité malaisienne, et interdites de séjour en Malaisie* [100]. La mesure est à son comble pour l'*organisation humanitaire* (pour une *question de principe*) qui recommande alors la libération inconditionnelle de peut-être 300 suspects communistes [101]. Mais le *centre de Londres* foule les Grands Principes ailleurs: en 1982, Hanoï proposait à la Maison-Blanche de lui livrer des dizaines de milliers de prisonniers à condition que l'administration Reagan s'engageât à les « neutraliser » politiquement; en mai 1984, le premier ministre réitérait publiquement cette offre en se déclarant prêt à la mettre en vigueur « dès le lendemain ». En conséquence, le secrétaire d'Etat George Shultz, ayant estimé possible pour les Etats-Unis d'accueillir 10.000 personnes en deux ans en plus des quotas légaux, des discussions débutèrent à Genève à ce sujet en octobre 1984 mais sans aboutir [102]: à notre connaissance, aucun des *Rapports Annuels* 1982, 1983, 1984 ni 1985 ne parle de ces marchandages ni ne réclame de mise en liberté inconditionnelle.

Quand Nur Taraki prend le pouvoir et que le Kremlin s'incline déjà devant le fait accompli, Amnesty International se réjouit à l'écoute des communiqués de Radio-Kaboul relatant des libérations massives; lorsque les Soviétiques installent Karmal dans le fauteuil de Hafizullah Amin, les *chercheurs* continuent de se réjouir de *l'annonce présidentielle de la libération de plusieurs milliers de prisonniers* [103]. En effet, les portes des prisons s'ouvrent en vertu d'amnisties générales en février, en août, en

---

97 — *Rapport Annuel* 1979 (?).
98 — *Rapport Annuel* 1981, p.245.
99 — *Rapport Annuel* 1981, p.279.
100 — *Rapport Annuel* 1983, p.263.
101 — *Rapport Annuel* 1983, p.261.
102 — *The Far Eastern Economic Review*, 24 janvier, 18 mai et 8 juillet 1985; Centre Français d'Etude des Relations Internationales/département Asie-Pacifique 1985, 1986, 1987, 1988 (dossiers *Relations américano-vietnamiennes*).
103 — *Rapport Annuel* 1980, p.217.

novembre, en décembre 1980 et en avril 1981 [104]. Au Viet Nam, *la presse a fait état de libération de (300) officiers, (et) elles semblent avoir été continues pendant les mois suivants,* croit possible d'affirmer le *centre de Londres* en dépit de l'absence de toute statistique [105] et bien qu'il admettra plus tard que quelque 200.000 anciens fonctionnaires, pour la plupart, purgent le délit d'avoir servi leur Drapeau [106]. Parfois, une certaine autant qu'imbécile « intime conviction » lui suffit -surtout si elle trouve appui sur des données concrètes: l'*organisation humanitaire* s'en remet à l'Agence de Presse Vietnamienne pour leur libération, cette fois, de plus de 1.000 officiers [107].

Les pays anti-soviétiques se livrent à des mascarades cyniques: les autorités philippines annoncent une amnistie en novembre 1980 mais ne libèrent que des partisans *présumés* du Pcp ou de groupes musulmans indépendantistes, d'ailleurs déjà relâchés; simultanément, *(les chercheurs) sont d'avis qu'il n'y a pas eu plus de 129 prisonniers politiques (à avoir bénéficié de cette demi-mesure)* sur un maigre total de 3.672 personnes. Le président Ferdinand Marcos leur tend un nouveau piège en décrétant sournoisement une seconde amnistie; les *chercheurs* savent l'éviter et racontent: s'ils se félicitent, *il (leur) semble que moins de 200 personnes incarcérées* par *atteinte à la sûreté de l'Etat aient été réellement libérées.* A Séoul, *la loi martiale a été levée le 25 janvier 1981 (et) de nombreux prisonniers politiques ont été relâchés; néanmoins, les arrestations se sont poursuivies en vertu d'autres textes* [108], si bien *(qu')Amnesty International a écrit au président pour se féliciter des libérations* d'une part tout en continuant d'autre part *à recevoir des informations sur l'emploi de la torture* [109]. L'*organisation humanitaire* tient à relativiser la notion de libération. A la fin de leurs cours, les Vietnamiens se voient remettre un certificat de bonne conduite socialiste (un brevet de civisme, si l'on préfère) qui leur permet de chercher du travail [110], prélude évident à une réinsertion harmonieuse. Mais les militants marxistes-léninistes malais, dont l'extinction de la peine a rarement ramolli les idées révolutionnaires, sont soumis à *(l')interdiction de se livrer à des activités politiques* [comme en France, par exemple, pour bon nombre de victimes de l'Epuration] *ou syndicales, de voyager sans autorisation* [dans quel pays communiste un homme « libre »

---

104 — *Rapport Annuel* 1981, p.229.
105 — *Rapport Annuel* 1976, p.15.
106 — *Rapport Annuel* 1977, p.169; *Rapport Annuel* 1978, p.198.
107 — *Rapport Annuel* 1987, p. non répertoriée.
108 — *Rapport Annuel* 1982, p.228.
109 — *Rapport Annuel* 1982, p.232.
110 — *Rapport Annuel* 1976, p.151 (?).

pouvait-il circuler sans soumettre son passeport intérieur à la police?] *et parfois de choisir leur lieu de résidence* [combien des 800.000 Vietnamiens envoyés dans les Nouvelles Zones Economiques ont-ils choisi leur lieu de résidence?] 111. En Indonésie, *certains (anciens prisonniers) ne peuvent accéder à aucun emploi de la fonction publique ni dans les industries de pointe* 112 113 et, suprême infortune, 43.086 prisonniers libérés n'avaient pas le droit de voter 114.

CEUX QU'ON EXECUTE

Le processus judiciaire aboutit, parfois dans les pays non anti-soviétiques ou souvent dans les capitales anti-soviétiques, par l'application de la peine de mort, qu'Amnesty International dénoncerait partout avec une vigueur identique. Quelques exemples permettent d'en douter.

Elle s'inquiète ainsi un peu des exécutions officielles auxquelles on procéderait *de temps à autre* en Afghanistan, avant de féliciter le président Taraki *de ses déclarations publiques à propos du respect des droits de l'homme*115. A l'époque, pourtant, le tyran encore prisé par Brejnev, élimina en quelques « fournées » 24.000 soldats amenés par camions et jetés dans des fosses. A l'époque, des soulèvements s'étant produits, on enlevait des gens de chaque province avant de les assassiner à la mitrailleuse: les officiers récalcitrants chargés de superviser ces assassinats massifs étaient enterrés vivants 116. *Amnesty International* regrette *(l'exécution de) dix rebelles le 4 décembre 1982*117 mais attribue des circonstances atténuantes au gouvernement qui n'avait pas appliqué la peine capitale de toute l'année et que *les divers crimes, notamment (des) vols et (des) meurtres commis* par les résistants avaient rendu enragé après tant de clémence. Elle intervient aussi *(en demandant) aux forces en présence de mettre un terme de part et d'autre aux exécutions de prisonniers. Son appel a été lancé à la suite, d'une*

---

111 — *Rapport Annuel* 1984, p.281.
112 — *Rapport Annuel* 1982, p.242.
113 — On rappellera que *The Washington Post,* Washington, se déchaînera, en février 1987, contre la nomination de John O. Koehler au poste de directeur des communications auprès de la Maison-Blanche -parce qu'il avait appartenu, pendant six mois et alors qu'il avait 10 ans, à l'organisation de masse Hitlerjugend- selon *The Japan Times,* 23 février 1987, le contraignant à démissionner.
114 — *Rapport Annuel* 1983, p.252.
115 — *Rapport Annuel* 1978, p.153.
116 — Selon des témoignages recueillis par Michael Barry, membre de la Fédération Internationale des Droits de l'Homme, publiés en anglais et en français in *Le Figaro-Magazine,* Paris mai 1980 (semaine non répertoriée); et *Les Temps Modernes,* Paris juillet-août 1980.
117 — *Rapport Annuel* 1983, p.227.

part, de l'exécution, en 1981, d'au moins 16 prisonniers politiques par les autorités afghanes, et d'autre part, des menaces d'exécutions par les résistants du Hezb i Islami de trois soldats soviétiques faits prison-niers [118]; *Amnesty International* se mobilise donc *après* les exécutions gouvernementales mais *avant* celles, tellement hypothétiques qu'elles n'eurent jamais lieu [119], incombant à des maquisards. On nous accusera de triturer les textes? Qu'on se souvienne alors de ces deux intellectuels nord-vietnamiens condamnés à des peines de prison (en 1960) et qui intéressent Amnesty International *étant donné* [sic] *qu'ils devraient maintenant être libérés* [120].

Quand Pol Pot et les autres assassinent dans un concert international de louanges médiatiques peut-être quelque deux millions de personnes, les *chercheurs* campent sur leurs positions et *personne n'a été exécuté (...) à l'exception de sept super-traîtres* [121]. Au Viet Nam, les juges rendent leurs arrêts pour *enrayer la vague de criminalité qui déferlait à Saïgon après le changement de régime* [122], frappant ainsi des délinquants mineurs *parce qu'il nous arrive de punir sévèrement*, expliquait (Mme) Nguyen Thi Binh sans effaroucher les *chercheurs*; la mission de 1979 consacre ainsi quatre lignes (sur 70 pages) à ce problème en des termes des plus généraux: *la peine de mort est une violation du droit à la vie et constitue un châtiment cruel, inhumain et dégradant. Recommandation: que le gouvernement vietnamien envisage l'abolition complète de la peine de mort* [123]. Par ailleurs, si le *centre de Londres* se préoccupe *de la tendance des tribunaux à prononcer*, semble-t-il, *des sentences de mort* [124], il rappelle l'exemple édifiant de Tran Van Hung. Ce condamné avait toutes les chances de se sauver mais, *pendant que le* [bon et généreux] *président du Conseil d'Etat devait statuer sur une éventuelle* [et probable] *commutation de peine, il a tué un autre détenu au cours d'une tentative d'évasion* [125] -c'est donc lui qui s'est puni lui-même: comme le bonze dépravé, comme les boat people assassinés.

Cette situation n'a rien à voir avec les Philippines d'avant 1986 où, *de l'avis d'Amnesty International, plus de 800 personnes ont été*

---

118 — *Rapport Annuel* 1983, pp.225-226.
119 — Les trois Soviétiques purgèrent deux ans en Suisse, à effectuer des travaux forestiers.
120 — *Rapport Annuel* 1979, p.108.
121 — *Rapport Annuel* 1976, p.138.
122 — *Rapport Annuel* 1976, p.149.
123 — *Rapport de Mission* 1979, p.33.
124 — *Rapport Annuel* 1982, p.293.
125 — *Rapport Annuel* 1983, p.293.

condamnées à mort, même si elle doit admettre que les exécutions ont été rares au cours de ces dernières années [126], au point *(qu')une seule exécution a été enregistrée depuis 1972* [127]. Mais la mission d'enquêteurs dépêchée à Manille en 1982 consacre un peu plus de deux pages (sur 46) à ce problème [128]. En Thaïlande, force est de reconnaître que *(si) 175 personnes ont été condamnées à mort en 1981 (...), la majorité des condamnés ont vu leur peine commuée* [129]. Singapour et le Sri Lanka l'énervent un peu: *depuis que la peine de mort a été rendue obligatoire, en 1975, pour le trafic de certaines drogues et à partir de certaines quantités (à Singapour), Amnesty International a déploré 16 exécutions en application de cette disposition* [130] -ce qui n'est pas un nombre considérable. A Colombo, *bien que le code pénal prévoie encore* [pourquoi cet encore qui laisse supposer que l'abolition est inéluctable?] *la peine de mort, (...) aucune exécution n'a eu lieu depuis l'arrivée au pouvoir de l'actuel gouvernement* [national-conservateur] [131].

Mais il reste le Japon. Les *chercheurs* avaient averti le public et rassuré les militants: l'*organisation humanitaire* frapperait où et quand elle le déciderait. Ainsi, avait-elle *constitué des dossiers en République Populaire de Chine et au Japon* [132] à propos de la peine de mort dans ces deux pays. La menace sous-jacente n'avait pas été brandie « pour de faux » et, du 21 février au 3 mars 1983, deux « enquêteurs » remarqués pour leur étonnante sagacité (il s'agissait, ni plus ni moins, du *Dr L.M. Singvi, doyen des avocats de la Cour Suprême indienne et président du barreau indien* accompagné par un personnage anonyme mais *membre du Secrétariat International d'Amnesty International*) atterrissaient à Tokyo pour une « mission d'investigation », avec la collaboration de la section nationale rarement (ou jamais?) à jour de ses cotisations malgré la complicité active de la presse libérale [133]. A leur retour à Londres, ils

126 — *Rapport Annuel* 1982, p.279.
127 — *Rapport Annuel* 1982, p.278.
128 — *Rapport de Mission* 1982, pp.36-38.
129 — *Rapport Annuel* 1983, p.290.
130 — *Rapport Annuel* 1985, p.294.
131 — *Rapport Annuel* 1985, p.300.
132 — *Rapport Annuel* 1981, p.223.
133 — Selon *The Japan Times* 23 mars 1984, 28 mai et 2 juin 1986 -55 groupes opéraient au Japon, totalisant environ 3.000 adhérents et dirigés par une journaliste américaine, Edith Handson. Amnesty Intrnational s'intéressa là de près à la République d'Afrique du sud, et *The Japan Times* 10 avril 1986 indiquait à ses lecteurs comment verser leur obole à un *ancien prisonnier d'opinion,* le pasteur Tshenuweni Simon Farisani, venu à Tokyo « dénoncer » les entrepreneurs nippons commerçant avec Pretoria (cf aussi *ibid.* 18 octobre 1986). Ces sections d'Amnesty International au Japon s'opposaient aussi au passage d'une loi visant à restreindre les activités des espions sur le sol national -selon *The Japan Times,* 28 octobre 1986: or, d'après *The White Paper on Police 1986 (Excerpt)* publié par l'Agence de Police (pp.114-115), « (ce genre d'activités) contre le Japon (...) est surtout mené par l'Union Soviétique, la Corée du Nord et d'autres pays du bloc soviétique ».

rédigeaient un opuscule intitulé, dans la traduction française, *La Peine de mort au Japon* [134]. Non sans ambition, ils se proposaient aussi d'ouvrir un débat sur cette sanction. Mais un débat qu'ils mèneraient seuls.

Dès les premières lignes du rapport, une citation exotique et à prétention philosophique d'accès facile aux esprits simples indique de quel côté penchera l'équidistance amnestienne: *la vie est une chose précieuse* remarquent les rédacteurs, pleins d'un recueillement de bon aloi qui force le respect, avant de poursuivre *(qu') une seule vie humaine est plus importante que la terre entière* [135]. Ils ne citent pas la loi du talion, sans doute parce que Mac Bride considère les Livres Saints comme de la littérature secondaire auxquels il préfère, de son propre aveu, la Déclaration des Droits de l'Homme et *Le Capital* de Karl Marx. Les études du docteur Singhvi ne l'ont pas préparé à s'intéresser aux textes de l'Antiquité grecque: il ne peut donc pas remémorer au militant qu'Apollon, le dieu de la Vérité, conseille à Oreste, fils d'Agamemnon assassiné par Clytemnestre et Egisthe, de « (tuer) ces deux-là qui ont tué (et de racheter) la mort par la mort ». Malgré ce silence de circonstance, Amnesty International annonce que *les arguments pour et contre la peine de mort (vont être) analysés dans les pages suivantes* [136]: on attend un large échange d'idées constructif. Mais les révolutionnaires sont passés maîtres dans l'utilisation de la dialectique ou de la maïeutique perverses et recourent à un stratagème usé jusqu'à la corde par les Encyclopédistes du XVIIIème siècle.

On sait, grâce aux travaux de l'abbé Augustin Barruel, comment procédaient Diderot et d'Alembert pour dénigrer l'Eglise catholique: feignant de ne pas se connaître et de se rencontrer par hasard dans un lieu fermé, de préférence une taverne ou un café, les deux compères engageaient une conversation préparée depuis longtemps à l'avance. D'Alembert se confinait dans le rôle peu glorieux de faire-valoir en présentant de façon lamentable de pauvres « arguments » : Diderot en avait aussitôt raison et les pourfendait sans appel - les propos étaient échangés à voix haute afin de capter l'attention des consommateurs qui n'osaient pas prendre part à la discussion et s'en retournaient chez eux, troublés dans leurs demi-certitudes sans se douter qu'une bande organisée venait de les manipuler. Leur coup fait, les soi-disants

---

134 — *SF 83 CA 300*, ASA 22/02/83.
135 — *ASA* 22 février 1983, p.1.
136 — *ASA* 22/03/83, p.21.

philosophes s'en allaient récidiver ailleurs leur forfait avec un égal succès.

Singhvi avait, dans sa citation, inauguré le débat à armes très inégales. L'anti-abolitionniste de service pense que « la peine de mort est nécessaire en tant qu'élément dissuasif contre le crime »: le (généreux) abolitionniste monopolise 29 lignes pour le contrecarrer en expliquant en quoi *aucune preuve scientifique* [donc infaillible] *(ne démontre) que la peine de mort (est dissuasive)* - ce qui n'est pas l'avis, par exemple, d'un certain Clifford Olson, assassin de 11 gosses canadiens, qui dit à ses juges que si la peine de mort n'avait pas été supprimée huit ans auparavant, il n'aurait pas tué, par crainte, lui, de mourir; il réclamait en outre de bénéficier d'une dérogation pour être exécuté par injection d'une substance toxique, sinon il s'avouait « prêt à tout » pour s'évader [137].

Qu'à cela ne tienne, rétorque l'idiot utile, « la peine de mort est un juste châtiment pour des crimes odieux et doit être appliquée par respect des victimes et de leurs familles ». Amnesty International balaie le propos incongru sur 15 lignes en citant en exemple le cas du frère japonais d'une jeune fille tuée, devenu abolitionniste - et le *centre de Londres* ne mentionnera jamais le meurtre d'un petit Yasukuni, survenu le 13 février 1984: son père, commentant la sentence de mort rendue par la cour de Hiroshima à l'endroit du coupable, se rangea à l'avis des juges en remarquant que « Tsuda Akira [l'assassin] méritait la peine édictée » [138].

Avant de se rendre, le vilain contradicteur [une sorte de catholique [139]], dont on admire et le choix des « arguments » et leur

---

[137] — *The Japan Times*, circ. la dernière semaine de juillet 1984. Un autre condamné à mort, Américain lui, Ted Bundy, auteur de plusieurs meurtres de femmes et d'une fillette accompagnés de sévices sexuels, ne se reconnaissait aucune circonstance atténuante et voulait que son propre supplice servît d'avertissement aux détraqués: « j'ai été bien élevé dans une famille normale » malgré les influences extérieures (la pornographie ambiante); et il avouait dans une cassette enregistrée quelques heures avant sa mort et rendue publique à sa demande après son exécution le 24 janvier 1989: « je ne veux pas mourir (...mais) je mérite le peine la plus sévère (car) la société doit se protéger de moi et de personnes telles que moi » -selon *The Japan Times,* 26 janvier 1989. De son côté, un autre américain, Westley Dodd, meurtrier de trois jeunes garçons fut pendu le 5 janvier 1993, et ce à sa demande. Il ne voulut pas de l'injection qu'on voulait lui administrer « car il voulait subir le même sort que l'une de ses victimes ». Il avait renoncé à faire appel de sa condamnation et avait demandé à mourir, expliquant que, vivant, il tuerait et violerait de nouveau et « y prendrait plaisir » -selon *Lyon-Matin*, Lyon 6 janvier 1993. Lorsqu'on exécuta « le clown tueur » dans l'Illinois pour le meurtre de 33 garçons et jeunes hommes, la soeur d'une des victimes indiqua: « je suis impatiente de le voir mourir » -selon *Le Figaro*, Paris 9 mai 1994.

[138] — *The Japan Times*, date non répertoriée.

[139] — pour un résumé de la position de l'Eglise vis-à-vis de la peine de mort, cf Action Familiale et Scolaire *La Peine de mort -argumentaire* , Paris février 1992.

formulation subtile, en appelle à la démocratie [finalement, ce doit être un « chrétien-démocrate »] trouvant normal le maintien de la sanction parce que « l'opinion publique la soutient ». Dès qu'il est question de majorité au XXème siècle, la chose devient délicate; Amnesty International développe sa contre-attaque en trois phases successives. Déjà, souligne-t-elle sur 32 lignes, *(ladite) opinion publique n'est pas homogène à ce sujet* -ce qui frise la lapalissade puisqu'il y a une majorité et une minorité. Ensuite, fait-elle observer en s'abritant derrière un sondage réalisé par des avocats nippons, si près de 40% des gens interrogés souhaiteraient l'abolition (donc, contre plus de 60%...), ce sont surtout les jeunes qui seraient favorables à cette mesure d'adoucissement: or, par un processus irréversible du Temps, les jeunes d'aujourd'hui seront la majorité de demain -alors pourquoi les faire attendre? Enfin, Amnesty International, en une note moralisatrice, estime que *les politiques gouvernementales devraient donner l'exemple à l'opinion* [en violant la « volonté » de la majorité -en vérité, un procédé couramment adopté par les démocraties depuis 1789] *en matière des droits de l'homme et de criminologie* [140]; en effet, il est pratiquement certain [en dépit de la moindre preuve scientifique] que *si le gouvernement décidait de l'abolition de la peine capitale en expliquant les raisons qui l'y incitaient, le peuple japonais* [ravalé ici au rang du troupeau de Panurge] *accepterait cette décision.*

En conclusion et sur 122 lignes, les *chercheurs* présentent six arguments (non soumis à discussion) selon lesquels la peine capitale serait *inhumaine* [alors qu'on pourrait lui reprocher tout au plus d'être « humaine, trop humaine », puisque seul l'Homme, parmi les créatures terrestres met ainsi à mort ses congénères. Autant que sa sexualité, sa spiritualité, son rire peut-être, la peine capitale le différencie du règne animal], *avilissante* [alors que d'une part on voit mal en quoi les peines dites de substitution sont moins avilissantes; et que d'autre part, on pourrait rétorquer que, par sa vertu du rachat au moins en Occident [141] où Amnesty International prolifère comme un microbe dans un bouillon de culture, la peine capitale magnifie le condamné et l'élève dans sa dignité déchue par ses errements] *et plus cruelle que le crime lui-même;* elle symboliserait l'obscurantisme moyenâgeux (puisque les siècles qui

---

140 — *ASA* 20/02/83, p.23.
141 — Les Editions Ouvrières publièrent, en 1976, *Lumière sur l'échafaud,* qui raconte le cheminement spirituel d'un « tueur de flic », Jacques Fesch, guillotiné le 1er octobre 1957 à 27 ans: dans sa correspondance avec un ami d'enfance devenu religieux, il réclamait de recevoir son châtiment car la crainte qu'il en éprouvait l'avait rapproché de Dieu Auquel il n'avait pas beaucoup cru. Il redoutait, se connaissant faible de caractère, qu'une commutation de sa peine le ramenât à un état inférieur qu'il méprisait.

ont produit les cathédrales furent, à l'évidence, des siècles de « fanatisme ») et s'avérerait inutile *dans une (période) de politique pénale éclairée* [on sait ce que les Lumières de Voltaire apportèrent aux républicains et aux bolcheviques]. Que le Japon, donc, se plie à leurs oukazes et les *chercheurs* lui promettent la gloire de se conformer aux normes internationales puisqu'environ 25 pays dans le monde (sur plus de 150 qui une fois de plus dérogent aux règles réputées universelles dont la Chine, la Russie, les Etats-Unis d'Amérique, l'Inde etc) ont aboli cette sentence, soit une toute petite minorité de nations auxquelles le futur n'appartient sans doute plus...

Le « dialogue » entre le partisan de la peine de mort et l'abolitionniste éclairé s'étale sur 400 lignes: 388 (97%) pour les arguments de celui-ci et 12 (3%) pour celui-là (on a vu en quels termes).

C'est ça, *la garantie de l'impartialité d'Amnesty International* [142].

CEUX QUI DISPARAISSENT

Les connotations du verbe *disparaître* et de ses dérivés sont l'objet de mutations profondes, toujours en fonction du rideau de bambou et de l'appendice afghan de l'Union Soviétique: en deçà, il n'a rien d'alarmant, au delà il « interpelle » et provoque de sinistres frissons.

Les familles des prisonniers à Kaboul ne savent rien du sort de leurs proches arrêtés, mais Amnesty International décide à leur place *qu'elle les croient toujours en vie* [143]; dès lors, pourquoi s'inquiéter, et de quoi? Dans leur *Rapport de Mission* au Laos, au chapitre *Profil des Prisonniers* [144], les *chercheurs* citent 12 personnes dont les patronymes sont suivis de la mention *disparu*. Mais ils passent sous silence cinq autres cas: pourtant, tout ce que l'on sait du premier, au *centre de Londres*, c'est que *selon les dernières nouvelles, (il) aurait été transféré (quelque part); d'un second que, (d'après) des bruits qui couraient, (il) serait détenu dans un camp mal localisé;* il a été impossible d'obtenir les

---

142 — *ASA* 20/02/83, p.29. Amnesty International a produit *Le droit de tuer,* un film de 27 minutes *destiné à faire réfléchir* [sic] *chacun sur la question de la peine de mort* [car il existe une question de la peine de mort]. *Y figurent de nombreux témoignages (...) contre mais aussi pour la peine capitale* in Amnesty International: *Catalogue des Publications et Supports Audiovisuels* 1992/1993, p.18, colonne 2. (Pour en rester au Japon, Amnesty International, dans son *Catalogue 92-93,* p.6, référence E, propose de vendre *Les Femmes aussi,* un livret sur *les violations subies par des femmes de toutes conditions dans le monde entier;* pour illustrer le drame de ces femmes, le maquettiste a reproduit la photographie d'une Japonaise... en kimono!).
143 — *Rapport Annuel* 1981, p.230.
144 — *Rapport de Mission* 1980, pp.15-16.

coordonnées d'un troisième depuis 1978; un quatrième croupit depuis 1975 dans un camp; le cinquième, *Tenh Taso (qui) était, dit-on, un homme bon, dont beaucoup pensaient qu'il avait des sympathies pour la gauche*, a été arrêté sans chef d'accusation et personne n'en a plus jamais entendu parler depuis. Malgré cela, ces gens dont on est sans nouvelles ne sont pas, dans la terminologie amnestienne, des disparus. Il en va de même pour 36 autres Laotiens, expédiés en deux à trois lignes chacun dans un chapitre *Autres Cas de Détention Publique Connus* [145]; pourtant, *on ignore où se trouvent actuellement (12 d'entre eux), et on ne sait pas de façon précise* [sic] *où se trouve actuellement (un treizième).* Pour ne pas « chauffer » le militant sensible et capable de comprendre les signifiants non signifiés, un ton lapidaire et l'utilisation de verbes au conditionnel occulteront le destin de *Ly Tek Mhia Vu (qui) aurait peut-être été tué au cours d'une tentative d'évasion.* En résumé, Amnesty International parle de 31 disparus objectifs sur 36: sur ce, elle clôt son rapport, sans commentaire mais en sollicitant quelque menue monnaie pour aider à son financement.

Elle juge inutile de mobiliser des comités ou de lancer des campagnes mondiales d'envois de cartes postales en faveur des quelque 400 pêcheurs sud-coréens détenus par Pyongyang [146]. Il est vrai qu'elle avait fait preuve d'une touchante discrétion quand Kim Jong il avait ordonné à ses agents d'enlever, à Hong Kong, en 1978, un metteur-en-scène, Shin San ok, et une actrice renommée elle aussi à Séoul, Choi Eun hui -lesquels ne purent s'échapper qu'en mars 1986 [147].

Elle refuse d'ouvrir un dossier sur les quelque 2.500 soldats américains disparus en Indochine, alors que le gouvernement socialiste de Hanoï ne rendait qu'au compte-gouttes une centaine de corps à leurs familles, promettant de livrer des cercueils puis se récusant au dernier moment, par sadisme ou par savant dosage politique [148].

En dix ans, elle n'a pas eu un mot pour les dizaines de milliers de boat people disparus en mer.

---

145 — *Rapport de Mission* 1980, pp.27-30.

146 — *Vantage Point*, Séoul mars 1985.

147 — *The Japan Times*, 17 et 19 mars, 16 mai et 15 juin 1986; *The Far Eastern Economic Review*, 10 avril et 29 mai 1986.

148 — *The Daily Yomiuri*, Tokyo 20 mars 1985; *The Japan Times* 7-11, 15, 18, 25, 28-31 juillet 1985; *The Far Eastern Economic Review*, 24 janvier, 18 juillet et 19 septembre 1985; Centre Français d'Etude des Relations Internationles/département Asie-Pacifique *Les relations américano-vietnamiennes* 1976-1980, 1981-1985 -qui précise que 510 soldats auraient disparu au Viet Nam du nord, 870 au Viet Nam du sud, 550 au Laos, 83 au Cambodge et le reste en mer.

Mais les *chercheurs* suggèrent qu'ailleurs, *disparition* (encadrée de guillemets, histoire de mettre les points sur les i pour les militants les plus obtus) signifie exécution ou assassinat. Le *Rapport de Mission* à Manille en 1982 s'intitule sans surprise *Philippines -Disparitions, Torture et Assassinats Politiques*. Il décrit l'enlèvement d'un suspect, qu'on n'aurait jamais revu, *(par) deux hommes (...) ayant la coupe de cheveux militaire et portant tous deux des chemises de polo* [149]. Pour un peu, les sbires laissaient leurs cartes de visite! Amnesty International explique ce manque de discrétion dans la mesure où le président Marcos a fini par avaliser ce genre de conduite. Jusqu'en 1982, il tolérait les exactions des *groupes paramilitaires irréguliers* [150] qui lui rendaient de fiers services; à partir de 1982, il permet *(aux) Forces armées et (aux) groupes paramilitaires* [cette fois, plus du tout irréguliers] [151] *de se substituer à eux*. En conséquence, *les pratiques illégales (qui avaient) pris une ampleur véritablement inquiétante, notamment en ce qui (concerne) les disparitions et les meurtres* [152] deviennent *de plus en plus courantes*.

Le *centre de Londres* passe pourtant sous silence certaines disparitions. Celles, par exemple, d'un homme d'affaires philippin d'origine suisse, M. Winiger, et de son fils enlevés par le Front de Libération National Moro, mouvement clandestin dont les militants fréquentèrent longtemps les camps d'entrainement libyens [153]. Ou celle de la soeur Laogan qui, délaissant le voile, passa dans la clandestinité en 1981 pour devenir responsable de la propagande d'une unité du Parti Communiste, avant de se rendre à la raison et aux forces de l'ordre en 1982 [154]. Les *chercheurs* acceptent sans problème la version selon laquelle les gardes laotiens seraient amenés à tuer, plus ou moins accidentellement et sans préméditation, des prisonniers au cours d'une tentative d'évasion; mais ils décident que *(puisqu') aucun des trois évadés d'une prison philippine n'est entré en contact avec ses parents, il est à craindre qu'ils aient été tués pendant leur détention* [155] [156]. Enfin, ils

---

[149] — *Rapport de Mission* 1982, p.17.

[150] — *Rapport Annuel* 1982, p.271.

[151] — *Rapport Annuel* 1983, p.273.

[152] — *Rapport Annuel* 1982, p.271.

[153] — *The Japan Times*, début décembre 1983.

[154] — Centre Français d'Etude des Relations Internationales/département Asie-Pacifique *Les curés de choc philippins*, août 1986.

[155] — Suzanne Labin s'intéresse, elle aussi, aux disparitions en général et au Chili en particulier: « la Vicaria de la Solidaridad, rapporte-t-elle, dénonça les disparus: pour pouvoir les rechercher, (le général Augusto) Pinochet lui demanda d'établir un dossier sur chacun -nom, adresse, où et quand il avait disparu. La Vicaria n'a jamais pu constituer plus de 700 dossiers ». La journaliste rappelle aussi que la police... mexicaine appréhenda certains de ces disparus qui jouaient de l'arme de poing. Elle compara aussi ce chiffre de 700 à celui, annuel et français, de 7.000 -selon *La Presse Française*, Paris 10 mai 1985.

ne se soucient pas des *exécutions extra-judiciaires* perpétrées par la Nouvelle Armée du Peuple qui devait, par exemple et d'après des statistiques minimum, assassiner et blesser respectivement quelque 24 et 193 personnes du 25 décembre 1983 au 2 février 1984 [157].

CEUX DONT ON RECUSE LES TEMOIGNAGES

Selon une procédure empirique, toute enquête repose sur des témoignages dûment recoupés afin d'essayer de connaître la vérité. Une autre école de pensée, commune aux « gauches » politiques libérales ou progressistes, se réclame d'une tradition illustrée par Rousseau qui commençait par écarter les faits lors de ses « démonstrations », et par Sartre qui en dénonçait l'essence intrinsèquement réactionnaire. Sean Mac Bride a choisi sa méthodologie et confie, dans ses mémoires, que « les milieux émigrés de l'Europe de l'Est constituaient une source (de renseignements) douteuse: il s'agissait ou bien d'émigrés politiques très marqués, et donc partisans, ou bien d'agents des services secrets cherchant à s'infiltrer » [158]; il ne retenait donc pas leurs témoignages.

A partir de ces directives, Amnesty International agit très sélectivement. Mümtaz Soysal borne ses enquêtes aux bâtiments officiels de Kaboul au-dehors desquels le professeur de droit (constitutionnel) turc ne s'aventure pas; il rencontre Babrak Karmal, trois ministres, le chef du service de contre-espionnage, un commandant de prison ainsi que *(d')anciens prisonniers (...) en dehors du personnel*

Kéraly in *Cinq continents accusent Amnesty International*, 1982, pp.87-88, évoque l'arrestation de six « disparus » argentins, également au Mexique, qui séquestraient la fille d'un candidat conservateur aux élections présidentielles de 1981 dans l'espoir avoué d'une rançon.

Présent, 1er mars 1984 remarque qu'avant la chute du gouvernement militaire de Buenos Aires, les médias estimaient qu'il avait ordonné l'*exécution extra-judiciaire* de 15.000 à 30.000 personnes. Mais après l'élection du président Raul Alfonsin, les organisations des-droits-de-l'homme ne purent présenter à l'Onu que 2.390 cas dont la moitié concernaient des terroristes étrangers.

Pour en revenir aux Philippines, une disparition fit rire, jaune ou aux éclats, tout Manille qui se préparait à élire des députés en mai 1985. Une ancienne reine de beauté, Aurora Pijuan, devait inaugurer sa campagne lors d'un meeting le 22 avril; elle ne vint pas. Aussitôt, ses supporters s'inquiétèrent et téléphonèrent aux journalistes libéraux et progressistes, pour prédire que l'on retrouverait le corps, jadis si enjôleur, affreusement mutilé et jeté dans quelqu'égoût. Las, après des heures d'intense émotion, on sut que « Au-Au », en route pour le meeting, avait fait halte chez elle et n'avait pas résisté à l'envie d'une petite sieste (version officielle), d'où son absence.

156 — *Rapport de Mission* 1982, p.19.

157 — Selon le Centre Français d'Etude des Relations Internationales/département Asie-Pacifique *Le terrorisme aux Philippines* février 1984.

158 — Sean Mac Bride *L'exigence de la liberté*, 1981, p. 172 in *Cinq continents accusent Amnesty International* 1982, p.300.

pénitentiaire [159]. Ses collègues siégeant à Londres demandent audit Karmal de bien vouloir leur confirmer le nombre de personnes arrêtées en avril 1980 par sa police et détenus dans ses prisons [160], et ils ne se décident pas à mener leurs propres investigations quand les autorités refusent de leur transmettre les renseignements requis [161]; avec soulagement, ils se satisfont des rapports [non partisans] que leur donne le représentant afghan à l'Onu et de *(la) réponse circonstanciée* [et non politiquement très marquée] *à leurs télégrammes des 10 et 19 juin, reçue le 2 août 1980* [162]. En Corée du sud, l'*organisation* exigera la mise sur pied *(d')une commission indépendante (...) pour donner suite aux allégations de torture* formulées par l'opposition. Quand le ministère de l'Intérieur pakistanais compte 59 tués et environ 200 blessés lors d'une bagarre dans une prison, Amnesty International se retranche derrière *une source d'opposition* pour affirmer que *le nombre des prisonniers tués serait beaucoup plus élevé (et que) l'opinion publique* [sic] *reflétait la conviction très répandue que la police était responsable de leur mort* [163].

Les Khmers Rouges assassinent sans fausse honte. Des documents paraissent en France dans *Le Journal du Dimanche* (20 avril 1975), dans *France-Soir* (27 avril), dans *L'Aurore* (7 mai), dans *Le Figaro* (8 et 9 mai). Le grand-quotidien-indépendant *Le Monde*, co-parrain « crypto »-marxiste d'Amnesty International, des 11 et 12 mai, répond que ces accusations sont le fait des responsables américains et qu'elles se fondent sur des témoignages « indirects, par nature incertains et dans les conditions actuelles, suspects » ; *Le Monde*, récidive le 22 janvier 1976, en s'interrogeant gravement sur « (le) crédit (qu'il faut) accorder (aux réfugiés) »: aucun, répond le secrétaire général du Parti Socialiste, François Mitterrand, qui ajoute que « les rares [sic] informations dont nous disposons contiennent une forte dose de fausses nouvelles, de photographies truquées, bref de provocations » -opinion partagée par le ministre des Affaires Etrangères, Jean Sauvagnargues. Bernard Hamel, ancien correspondant à Phnom Penh pendant huit ans pour l'agence Reuter, interroge des dizaines de rescapés à la frontière avec la Thaïlande en juillet et août 1976 et rend publiques leurs déclarations [164]. Amnesty International s'aligne sur Moscou, *Le Monde*, et leurs clientèles: *l'absence de tout observateur impartial (rend) impossible de vérifier les*

159 — *Rapport Annuel* 1980, p.217.
160 — *Rapport Annuel* 1981, p.225.
161 — *Rapport Annuel* 1981, p.226.
162 — *Rapport Annuel* 1981, p.227.
163 — *Rapport Annuel* 1981, p.232.
164 — *Item*, Paris 1976.

allégations d'exécutions massives et de représailles bien que [sic] *le département de la recherche ait remarqué qu'un certain nombre de ces allégations reposaient sur des affirmations sans solidité et des récits de seconde main* **165** -et le département de la Recherche d'accepter les statistiques officielles de sept exécutions... En 1976, *il est encore difficile d'évaluer la situation des droits de l'homme faute d'enquête indépendante (parce que) les témoignages reposent sur (des convictions plutôt que sur des preuves)* **166**.

Au Viet Nam, Amnesty International retient les *premiers reportages des* [il eût été plus honnête d'écrire: de certains] *journalistes et autres observateurs* [comme si les journalistes observaient forcément] *se trouvant à Saïgon après la libération* [sic] *qui ont donné une image favorable de la situation* **167**. En 1977, elle se contente *(des) dires des journalistes autorisés à visiter les camps (et qui publient) les déclarations du directeur des services de rééducation* [sic] **168**. En mars 1973, Jane Fonda, actrice pensante et un tantinet illuminée (pas seulement par les feux de la rampe), avertissait que les soldats américains qui disaient avoir été torturés dans les prisons nord-vietnamiennes ou dans les maquis vietcong étaient « des menteurs et des hypocrites que l'Histoire (jugerait) » . Le Vénérable Thich Huyen Quang participe à ce complot ignominieux contre la gentille République Socialiste puisqu'il ose adresser une lettre au premier ministre Pham Van Dong lui-même, le 17 mars 1977, recensant avec précision 85 violations de *la liberté du culte garantie par la Constitution;* le 25 avril, l'Eglise Bouddhiste Unifiée attire l'attention (du monde?) sur l'arrestation de six de ses responsables. Mais Amnesty International sait comment manœuvrer avec *ces petits groupes de prêtres radicaux:* elle biaise pour les déconsidérer et donne la parole au gouvernement de Hanoï. Si divers témoins assurent qu'un bonze se serait suicidé pour protester contre la répression religieuse, leurs témoignages confinent à la fabrication et à l'usage de faux: en fait, suggère *l'organisation humanitaire indépendante de toute croyance, (il avait) assassiné deux nonnes après les avoir rendues enceintes et conservé la même conduite immorale après la libération* [sic] *du Sud Viet Nam. Se sentant découvert, il avait décidé de mettre fin à ses jours et avait tué onze personnes avant de s'immoler par le feu* **169**. Par ailleurs, si les *chercheurs* s'appuyaient sur les statistiques de divers comités pour estimer à 100.000 (voire 200.000 et plus) le nombre des détenus au Viet

---

165 — *Rapport Annuel* 1975, p.89.
166 — *Rapport Annuel* 1976, p.136.
167 — *Rapport Annuel* 1975, p.108.
168 — *The Japan Times*, 2 avril 1973.
169 — *Rapport Annuel* 1977, p.171.

Nam du sud avant 1975, ils n'accordent aucune importance *aux rumeurs* selon lesquelles des officiers nationalistes auraient été assassinés, et ne proposent même pas à une (même une seule) des sections nationales ou régionales mobilisées en masse avant la chute de Saïgon de s'enquérir de leur sort.

Le *centre de Londres* rejette les accusations et les témoignages à charge produits lors des procès fabriqués de toutes pièces par le régime « militaire » des présidents Park Chung hee et Chun Doo hwan à Séoul; les martyrs dans les boxes du tribunal sont les hérauts héroïques de mouvements *en faveur d'une démocratisation plus poussée* [170] soumis *(d'après des informations reçues) à des séances de torture* [171]. Les heurts planifiés de Kwanju en mai 1980 coûtent la vie à, sans doute, quelque 200 personnes (parachutistes compris): Amnesty International, s'appuyant sur divers témoignages d'opposition, dresse un bilan six fois plus lourd *d'étudiants (tués) avec une sauvagerie et une brutalité qui ont scandalisé la population et le reste des étudiants* -soit une version des événements qui emprunte à la propagande fantaisiste de Corée du nord. Mais au-delà du 38ème parallèle, Amnesty International s'en remet au gouvernement communiste pour décrire la situation des droits-de-l'homme: *les seules informations dont (elle) dispose sur la protection des droits de l'homme concernent les garanties par la Constitution de 1972* [172], qu'elle recopie sur 13 lignes l'année suivante [173]. Elle récuse les déclarations de quelque 110 transfuges passés à Séoul depuis la signature de l'armistice en 1953, dont ceux d'un ancien espion à Tokyo, Shin Yang man, qui abandonna son poste en mars 1977, d'un membre de la sécurité politique, Kang Hyong sun, qui franchit la ligne de cessez-le-feu en juillet 1979, et de son collègue Kim Yong jun qui l'imita en janvier 1982, etc. Le motif avancé pour ne pas les entendre le fut précédemment par Mac Bride, à savoir leur manque de crédibilité. Ainsi, *peu d'informations fiables sont parvenues (au centre de Londres)* [174], *(il est impossible) de vérifier (les) allégations de deux personnes qui s'étaient récemment enfuies* [175], *(Amnesty International) n'a pas été en mesure de confirmer (les) déclarations (d'un soldat nord-coréen qui s'était enfui en Corée du sud)* [176]. Autre excuse pour se taire; ni la presse internationale ni les medias nord-coréens n'ont publié d'informations sur les

---

170 — *Rapport Annuel* 1980, p.242.
171 — *Rapport Annuel* 1982, p.232.
172 — *Rapport Annuel* 1979, p.111.
173 — *Rapport Annuel* 1980, p.236.
174 — *Rapport Annuel* 1982, p.234.
175 — *Rapport Annuel* 1983, p.246.
176 — *Rapport Annuel* 1985, p.261.

arrestations, les jugements ou les condamnations à mort [177], rien non plus n'a été publié à ce sujet dans la *presse internationale* [178]. Or, il faudrait s'entendre sur la notion de presse internationale: *The New York Times* du 11 avril 1982 évaluait à plus de 100.000 le contingent des prisonniers politiques; ce journal qui exerce sa tyrannie intellectuelle dans le monde depuis le début du siècle n'appartiendrait donc pas à la *presse internationale* (et d'ailleurs, pourquoi les *chercheurs* ne se mettent-ils en chasse qu'une fois des signaux repérés dans les journaux?) [179]. Les textes manquent, les témoignages sont empreints de partialité, arguent les *chercheurs*: pourquoi ne vont-ils pas se documenter à la source -par exemple en lisant l'article 10 de la constitution de 1972 qui énonce que la dictature du prolétariat se fonde sur la violence et n'est régie par aucune loi? Pourquoi ne s'intéressent-ils pas au *Dictionnaire de Langue Coréenne*, publié à Pyongyang en 1973, qui définit tout naturellement l'oppression de la démocratie marxiste-léniniste comme « la phase historique pendant laquelle la classe ouvrière saisit le pouvoir, supprime les contre-révolutionnaires et élimine toutes les classes en convertissant la société dans son entier en une seule classe laborieuse » ? Pourquoi ne citent-ils pas le contenu des livres édités par l'Université Kim Il sung et qui légitimisent la répression et la persécution des opposants politiques comme des mesures « justes et logiques » visant à anéantir les ennemis du « peuple de gauche »? Pourquoi ne dévoilent-ils pas à leurs militants que l'entière population a été divisée, à partir d'avril 1964, en 51 catégories selon l'enthousiasme qu'elles montraient à l'égard du régime -et que depuis avril 1966 un second tri (duquel dépendent, par exemple, la promotion sociale, l'accès aux soins médicaux, etc) a déterminé que si 28% des Coréens du nord soutenaient le système sinon le clan dirigeant, 45% l'abandonneraient à la première occasion et 27% lui voueraient une haine féroce? Ces silences compromettent beaucoup *l'impartialité* d'Amnesty International.

CEUX QUI N'INTERESSENT PAS AMNESTY INTERNATIONAL, ET CEUX QUI L'INTERESSENT

D'après la charte de l'*organisation humanitaire*, ses statuts (qu'elle sait amender quand il le faut) n'autorisent pas les sections à s'intéresser à certains droits-de-l'homme. Par exemple, *la situation souvent décrite des prisonniers de guerre (...) n'est pas du ressort d'Amnesty Interna-*

---

[177] — *Rapport Annuel* 1983, p.245.

[178] — *Rapport Annuel* 1985, p.261.

[179] — Il faut croire aussi que, par exemple, la maison d'éditions Grasset, qui publia à Paris en 1954 l'ouvrage du père Coyos intitulé *Ma captivité en Corée du nord*, n'offrait pas assez de garanties pour mettre les *chercheurs* sur la piste.

tional [180]. C'est plus qu'une clause limitative de style -d'ailleurs non respectée quand les *chercheurs* se penchent sur le sort des soldats soviétiques capturés en Afghanistan [181] - et de responsabilité: les *chercheurs* n'auront pas à renseigner les sections locales sur les conditions de détention des soldats, ici américains ou sud-vietnamiens, dans les camps de « l'Enfer vert » , en revanche, les guérillas « de gauche » actives, ou leurs réseaux logistiques, composées de militants politiques monopolisent les inquiétudes d'Amnesty International qui les présentera comme des *prisonniers d'opinion* quand il seront neutralisés. Mais le *centre de Londres* ne s'intéresse pas aux deux millions de réfugiés cambodgiens, aux cinq millions de réfugiés afghans, dont les villages ont été rasés pierre par pierre [182], aux naufragés vietnamiens, aux familles philippines assassinées en bloc par la Nouvelle Armée du Peuple, aux 13 millions de Coréens du nord fichés comme suspects: la cause est entendue -le Prix Nobel de la Paix ne s'intéresse pas aux culs-terreux, il leur préfère l'ambiance feutrée des amitiés intellectuelles: le coeur de l'*Organisation* est franchement « à gauche ».

En mai 1983, *Amnesty International a lancé un appel aux autorités iraniennes, leur demandant de renoncer à exécuter des membres du Parti Toudeh (communiste)* [183]. *Elle adopte comme* prisonnier d'opinion *(...) un dirigeant du Front National Iranien, secrétaire général du Parti Iran, Abolfazl Ghassami et a également lancé un appel en faveur de la libération d'Esmaïl Novassaghiyan (...) soupçonné d'être membre ou sympathisant du Rahe Karegar (la Voie du travailleur), parti de gauche* [184]. *Elle milite à l'Onu en février 1985, en faveur de l'Organisation des*

180 — *Rapport Annuel* 1971, pp.40-43.

181 — Cette sollicitude se confond d'ailleurs, là encore, avec les préoccupations du Kremlin. Le 30 mars 1989, Ian Martin, secrétaire de l'*organisation humanitaire*, déclare à Moscou à l'agence Tass qu'*Amnesty International étudie actuellement les démarches à entreprendre pour obtenir la libération des prisonniers de guerre soviétiques en Afghanistan car le sort de ces prisonniers nous préoccupe beaucoup et si la communauté internationale se mobilise en leur faveur, je pense que nous pourrons obtenir leur libération* -selon l'Agence France-Presse 30 mars 1989.

Moins de trois mois plus tard, le 18 juin, quatre parents russes arrivaient avec force publicité à Islamabad pour s'informer du sort des quelque 300 soldats (nombre avancé par Moscou, alors que les guérillas l'estiment entre 50 et 75) disparus. Un responsable de la lutte contre le régime de Kaboul, Abdul Rakim, rappela que, d'après ses statistiques, quelque 40.000 Afghans avaient aussi disparu aux mains des Soviétiques -selon *The Japan Times*, 20 juin(?) 1989. Martin ne sembla pas outre mesure préoccupé par ce nombre et ne parut nullement envisager de saisir la communauté internationale à son sujet.

182 — *The Japan Times*, début mai 1984, citant les propos d'une jeune linguiste est-allemande, Kristin Beck, qui s'échappa de l'université de Kaboul où elle étudiait en mars 1983 et gagna, avec un groupe de résistants, le Pakistan à pied. Elle donna ensuite au moins une conférence de presse, dont Amnesty International ne semble jamais avoir entendu parler.

183 — *Rapport Annuel* 1984, p.393.

184 — *Rapport Annuel* 1984, p.395.

Fedayin du peuple, de l'Organisation des Modjahedin du peuple, (du) Parti Toudeh, (du) Peykar, (de) Razmadegan et (de) l'Union des communistes [185] -tous engagés dans l'action violente. Mais elle ne s'émeut pas quand des monarchistes sont fusillés et emprisonnés à l'envi.

L'exécution des résistants afghans anti-communistes préoccupe tellement peu les *chercheurs* qu'ils ne prennent leur cas en considération qu'après leur mise à mort [186]. Mais ils regrettent le trépas *(d') Abdul Majid Khalakhani, chef de maquisards de gauche* [pourquoi préciser l'appartenance politique du personnage, alors que les militants sont censés ne se préoccuper que de problème des droits-de-l'homme?] *connu pour son opposition à la présence des troupes soviétiques* [187], mais qui se référait à Karl Marx (dont Mac Bride admirait les ouvrages) et à Lénine (dont il conservait la médaille). Ils quémandent quelque clémence pour *245 membres du groupe pro-chinois Shula i Jawed, dont son chef Osman Labi et des membres d'autres groupes de gauche ainsi que pour les partisans d'un autre groupe pro-chinois, le Sama* [188] que Karmal pourrait récupérer et sur lesquels il s'appuierait alors pour élargir la base d'un front populaire -et ce, à un moment où la faction Parcham n'a même pas pu s'imposer à celle du Khalq. En 1983, l'*organisation* gémit sur *l'arrestation en mai de huit personnalités intellectuelles (...), d'un poète (...) et d'une quarantaine d'artistes et de cadres du ministère de la Culture* [189].

Au Pakistan, le *centre de Londres* s'indigne de ce *(qu')au début janvier, une cinquantaine de membres présumés du (Parti Populaire du Pakistan) -pour la plupart des étudiants et des journalistes- auraient été arrêtés* [190], *dont Irshad Rao, éditeur de Al Fatah, journal pro-P.P.P.* [191]; la police leur reproche tout au plus d'avoir transmis des *secrets* à une puissance étrangère [192]. Alors Amnesty International décide d'adopter six personnes détenues pour avoir publié *une brochure L'Ami du Peuple soutenant le P.P.P. interdit* [193] après être intervenue avec insistance

185 — *Rapport Annuel* 1986, p.362.
186 — *Rapport Annuel* 1983, p.225.
187 — *Rapport Annuel* 1981, p.227.
188 — *Rapport Annuel* 1982, p.212.
189 — *Rapport Annuel* 1983, p.226.
190 — *Rapport Annuel* 1982, p.261.
191 — *Rapport Annuel* 1982, p.262.
192 — *Rapport Annuel* 1982, p.262.
193 — *Rapport Annuel* 1983, p.272.

auprès du gouvernement au profit de *Shar Ali Bacha et Intiaz Alam, ex-dirigeants du parti de gauche (interdit) des Paysans et Ouvriers* [194].

Elle adresse un mémorandum en septembre 1983 à Colombo pour protester, entre autres, *contre la décision du gouvernement d'arrêter (...) plusieurs dizaines de membres et de présumés sympathisants de trois partis d'opposition de gauche,* mais lui écrit en décembre *(pour noter) avec satisfaction la libération (de) quatre membres du Parti Communiste* [195]. Mais si, en Afghanistan, elle demande aux insurgés *de mettre un terme (...) aux exécutions (et aux meurtres) de prisonniers* [196], elle ne décourage pas, au Sri Lanka, les groupes tamouls armés de massacrer des villageois, de faire sauter des avions et des autobus, ou de tuer les Tamouls modérés.

Pendant que les *personnes réunies* dans les camps de « l'Enfer vert » vietnamien se livrent, dans des conditions *spartiates mais acceptables à des travaux manuels,* que les églises en général et celle de Rome en particulier souffrent pour leur foi, Amnesty International se préoccupe de l'internement *(d'un) célèbre romancier qui prit part, avant 1954, à la lutte du Vietminh contre les Français* [197] et qu'on apprécie au Kremlin. Hoo Huu Tuong non plus ne la laisse pas indifférente *(puisqu'il) avait joué un rôle important dans la lutte contre la domination française, fut emprisonné pendant huit ans et condamné à mort par le régime Ngo Dinh Diem* [198]. En revanche, les généreux *chercheurs* de l'*organisation humanitaire* ne parlent pas de cette 34ème session du Comecon, réunie à Prague en 1980, et qui avait décidé de la déportation de Vietnamiens du sud en Sibérie pour travailler à la construction puis à l'entretien d'un gazoduc soviéto-européen [199]: leurs effectifs ne sont pas évaluables, mais les medias soviétiques finirent par admettre qu'ils dépassaient un nombre symbolique [200].

Le *centre de Londres* déploie une activité inlassable en Corée du sud. Il entreprend le lancement *(d')une campagne spéciale d'envoi de cartes postales en 1975 au profit de détenus membres des Eglises chrétiennes, des membres des partis d'opposition (y compris des députés);*

---

194 — *Rapport Annuel* 1982, p.265.
195 — *Rapport Annuel* 1984, pp.301-302.
196 — *Rapport Annuel* 1982, p.214; *Rapport Annuel* 1983, p.225.
197 — *Rapport Annuel* 1978, p.200.
198 — *Rapport Annuel* 1979, p.146; *Rapport de mission* 1980, p.18.
199 — *La Presse Française,* 12 février 1982; *Aspects de la France,* Paris (même mois); *Présent,* Paris 4 mars, 21 et 23 avril 1982; *Beijing Review,* Pékin 12 janvier 1987.
200 — Centre Français d'Etudes des Relations Internationales / département Asie-Pacifique, 1982.

des étudiants, des professeurs d'université, des journalistes, des avocats et des syndicalistes (...) qui viennent de tous les horizons politiques [201]. Il dépêche une *mission à Séoul* en mars 1975, *malgré (les) intimidations officielles qu'elle aura à subir* [202]. Il déclenche une campagne internationale en vue de la libération *(d'un) poète* en novembre 1976 [203]. *(Il) s'occupe activement de plus de cent cas (dans le pays) deux ans plus tard* [204]. Il plaide pour des agitateurs, *étudiants ou poètes* [205] en adopte 50 par la suite [206]. Il publie un *Rapport de Mission* en 1981, long de 64 pages ennuyeuses, et convoque la presse dans ses bureaux trois fois de septembre 1981 à janvier 1982 pour que celle-ci répercute la parole de l'oracle. Il intervient en faveur de *Kim Tae Yul, condamné à mort pour espionnage mais qui (...) était sans doute un prisonnier d'opinion* [207], etc.

Mais les *chercheurs* ne font rien, strictement rien, quand ils savent pourtant que la Corée du nord remplit ses camps de concentration avec plus de 100.000 prisonniers ou détient quelque 3.500 pêcheurs sud-coréens durant des périodes variables depuis 1953, se fait une spécialité de kidnapper qui bon lui semble un peu partout dans le monde [208], de déporter ses criminels avérés ou prétendus tels sur les chantiers soviétiques de Sibérie depuis la signature d'un accord en ce domaine signé en 1957 [209], refuse de s'expliquer sur le sort de 349 Américains « disparus » pendant le conflit armé de 1950-1953 [210]. Ils s'attardent longuement sur Ali Lameda, poète vénézuélien -un peu moins sur son camarade d'infortune Jacques Sédillot au cadavre décidément bien encombrant; ils oublient vite ces *1.090 personnes qui (auraient été purgées) pour s'être opposées au fils du président Kim* [211] et limitent leurs préoccupations sans conséquence à *quatre personnalités politiques* sur cinq lignes [212] dès alors que ledit président Kim s'est rapproché de Moscou. Ils s'excusent de leur silence: c'est la faute du *climat de guerre froide*, du manque d'information paraissant dans la presse qualifiée

201 — *Rapport Annuel* 1978, p. non répertoriée.
202 — *Rapport Annuel* 1975, p.104.
203 — *Rapport Annuel* 1977, p.135.
204 — *Rapport Annuel* 1978, p.164.
205 — *Rapport Annuel* 1981, pp.250 et 253.
206 — *Rapport Annuel* 1982, p.228.
207 — *Rapport Annuel* 1983, p.244.
208 — *The Japan Times*, 13 août 1987.
209 — *North Korea News,* 1er juin 1987.
210 — *The Japan Times*, 28 juillet(?) 1983.
211 — *Rapport Annuel* 1984, p.255.
212 — *Rapport Annuel* 1985, p.261.

d'internationale comme si ce seul qualificatif suffisait à lui donner du crédit.

Un cas pourtant, dans lequel était impliqué un opposant politique absolument non-violent et qui fit la « une » des journaux au Japon où Amnesty International dispose orgueilleusement de 55 sections, dérangerait les militants les moins critiques. En octobre 1983, un soldat de la Rdpc en poste dans la ville portuaire de Nampo, Min Hung gu, se dissimilait à bord d'un navire de pêche japonais, le « Fujisan Maru n°8 », et réclamait l'asile politique au gouvernement de Tokyo le 4 novembre, précisant qu'il songeait à s'installer à Séoul; un mois plus tard, les garde-côtes nord-coréens arraisonnaient le « Fujisan Maru » et arrêtaient, sous inculpation d'espionnage, son capitaine et son second. La Corée du nord passait alors un marché très officiel avec le Japon: elle relâcherait les deux marins si l'archipel se résignait à lui livrer Min, détenu à Yoko-hama [213]. Amnesty International ne parlera de cette affaire pour la première fois, croyons-nous, qu'en 1987 dans son *Rapport Annuel* [214], sans qu'il lui vienne à l'idée que les deux pêcheurs (devenus des *prisonniers d'opinion*. Or, en quoi le fait d'être un espion comme le prétendait la Corée du nord ou un pêcheur représente-t-il un délit d'*opinion?..*), libérés en 1990, aient été victimes d'un procès *monté de toutes pièces*. Soit un délai de quatre années... ce qui peut paraître excessif quand on sait, par exemple, que l'ancien président d'Amnesty International au Japon, le juge à la retraite Nakadaira Kenkichi, fonda un groupe appelé « Sauvons les Seize (Prisonniers) de Singapour », et rédigea une lettre de protestation qu'il remit à des autorités de ce pays dès la fin du mois de juin 1987 afin de venir en aide à des membres d'un réseau crypto-communiste opérant sous le couvert de l'Eglise catholique locale et qui avait été démantelé par la police à la fin du mois de mai [215]. Soit un délai d'un mois...

---

213 — Centre Français d'Etude des Relations Internationales/département Asie-Pacifique *Le dossier Min Hung gu,* avril 1987 et décembre 1990.
214 — *Rapport Annuel* 1987, p.170.
215 — *The Japan Times*, 28 juin 1987.

CHAPITRE IX

A QUOI SERT
AMNESTY INTERNATIONAL ?

Amnesty International est devenue, au cours des années, un instrument important de la subversion marxiste-léniniste soviétique jusqu'à la fin des années 1980: à partir de 1987-1988, la situation en Urss est telle qu'elle n'a plus vraiment de rôle à jouer, désemparée faute d'ordres à recevoir et à exécuter. Jusqu'à ce tournant historique (et c'est cette période qui nous intéresse), son rôle pourrait se comparer à celui d'un sapeur. Le Kgb, dont elle dépend sans doute au plus haut niveau, lui a confié, d'après nos recoupements, la mission de préparer puis d'entériner les gains soviétiques que se propose de réaliser l'Urss: elle doit présenter psychologiquement à « l'opinion publique » les conquêtes des Armées Rouges ou les remaniements indispensables et majeurs au sein des équipes au pouvoir, soit comme de moindres maux, soit comme des remèdes à la question des droits-de-l'homme supposément ou réellement bafoués: pour ce faire, elle émet des « signaux » (*Rapports de Mission* , *Rapports Annuels,* communiqués à la presse, campagnes de cartes postales, dépositions devant les instances internationales, etc) lesquels auraient permis aux observateurs attentifs d'anticiper les besoins du Kremlin dans certains domaines. Quand il n'apparaît pas possible de déstabiliser à court terme un régime hostile, l'*organisation humanitaire* se contentera d'activer ou d'entretenir des problèmes plus ou moins artificiels susceptibles d'être un jour exploités; dans ce cas, les agitateurs sauront toujours trouver en elle un avocat partial (affichant sa fameuse équidistance) et militant (banalisant le communisme en le ravalant à une simple opinion).

ALLUMEUSE AMNESTY INTERNATIONAL

Un responsable d'Amnesty International a prétendu que son *organisation* n'avait pas pour objet de raviver les plaies mais de les dénoncer pour les soigner. Il s'agit là d'une vision réformiste non marxiste que les faits ne corroborent pas du tout.

A l'époque où Leonid Brejnev demeure dans une expectative plutôt bienveillante lors de la révolution déclenchée à sa grande surprise par un certain clergé islamique en Iran, le *centre de Londres* ne mentionne que *(des) exécutions après procès réguliers* [1]. Mais Ruhollah Khomeiny, après avoir éliminé les monarchistes et les conservateurs, se retourne contre les libéraux et certains progressistes gauchistes qui ne voient de salut pour leur cause et leur avenir qu'en s'alliant au Toudeh à partir du printemps 1981: le 10 juin, le président Habol Assan Bani Sadr perd son titre de commandant en chef des forces armées et s'enfuit. Le 26 juin, Amnesty International réunit la presse dans ses locaux pour lancer dans ses colonnes et sur les ondes *un appel (humanitaire et) mondial pour l'arrêt des exécutions (qui ont atteint le nombre minimum) de 1.600 morts* [2]. Elle suggère que les mollahs ont failli à leur mission démocratique d'émancipateurs, qu'ils se sont promus en tyrans que « le peuple » a donc le droit, sinon le devoir pour son avant-garde, de renverser: deux jours plus tard, le 28 juin, une explosion provoquée par « la gauche marxiste-léniniste » ravage le siège du Parti Républicain Islamique, ensevelissant 70 dignitaires dans les décombres. C'est, croit-on, l'hallali: les communistes assassinent le successeur de Bani Sadr (le Kremlin comptant manipuler celui-ci), le président Mohamad Ali Rajai et son premier ministre le 30 août. Amnesty International publie un rapport très critique en octobre et convoque les journalistes trois fois ce même mois, puis en décembre, enfin en janvier 1982. Par la grâce d'Allah ou celle de l'organisation insoupçonnée des pasdarans, les coups de boutoir soviéto-amnestiens échouent: l'Urss ne poursuivra plus sa progression vers les mers du sud, et le décès de Brejnev n'est peut-être pas étranger à ce coup d'arrêt [3].

---

1 — *Lettre SF 83 69 E* du 7 septembre 1983 à *Lectures Françaises*.
2 — *Rapport Annuel* 1982, p. 419.
3 — Le 13 mars 1987, le président de l'assemblée nationale Hasheni Rafsanjani révèlera que les Etats-Unis lui avaient fourni des photos prises par des satellites-espions montrant une concentration de 36 divisions soviétiques à la frontière iranienne en 1986; le dispositif aurait indiqué que l'Armée Rouge envisageait une offensive dans la région entre la mer Caspienne et la rivière Aras [Araks, pour *The Great Soviet Encyclopedia*, Moscou 1973-1983, t.2, p.230] qui prend sa source en Turquie. Rafsanjani rejettera ces informations comme destinées à envenimer les relations entre Téhéran et Moscou -selon *The Japan Times,* Tokyo 15 mars 1987.

Les succès viennent avec l'Afghanistan: le coup d'Etat de Mohammed Daoud de 1973, la révolution de Nur Taraki en 1978 déconcertent la Place Rouge qui a du mal à s'adapter et à faire contre mauvaise fortune bon coeur. Amnesty International *félicite* Taraki pour *l'introduction dans la constitution de dispositions concernant les droits de l'homme* et pour les libérations de prisonniers politiques détenus, nombreux, par l'infâme Daoud [4]. Mais Taraki se montre peu malléable et même prêt à trahir ses récents protecteurs. Pendant que Brejnev prépare Babrak Karmal au destin national qui l'attend, Müntaz Soysal remet un procès-verbal à l'Onu, le 31 mai, rapportant des cas de *violations graves (des droits de l'homme)* [5] perpétrés par la faction Khalq au pouvoir. Après un léger passage à vide, pendant lequel Hafizullah Amin tue Taraki qui s'était réconcilié avec Moscou à ses dépens, le Kremlin reprend la situation en main mais en investissant Kaboul le 27 décembre 1979. Dès le 28, *Amnesty International se réjouit de l'intention (du nouveau président du conseil révolutionnaire) de libérer les prisonniers politiques (...) et de la libération de plusieurs milliers de prisonniers politiques* [6]. Elle envoie une délégation, (invitée) le 5 janvier 1980 par le ministre des Affaires Etrangères *Shah Mohamed Dost* dans la capitale afghane: Müntaz Soysal en revient on ne peut plus satisfait et *Amnesty International remercie le président Karmal pour sa coopération* [7]. Elle note plus tard *le droit des juges à statuer indépendamment (...) au cours de huis-clos régis par la loi* [8], les libérations ininterrompues de prisonniers incarcérés du temps de Taraki et d'Amin qui avaient eux-mêmes vidé les prisons de Daoud qui avait vidé celles du roi débile Zahir.

L'événement mérite pourtant de retenir l'attention. Il est certes possible que Washington ait extrapolé les intentions du Kremlin; mais Rafsanjani n'a pas mis en doute l'authenticité des clichés qu'on lui soumit. Il n'est nullement impossible que Mikhaïl Gorbatchev (partisan d'une nouvelle politique proche-orientale plus active) ait finalement envisagé de tester la possibilité d'une attaque dans une zone-cible qui, située au nord-ouest de l'Iran, eut soulagé l'Irak permettant au troisième successeur de Brejnev de se poser en défenseur du monde islamo-arabe -sans pour autant s'aliéner le Maison-Blanche qui voulait (il s'agit d'une autre époque!) le maintien de Saddam Hussein à Bagdad et la libre circulation dans le détroit d'Ormuz, et sans non plus déplaire à Israël. Il s'agit certes de spéculation mais elles correspondent à une époque où Amnesty International *résume ses préoccupations* en ce qui concerne l'Iran en février 1985 à l'Onu, en novembre au parlement européen et en décembre encore à l'Onu.

4 — *Rapport Annuel* 1978, p.153.
5 — *Rapport Annuel* 1979, p.104.
6 — *Rapport Annuel* 1980, p.217.
7 — *Rapport Annuel* 1980, p.218.
8 — *Rapport Annuel* 1981, p. non répertoriée.

Brejnev entre en agonie irréversible en 1982 et ses rivaux inaugurent fébrilement et non sans prudence une politique de debrejnevisation. Amnesty International, quant à elle, constate, dans l'expectative, que la situation générale (c'est-à-dire l'invasion soviétique) *(a) fortement gêné la collecte d'informations sur les violations des droits de l'homme:* elle s'en tient là. Youri Andropov accède aux commandes de l'Etat et le compte-à-rebours pour Karmal, dévoué mais incompétent, commence. Le clan du Kgb lorgne du côté de Najibullah, responsable officiel du Khad depuis 1979 -et Amnesty International reçoit *des rapports concordants (ainsi que des témoignages circonstanciés)* [9] qui révèlent un emploi courant de la torture (mais en l'imputant à Karmal, connu internationalement, et non au dit Najibullah, dont les salles de rédaction et les diplomates ignorent jusqu'au nom) malgré un article 3 d'une loi votée à l'unanimité en septembre 1982 qui en interdit l'usage: elle adresse en conséquence un communiqué à la presse en novembre consacré à *la torture pratiquée par la police de sécurité* [10]. Le décès d'Andropov et la succession éphémère de Constantin Tchernenko, dont le pouvoir, surtout nominal, permet d'assurer une transition sans trop de heurts au sein de l'appareil apporte un sursis à Karmal. Mais l'élection de Mikhaïl Gorbatchev au poste de secrétaire général du parti en mars 1985 inaugure son chemin de croix. Amnesty International relance les escarmouches et, en octobre 1985, elle dénonce le protégé du défunt Brejnev à l'Onu [11], indiquant que l'on torture allègrement dans les prisons qu'elle disait pourtant vidées. Karmal reçoit une convocation pour se rendre à Moscou, le 30 mars 1986, pour une « visite courte et non officielle » selon un communiqué adressé à la presse. Mais, les Soviétiques le retiennent (les *personnes réunies* dans les camps de concentration vietnamiens aussi sont *retenues*) plus longtemps qu'il l'avait prévu et l'empêchent d'assister aux cérémonies commémoratives de la révolution de 1978; ils ne l'autorisent à regagner Kaboul que le 1er mai... soit trois jours après que ses pairs eurent accepté sa démission, « pour raison de santé », du secrétariat général du Parti Démocratique du Peuple d'Afghanistan [12]. Najib [13], à qui l'armée a prêté allégeance le 5 mai, consolide son pouvoir en faisant tirer sur ses opposants au sein du Pdpa. Gorbatchev lui progigue

---

9 — *Rapport Annuel* 1983, p.226.

10 — *Rapport Annuel* 1984, annexe 2, p.434.

11 — *Rapport Annuel* 1985, p.240.

12 — *The Japan Times,* 28 et 29 avril, 1er et 3 mai 1986; *The Far Eastern Economic Review,* Hong Kong 15 mai 1986.

13 — Il abandonna, au moins un temps, le suffixe « ullah » (Dieu) pour manifester sa croyance en l'athéisme -selon *The Japan Times,* 7 mai 1986, citant Radio-Kaboul.

son soutien « moral » : le *Rapport Annuel* d'Amnesty International, paru en octobre 1986, est entièrement négatif à l'égard de Karmal, naguère tant loué; le 19 novembre, l'*organisation* distribue un rapport de 51 pages à la presse citant des témoignages concernant la torture. Le lendemain 20 novembre, le politburo afghan « accepte » la « démission » de Karmal de tous ses mandats.

L'Armée Rouge se retire d'Afghanistan du 15 août 1988 au 15 février 1989; à partir de cette date, le Kremlin soutiendra la faction au pouvoir à Kaboul: Najib déjà jusqu'à sa démission le 16 avril 1993, puis Burhamudin Rabbani après juin 1993. Amnesty International s'inquiète de ces développements qui préoccupent Moscou. Gorbatchev souhaitait le maintien du statu quo, Najibullah aussi, Amnesty International de même -mais pas les maquisards: *le Dr Najib (...) a annoncé une politique de réconciliation nationale qui était soutenue par l'Union soviétique (...). La politique de réconciliation a toutefois été rejetée par tous les groupes d'opposition armée,* déplorent les *chercheurs* avant de constater *(qu')en conséquence, l'année durant, les combats ont redoublé d'intensité* [14]. Le soutien au Pdpa est total: *comme les années précédentes (...) des mouvements d'opposition (ont) torturé et exécuté des soldats soviétiques et afghans, ainsi que des partisans du gouvernement;* et même si *des mauvais traitements et des tortures seraient toujours infligés (par des gouvernementaux) aux détenus (...), il semblerait que ces pratiques soient moins systématiques* [elles l'étaient donc?] *que les années précédentes*: les *chercheurs* enregistrent quatre (4) cas de torture. Si bien qu'Amnesty International a adressé un *télex au Dr Najibullah pour exprimer sa satisfaction à l'égard des prisonniers politiques* [15].

Les accords de Genève, signés le 14 avril 1988, entre l'Afghanistan légal, le Pakistan, les Etats-Unis et l'Urss, fragilisent l'image des moudjahidins: *en dépit du retrait progressif des troupes soviétiques, les combats ont continué à faire rage* [16] *et les Moudjahidins auraient lancé un certain nombre d'attaques entraînant la mort de civils et auraient, en outre, tué plusieurs prisonniers* [17] prévient Amnesty International. Qui réitère l'année suivante: *bien que les troupes soviétiques aient achevé leur retrait (...), les combats (...) ont continué (et) plusieurs sources ont signalé que des exécutions extrajudiciaires (...)*

---

14 — *Rapport Annuel* 1988, p.178.
15 — *Rapport Annuel* 1988, p.179.
16 — *Rapport Annuel* 1989, p.172.
17 — *Rapport Annuel* 1989, p.173.

avaient été commises par les Moudjahidins[18]*, lesquels auraient exécuté sommairement* [l'adverbe revient deux fois en sept lignes] *des civils et des prisonniers* [19]. Contre toute attente, Najibullah, qui noue des alliances complexes et abandonne le centralisme démocratique, se maintient au pouvoir, les Soviétiques reprennent espoir; Amnesty International remarque la mansuétude du gouvernement afghan: *certes six personnes ont été condamnées à mort pour meurtre, vol qualifié et troubles à l'ordre public*, mais Najibullah a commué 58 condamnations [20]; en face, les résistants tuent, maltraitent leurs prisonniers. Il ne reste plus à Amnesty International qu'à se réjouir des discussions qu'elle a avec le gouvernement.

Najibullah est abandonné par la minorité ouzbeque fidèle à l'Urss puis à la Russie, il quitte le pouvoir le 16 avril 1993. On sait le gâchis qui s'ensuivit. Amnesty International jubile méchamment: *depuis 1992, ceux que le président Reagan, en son temps, qualifia de « combattants de la liberté » s'entredéchirent toujours après seize années de guerres civiles* [sic] [21].

Le retrait américain d'Indochine, décidé autant (sinon plus) par Richard Nixon et le département d'Etat que par le congrès porte un coup à la civilisation décadente mais ne soulage pas Brejnev qui craint que Pékin ne comble le vide laissé. Incapable d'agir à Phnom Penh [22], il observe le jeu de massacre sans prendre de position tranchée mais avec l'espoir de nouer avec les Khmers Rouges: Amnesty International rédige un télégramme *(pour se réjouir) de l'esprit de large Union Nationale proclamée par le second congrès national du peuple cambodgien* [23]. Pol Pot ne répond pas aux ouvertures qui lui sont faites, au moment où le Viet Nam réunifié se montre prêt à coopérer avec l'Urss: Amnesty International conclut *(qu') il est encore difficile d'évaluer la situation des droits de l'homme (au Cambodge)* mais admet que des opposants pourraient avoir été battus [24] et qu'on serait sans nouvelles de certains autres [25] -mais les *chercheurs* refusent de les classer dans la rubrique disparus. Pol Pot débarque à Pékin au grand déplaisir des Soviétiques: aussitôt Amnesty International révèle que la situation naguère idyllique

---

18 — *Rapport Annuel* 1990, p.24.

19 — *Rapport Annuel* 1990, p.25.

20 — *Rapport Annuel* 1991, p.21.

21 — *La Chronique d'Amnesty International* décembre 1995, n° 109.

22 — Cf, à ce sujet, le témoignage d'un ancien chef des services secrets in Christine Ockrent-Alexandre de Marenches *Dans le secret des princes,* Stock, Paris 1986, pp.261-262.

23 — *Rapport Annuel* 1975, p.89.

24 — *Rapport Annuel* 1976, p.136.

25 — *Rapport Annuel* 1977, p.149.

reste caractérisée par des violations flagrantes des droits de l'homme, tandis que les *rumeurs* de tueries, autrefois sans fondements et aujourd'hui devenues des *preuves alarmantes* [26] s'accumulent sur ses bureaux. Les Khmers Rouges, qui n'avaient exécuté que *sept super-traîtres* (en 1975) [27], *assassinent sauvagement généralement au moindre signe de désobéissance.*

Heureusement, un *soulèvement populaire* (entre 150.000 et 200.000 bodoïs) met un terme à cette boucherie qui enchantait *Le Monde* comme un *coup d'Etat militaire* (plus de 100.000 soldats soviétiques) avait délivré les Afghans d'Amin. Amnesty International chante cette avancée soviétique [28] dans une Indochine dont l'unification permet d'encercler la Chine Populaire et de menacer l'Association des Nations du Sud-Est Asiatique (donc le commerce Europe-Proche-Orient-Asie du nord-est): *des élections locales se sont tenues en mars 1981* [29], *l'Assemblée Nationale élue le 1er mai 1981 a adopté la première constitution de la RPK (...) garantissant la liberté de conviction religieuse, de parole, de presse (etc)* [30] *et (des) directives (...) du Conseil révolutionnaire du peuple (interdisant) tout acte de cruauté contre (les détenus).* Si des violations des droits-de-l'homme se produisent, la faute en incombe... aux autorités thaïlandaises [31].

Mais des *noyaux de résistance* poursuivent la lutte contre *l'armée populaire du Kampuchéa appuyée par les forces vietnamiennes* [32]... et amnestiennes. Le 27 janvier 1983, Sihanouk (ex-*Samdech*) franchit la frontière khméro-thaïlandaise et scelle une alliance avec Khieu Samphan dans le village de Nang Pru devant des journalistes qui assistent à la nième résurrection du phénix princier [33]. Pham Van Dong ne tolère pas

---

[26] — *Rapport Annuel* 1978, p.173.

[27] — *Rapport Annuel* 1976, p.138.

[28] — La presse fit état d'une offensive limitée vietnamienne dans le sud du Cambodge début décembre; les escarmouches dégénérèrent à la fin du mois quand Heng Samrin accusa Pol Pot d'être « un réactionnaire et un instrument de la Chine pour déstabiliser l'Asie » et quand il se proclama « le représentant légitime du peuple ». Hanoï escalada les heurts à partir du 15 décembre 1978 et Phnom Penh tomba le 7 janvier 1979. Le premier ministre Pham Van Dong reconnut le nouveau pouvoir, qu'il avait d'ailleurs installé, sans attendre; l'Urss qui avait parlé de « triomphe du peuple cambodgien » deux heures après la chute de la capitale), la République Démocratique d'Allemagne, la Hongrie et la Bulgarie imitèrent bientôt cet exemple -selon *The Japan Times,* 9, 23 et 30 décembre 1978 et 8, 9, 10 et 11 janvier 1979.

[29] — *Rapport Annuel* 1981, p.272.

[30] — *Rapport Annuel* 1982, p.250.

[31] — *Rapport Annuel* 1977, p.147 quand Pol Pot n'était pas en disgrâce; *Rapport Annuel* 1980, p.253(?) quand Hanoï occupe Phnom Penh avec l'accord de Brejnev.

[32] — *Rapport Annuel* 1983, p.297.

[33] — *The Japan Times,* 28 et 29 janvier 1983 (c'était le second voyage de Sihanouk au Cambodge en six mois, le premier ayant eu lieu le 7 juillet 1982).

ce développement politico-médiatique: David Hawk [34], un journaliste qui séjourna au Cambodge « à l'invitation » du gouvernement en 1981 et 1982, expose à partir du 25 avril 1983, dans l'enceinte du congrès américain et sous le patronage d'Amnesty International représentée officiellement à l'inauguration par son directeur exécutif John G. Healey [35], une série de photos de charniers mis à jour et de monceaux de crânes humains, vestiges de cet *esprit de large Union Nationale* dont se félicitait le secrétaire général du *centre de Londres*, Martin Ennals. Les clichés, intitulés génériquement *Témoignage du Cambodge*, bouleversent les salles de rédaction, comme la sonnette de Pavlov faisait saliver son chien. Et dans les semaines qui suivent, alors que le ministre des Affaires Etrangères vietnamien Nguyen Co Thach (étiqueté par les « politologues » comme un libéral) avait parlé de paix en Inde en janvier lors d'une conférence des Non-Alignés, les divisions vietnamiennes déferlent sur les camps sihanoukistes et nationalistes (Front National de

---

[34] — Un curieux personnage que ce David Hawk...
Ancien directeur exécutif d'Amnesty International, il participera, par exemple, à une autre opération visant à priver les Khmers Rouges de leur siège à l'Onu (au profit du Viet Nam) en avril 1987; soit à une époque où Sihanouk aura trouvé un prétexte pour démissionner encore temporairement et tactiquement de son poste de leader de la coalition anti-vietnamienne afin de négocier avec Hanoï -selon *The Far Eastern Economic Review*, 28 mai 1987.
Hawk, devenu directeur de la Commission de Documentation sur le Cambodge, reçut les acteurs principaux du film « The Killing Fields » [projeté au début de l'année 1985, au moment où l'ambassadeur vietnamien au Japon, Dao Huy Ngoc, promettait qu'un tiers du corps expéditionnaire vietnamien au Cambodge aurait évacué ce pays en 1987 -selon *The Japan Times*, 19 janvier 1985. Et au moment où les troupes de Hanoï lançaient une offensive d'envergure contre les camps de Khmers Rouges le long de la frontière thaïlandaise -selon *ibid*. 26 janvier 1985. Soit la veille de l'arrivée dans les camps de réfugiés du secrétaire général de l'Onu -selon *ibid*. 27 et 28 janvier 1985, et deux semaines avant que Sihanouk ne reçoive des lettres de créances, le 9 février, de quatre ambassadeurs -selon *The Far Eastern Economic Review*, 21 février 1985] le 7 avril 1987 à New York -selon *The Japan Times*, 11 avril 1987: ces acteurs, manipulés et auréolés de ce patronage important, présentèrent à la presse une pétition pressant « l'opinion publique » à condamner le Kampuchéa Démocratique anti-vietnamien -selon *The Far Eastern Economic Review*, 23 avril 1987.
« The Killing Fields » paraît avoir constitué un élément important de la guerre psychologique dont l'enjeu fut l'influence vietnamienne au Cambodge. Le film était projeté à Phnom Penh, au théâtre national, dès l'ouverture de la conférence de Paris sur le Cambodge, fin juillet 1989. Assistèrent à cet événement médiatique, outre la nomenklatura indigène, le réalisateur britannique Roland Joffe, Sydney Schanberg (ex-journaliste du *New York Times*, qui serait à l'origine du film) et Richard Walden (leader d'une organisation américaine qui approvisionna Phnom Penh en biens divers après l'embargo décidé contre le Cambodge par l'administration Carter en 1979).
Avant la projection, Joffe, en visite à Bangkok, déclarait que la participation des Khmers Rouges à un gouvernement de coalition -ce qui était précisément le principal problème à l'ordre du jour de la conférence de Paris- équivaudrait à « rechercher le plaisir sexuel avec un cobra » -selon *Asiaweek*, Hong Kong 18 août 1989, qui ajoute: « c'est exactement ce que voulait entendre Phnom Penh ».
[35] — *The Japan Times*, 27 avril 1983.

Libération du Peuple Khmer) dont elles détruisent l'infrastructure **36**: les salles de rédaction se sentent soulagées.

Mais, dans cette région encore, l'agonie puis la mort de Brejnev (dont le corps en voie de décomposition est l'otage du clan Andropov) modifient les relations soviéto-vietnamiennes qui buttent, à cause de l'intransigeance de Deng Xiaoping à Pékin, sur la question cambodgienne. Le protégé du Kremlin, Pen Sovan, qui a tenté un coup de force au profit d'un rapprochement avec l'Urss contre la faction majoritaire alignée sur Hanoï en 1981 et a échoué, démissionne *(parce qu'il n'était) pas d'accord avec la politique étrangère du gouvernement* **37**. Il se réfugie auprès du Kgb en décembre et attend, comme Karmal du temps de Taraki à Prague, l'heure de la revanche. Moscou croit qu'elle a sonné deux ans après et renvoie donc à Phnom Penh, sous bonne escorte, l'ex-secrétaire général du Parti Révolutionnaire du Peuple du Kampuchéa **38**. Amnesty International change alors progressivement de ton: comme en Afghanistan avant la chute de Karmal, elle apprend *(que) des personnes auraient été torturées afin de les forcer à avouer* **39** *et (que) des villageois (...) auraient été (...) maltraités et torturés par des soldats vietnamiens stationnés* [sic] *dans le pays* **40**. Gorbatchev s'installe officiellement à la tête de l'Etat soviétique avec la ferme intention d'amener le Viet Nam à un compromis; *Amnesty International estime* [soudain] *(à) plusieurs milliers de personnes (le nombre de détenus politiques), battues, (souffrant jusqu'à en mourir de malnutrition), (violées)* **41**. *Les arrestations politiques (sont) monnaie courante et les prisonniers torturés (...) dans des cellules totalement obscures* **42**. Enfin, la guerre franchit une nouvelle étape car de *civile* **43** elle prend un caractère étranger: *l'Armée populaire du Viet Nam (lutte contre) la résistance* **44**. Le malaise est indéniable, mais le Viet Nam est hors de portée des unités d'élite de l'Armée Soviétique: Amnesty International n'intervient donc pas à l'Onu ni au Conseil de l'Europe, elle

36 — En réponse à cette offensive, Sihanouk repassera au Cambodge; prétendant que « les Vietnamiens ont échoué », il recevra les lettres de créance, dans le village frontalier de Phum Thuey, des ambassadeurs à Bangkok de Chine Populaire, de Malaisie, du Bangla Desh, de Mauritanie et de Corée du nord -selon *The Japan Times*, 2 mai 1983.

37 — *Rapport Annuel* 1982, p.250.

38 — *Aspects de la France,* Paris 12 janvier 1984.

39 — *Rapport Annuel* 1983, p.257.

40 — *Rapport Annuel* 1984, p.274.

41 — *Rapport Annuel* 1985, pp.274-276.

42 — *Rapport Annuel* 1986, p.225.

43 — *Rapport Annuel* 1984, p.273.

44 — *Rapport Annuel* 1985, p.272.

ne convoque pas la presse [45], écrit peu aux autorités, ne mobilise pas de sections, ne lance pas de campagne mondiale de cartes postales. En bref, elle attend aussi son heure.

Mais elle intervient au Sri Lanka qui s'est trop rapproché, à son gré, du Monde-Libre, alors que l'Urss s'était habituée à compter au nombre de ses clients cette ancienne possession britannique. En effet, si les conservateurs du Parti National Unifié (Pnu), fondé en 1946, avaient gouverné le pays dès l'obtention de l'indépendance en février 1948, ils avaient perdu les élections législatives de 1956. Salomon Bandaranaike, qui avait fait scission du Pnu en 1951 pour former le Parti de la Liberté des Boudhistes Cinghalais (Plbc), devint le premier ministre d'une coalition hostile à la minorité tamoule (sur laquelle s'étaient appuyés les Anglais) mais alignée sur la politique internationale indienne de Nehru. Colombo échangeait des ambassadeurs avec tous les pays socialistes de 1957 à 1958, en commençant par l'Union Soviétique avec laquelle il signait un accord de coopération technique. Un bonze assassinait Bandaranaike en septembre 1959, et, à l'issue d'un interim chaotique (le Pnu gagnant les élections de mars 1960 mais étant renversé par une motion de censure et perdant les élections suivantes), sa veuve Sirimavo accédait au poste de chef de gouvernement: elle nationalisait les compagnies pétrolières et, avec l'aide de l'Urss (qui joua un rôle de bons offices entre elle, le Parti Communiste fondé en 1943 et d'autres groupes démocrates extrémistes, afin de former la même année un Front Uni de la Gauche), entreprenait des réformes dans tous les domaines sur le modèle soviéto-indien. S'étant coupée des milieux religieux qui lui reprochaient son flirt poussé avec les partis athées, elle subit une défaite au cours des législatives de 1969. Le nouveau gouvernement Pnu (qui avait passé une alliance qui ne dura pas trois ans avec le Parti Fédéral Tamoul conservateur et fondé en 1951) ne put mener à bien sa politique de privatisation à cause d'explosions sociales qui ressemblaient à s'y méprendre à celles qui permirent à (Mme) Gandhi, en Inde, de représider aux destinées du pays, au détriment de l'aile droite du Congrès au milieu des années 1960, puis entre 1977 et 1979. En mai 1970, la gauche revenait aux affaires, enlevant 115 des 151 sièges de l'assemblée nationale. (Mme) Bandaranaike, à l'instar de (Mme) Gandhi (qui à l'époque luttait contre les marxistes-léninistes d'obédience maoïste), incluait dans son équipe des ministres pro-soviétiques ainsi que des éléments trotskystes du Parti de l'Egalité Socialiste (Pes) fondé en 1935: « son programme de larges réformes démocratiques » la

---

[45] — La dernière fois qu'elle le fit remonte au 20 avril 1983; il s'agissait d'annoncer la libé-ration ou la tenue du procès de prisonniers vietnamiens (in *Rapport Annuel* 1984, annexe 2, p.243).

conduisait naturellement à abandonner sa « politique non-alignée (du début des années 1960) » afin de coopérer plus étroitement « avec les nations éprises de paix » [46]. Sans que personne ne put se douter de rien, des militants « étudiants » et « syndicalistes », profitant de leurs relations privilégiées avec certains dignitaires gauchistes et dirigés par un ancien étudiant de l'université soviétique Patrice Lumumba, Rohana Wijeweern [47], provoquaient des troubles d'une ampleur telle que le pays, paralysé en quelques jours, ne fut sauvé que par l'intervention de l'armée demeurée loyaliste. Alertée, (Mme) Bandaranaike, comme (Mme) Gandhi quatre ans plus tard, décrétait un état d'urgence qui confinait à la terreur (révolutionnaire) comparable à celle qu'elle avait dû éprouver. Moscou venait à son secours: en gage de reconnaissance, elle proclamait la république en mai 1972 après avoir rompu les derniers liens institutionnels avec Londres et promulguait une politique (plus poussée) d'amitié envers les pays « épris de paix » [48] -ce qui lui valait de présider la cinquième conférence des Non-Alignés en août 1976 (un poste que récupererait Castro en 1979 et (Mme) Gandhi en 1983. Mais par tactique politicienne, les trotskystes rompaient avec elle et étaient exclus de la coalition gouvernementale en septembre 1975: leurs alliés stalinistes, se sentant marginalisés par la montée de l'aile « droite » du Parti de la Liberté, s'en retireraient aussi en février 1977.

Malgré un regain de pressions policières et des promesses démagogiques nombreuses (le gouvernement accordant des contrats à 200.000 instituteurs, professeurs et infirmières en quelques heures), e Pnu écrasait ses adversaires lors des législatives du 21 juillet 1977: il obtenait 139 sièges sur 168, n'en laissant que huit au Pl et aucun au Front de la Gauche Unie qui rassemblait le Pc et le Pes. Brejnev goûtait peu cette nouvelle donnée qui coïncidait avec le glissement de tout le sous-continent indien hors de la mouvance soviétique: le Bangladesh avait répudié progressivement la tutelle indienne à partir de 1975-1976; les élections des 16-20 mars 1977 avaient permis à une coalition dominée par les conservateurs d'évincer le parti de (Mme) Gandhi, avec 349 députés sur 542 au total: le nouveau premier ministre Moraji Desai prévenait aussitôt le Kremlin que l'Inde poursuivrait désormais « une vraie politique étrangère neutraliste » et il se disait prêt à abroger le traité d'amitié de 1971 si Moscou

46 — *The Great Soviet Encyclopedia*, 1973-1983, t.29, p.680.
47 — *The Far Eastern Economic Review*, 21 mai 1987.
48 — *The Great Soviet Encyclopedia*, 1973-1983, t.29, p.680.

protestait contre cette attitude. Au Pakistan, l'armée avait pris le pouvoir à l'aube du 5 juillet 1977 pour mettre un terme à quatre mois de violences au cours desquelles 11.000 personnes avaient tâté de la prison: certes, les relations entre le général Zia et l'administration Carter se détérioraient à cause de nombreux prétextes nés dans les cerveaux futiles des conseillers de la Maison-Blanche, mais le Kremlin redoutait l'émergence d'un régime militaire lié à un Islam militant.

A Colombo, le gouvernement de Junius Jayewardene saisissait, début août, *The Times of Ceylan*, quotidien qui appartenait au fils et à l'héritier politique de (Mme) Bandaranaike, Anura, qui avait perdu son siège de député comme sa mère (en Inde, le fils et l'héritier politique de (Mme) Gandhi, Sanjay, avait aussi perdu son siège tout comme elle). Les « gauches » ne se tinrent pas pour battues et provoquèrent des incidents qui se soldèrent par des dizaines de morts et des milliers de réfugiés; l'ordre restauré, le premier ministre, ennemi déclaré de l'Urss depuis 1951, expulsait deux « syndicalistes » soviétiques. Les milieux d'affaires étrangers, reprenant confiance et contents du processus de privatisation engagé dans une certaine mesure, réinvestissaient. Dans l'euphorie liée au renouveau économique, le Pnu triomphait aux municipales de 1978 tandis que le clan Bandaranaike et ses satellites ne s'imposaient dans aucun des 29 conseils urbains.

Mais Jayewardene, élu président de la république en 1978, haussait le ton à l'encontre du Kremlin. Il condamnait en des termes sévères « l'interférence (de l'Armée Rouge) dans les affaires intérieures afghanes » et exigeait « leur retrait immédiat de (Kaboul) »; de plus, il refusait de reconnaître le gouvernement provietnamien de Phnom Penh. De nouvelles grèves, qui portaient un rude coup à l'économie, éclataient alors, à l'initiative du Pl et du Pes; l'ordre une fois encore restauré et la participation aux troubles de (Mme) Bandaranaike ayant été établie, celle-ci était privée de ses droits civiques pour sept ans et exclue du parlement en octobre 1980: (Mme) Gandhi (réélue lors d'une partielle en novembre 1978, avait, elle aussi, été exclue du parlement un mois plus tard), redevenue premier ministre en janvier 1980 (et qui avait approuvé en février suivant l'invasion de l'Afghanistan, de même qu'elle avait reconnu le régime cambodgien de Heng Samrin en juillet à l'issue d'une visite de Pham Van Dong en avril), lui adressait des messages de soutien. Ces démonstrations d'amitié ne suffisaient pas. Lors des élections législatives anticipées d'octobre 1982, le Pnu renouvelait son succès de 1977 non sans ambiguïté; pour la lever, et agissant à la limite de l'illégalité, le pouvoir organisait un référendum, le 22 décembre, pour faire valider les mandats des députés jusqu'en août 1989 avec mission de ramener l'ordre dans l'île.

Le Kremlin avait décidé de reconquérir les faveurs du Sri Lanka, qui avait accordé des facilités portuaires à la marine américaine - malgré l'opposition de New Delhi exprimée officiellement en février 1982 et alors que les Maldives avaient refusé à la flotte rouge d'utiliser la base de Gan évacuée par les Britanniques en 1976, et que Brejnev proposait de louer. La tactique consistait à ramener les gauches décapitées et quelque peu désorganisées au pouvoir, par exemple à la faveur d'élections qui se tiendraient dans une atmosphère de crise économique et sociale; les stratèges du Kgb et/ou du Gru envisagèrent une solution à leur problème. Ils utiliseraient les groupuscules militants et maximalistes de la minorité tamoule pour déstabiliser le pays et le précipiter au bord de la faillite: tout comme (Mme) Gandhi, exclue du parlement, avait, par l'intermédiaire de son fils Sanjay et du futur président de la république Zail Singh, livré des armes (soviétiques) et des fonds à des Sikhs et à des Assamais indépendantistes afin de ruiner le grenier à riz du Penjab et de rendre inutilisables les si précieux champs pétrolifères de l'Assam à l'époque où « la droite » présidait aux destinées de l'Inde; discrédité, le premier ministre Desai avait démissionné en juillet 1979 et (Mme) Gandhi était revenue aux affaires six mois après.

La communauté tamoule, du moins dans sa composante politique, a lentement évolué de la coopération conditionnelle à l'hostilité sans compromis. Le départ des Anglais en 1948 entraîna une immigration de nombreux cadres compétents, souvent convertis (?) à l'anglicanisme ou au protestantisme, vers d'autres pays du Commonwealth où ils espéraient conserver leur statut social conféré par les autorités impériales et que leur ravissaient les Cinghalais majoritaires et longtemps tenus à l'écart des responsabilités par Westminster. Le Congrès Tamoul (Ct), fondé en 1919, s'associa déjà au Pnu dès l'indépendance -à l'inverse du Parti Fédéral (Pf); en revanche, celui-ci participa éphémèrement à une coalition avec le même Pnu à partir de 1965, mais pendant moins de trois ans. Quand (Mme) Bandaranaike institua la république -qu'elle souhaitait évidemment très centralisée, le Ct et le Pf formèrent, pour résister à « l'hégémonie administrative » qui menaçait leurs intérêts, le Front Uni de Libération Tamoul (Fult), lequel enleva 18 sièges de députés alors qu'il présentait 26 candidats aux élections de juillet 1977 qui virent la déroute des gauches.

Probablement à l'initiative du Pl, dont l'organe *The Times of Ceylan* avait été confisqué début août, des troubles réputés communautaires provoquaient, de fin août à début septembre, des dizaines de morts. Désapprouvant ces violences et ces manipulations, un député du Fult rejoignait les rangs du parti conservateur: les Tigres, clandestins, armés et organisés depuis 1972 mais encore peu actifs, échouaient dans leur tentative de l'assassiner; mais ils massacraient quatre enquêteurs chargés de faire la lumière sur cette affaire et revendiquaient bientôt d'autres meurtres. Le Fult ayant obtenu la majorité dans cinq conseils urbains en 1978, le parlement votait une loi sur la décentralisation en 1980 afin de réduire les tensions ethniques; le Fult accueillait cette mesure favorablement, mais les Tigres et l'Organisation de Libération du Peuple Tamoul (Olpt), qui s'était séparée du Fult en 1978 (notamment pour adopter une ligne plus marxiste prônant des soulèvements insurrectionnels des « masses populaires ») la rejetaient et ponctuaient leur refus commun de meurtres, principalement au cours d'une « période de rôdage » d'août à octobre 1981.

Amnesty International commence alors son travail. Elle écrit au président de la république *les 30 avril et 11 juin 1981 (pour lui exprimer son inquiétude quant aux) arrestations et tortures imputées à la police et à l'armée* [49]; elle se préoccupe aussi de la *loi sur la prévention sur le terrorisme (...) qui étend le champ de l'application de la peine de mort,* même si elle doit reconnaître que *depuis l'arrivée au pouvoir (du Pnu) aucune exécution n'a eu lieu* [50]. Le 20 août, *(elle) a télégraphié au président pour lui exprimer (...) son inquiétude à propos des allégations de torture et de mauvais traitements qui accompagnaient (systéma-tiquement) les demandes d'habeas corpus* [51]. *Elle (télégraphie encore) au président le 28 août (...) pour demander au gouvernement (l')abrogation (de la peine capitale)* [52]. Elle expédie une ultime lettre le 27 octobre [53]. A l'étranger, *(le centre de Londres) a soumis des renseignements concernant (...) trois Tamouls « disparus » au Groupe de Travail sur les Disparitions Forcées et Involontaires créé par la Commission des Droits de l'Homme des Nations-Unies* [54]. Son action culmine en 1983: tout au long de l'année 1982, la machination prend lentement forme, les *chercheurs* écrivent encore au

---

49 — *Rapport Annuel* 1982, p.283.
50 — *Rapport Annuel* 1982, pp.283 et 286.
51 — *Rapport Annuel* 1982, p.284.
52 — *Rapport Annuel* 1982, p.285.
53 — *Rapport Annuel* 1982, p.286.
54 — *Rapport Annuel* 1982, p.285.

président Jayewardene, les 7, 20 et 24 décembre [soit deux fois avant et une fois après le référendum du 22 décembre -un peu selon le scénario essayé en 1980-1981 à Séoul] (...) *pour exprimer (leurs inquiétudes) devant la détention de membres de partis d'opposition, et en insistant pour (...) que les détenus soient relâchés immédiatement* [55]. Le bubon amnestien arrive à maturité: le *centre de Londres* le crève.

Il avait envoyé des *délégués en mission (...) du 31 janvier au 9 février 1982* [56], mission dirigée par un juriste américain, Orvill Schell [57]. Mais ce n'est que le 6 juillet 1983, soit 17 mois plus tard, qu'il publie un rapport sous le titre *Report of an Amnesty International Mission to Sri Lanka, 31 January-9 February 1982* [58] [59], long de 72 pages et accusant le gouvernement *(de priver) les détenus politiques de leurs droits fondamentaux* [60]. Les salles de rédaction s'émeuvent, de cet air entendu qu'on retrouve souvent chez les imbéciles qui veulent passer pour informés. Les pouvoirs exécutif et législatif nient les accusations. Bien plus, le président ose blasphémer l'idole des bien-pensants: peut-être est-il le seul, avec le premier ministre Lee Kwan Yew de Singapour [61], à avoir osé aller aussi loin. Il dénonce la partialité d'Amnesty International, ses méthodes d' « investigation » et le recrutement de ses informateurs: non sans raison. En effet, le noyau de l'*organisation* au Sri Lanka est composé d'un certain Desmond Fernando, juriste marié à Suriya Weckremasinghe... qui n'est autre que la fille d'un docteur Sa Weckremasinghe, ancien dirigeant d'un parti trotskyste qu'il quitta pour fonder le Parti Communiste du Sri Lanka, et qui mourut en 1981 à Moscou. Il y a aussi Kumar Rupasinghe, qui a épousé la fille de (Mme) Bandaranaike -dont il a divorcé depuis, et qui était connu pour ses « opinions » extrémistes puisqu'il complota contre sa belle-mère au début des années 1970. Un journaliste britannique, David Selbourne, de la *Saturday Review* publiée à Jaffna et dont le rédacteur en chef tamoul s'est réfugié en Inde d'où il continuait son action, complète

---

[55] — *Rapport Annuel* 1983, p.285.
[56] — *Rapport Annuel* 1984, p.282.
[57] — *The Japan Times*, 7 juillet 1983.
Orvill Hickok Jr Schell est né en 1908 et fut diplômé de Harvard -selon *The Who's Who in America*, Chicago 1984, t.2, p.2889.
[58] — *Rapport Annuel* 1984, p.298.
[59] — Un résumé de ce rapport est paru en français sous le titre: *Sri Lanka -l'emprisonnement des opposants politiques, notamment de la minorité tamoule* (in *Rapport Annuel* 1984, p.298 note de bas de page).
[60] — *Rapport Annuel* 1984, annexe 2, p.439.
[61] — *The Japan Times*, date non répertoriée.

le trio: il sera expulsé en août 1983 [62]. (Mme) Gandhi, offusquée de ce qu'on puisse emprisonner des opposants (elle-même n'en détint officiellement pas plus de 34.630 en 22 mois d'état d'urgence), gronde: Jayewardene la remet à sa place en regrettant, le 20 juillet, qu'elle s'intéresse de trop près aux affaires domestiques de son pays. L'ambiance se tend.

Le 23 juillet, 13 soldats furent tués (...); ces meurtres furent attribués [63] *à un groupe d'extrémistes tamouls* [64]. Cet « incident » survint donc 17 jours après la parution du *Report of an Amnesty International Mission to Sri Lanka* dont la gestation avait duré 17 mois... Des heurts se produisent, en réaction, à Colombo entre Cinghalais et Tamouls. « L'opinion publique mondiale» s'indigne de la *passivité des forces de l'ordre à empêcher les massacres,* et la sous-commission des droits de l'homme de l'Onu, réunie à Genève le 23 août, critique « l'indifférence » de la police et de l'armée cingalaises au cours des troubles -l'indignation étant possible parce que les salles de rédaction, à leur habitude, n'informent pas, par ignorance le plus souvent, « l'opinion publique » et que ladite sous-commission n'oserait jamais s'élever contre Amnesty International dont elle est le fruit. C'est ainsi que peu se rappellent que la même police calomniée avait intercepté et neutralisé des groupes se réclamant du bouddhisme qui s'apprêtaient à piller et à incendier des magasins de commerçants tamouls dans la capitale en janvier; que peu sauront que des Tigres, infiltrés à Colombo -alors que les troubles avaient cessé- et revêtus d'uniformes militaires, tireront sur des soldats et sur es civils pour relancer l'agitation. Mais les démocraties libérales et progressistes seront presqu'unanimes pour réprouver le décret, en date du 30 juillet, d'interdiction de trois partis politiques de gauche en *raison de leur activité présumée aux violences* [65] [66]: il s'agit du Front de Libération Populaire qui avait déclenché l'insurrection de 1971 et que chaperonnait un ancien étudiant de l'Université

---

[62] — Ces informations proviennent de deux sources: d'un ambassadeur de Colombo en Europe lors d'une interview en été 1985, d'une part. D'un militant tamoul en Extrême-Orient, « proche » des Tigres pour lesquels il traduisait des ouvrages militaires et préfère ne pas être identifié même par ses initiales (il insista aussi pour que les dates ni les lieux de nos rencontres ne soient mentionnés), d'autre part.

[63] — Amnesty International suggère que ces accusations aussi ont été *fabriquées de toutes pièces*; le militant sus-mentionné qui était à ce moment-là dans un rayon de 200 mètres de l'embuscade, nous a assuré que les Tigres étaient responsables, suggérant que lui-même n'y était pas forcément étranger.

[64] — *Rapport Annuel* 1984, p.300.

[65] — *Rapport Annuel* 1984, p.302.

[66] — Centre Français d'Etude des Relations Internationales/département Asie-Pacifique *Sri Kanka, chronologie 1980-1986* ; *The Japan Times,* 26 et 30 juillet 1983.

Patrice Lumumba à Moscou, du Nouveau Parti de l'Egalité (trotskyste) de Wasudva Nanayrkkara [67] et du Parti Communiste...

Le ministère de l'Information accusait « une grande puissance » d'avoir coordonné à un certain niveau des affrontements d'ailleurs politiques plus que raciaux, puisqu'il dédouanait le Fult [68] et qui se concluraient par quelque 400 morts et 100.000 sans abri. L'économie basculait: les touristes résiliaient leurs réservations en masse à la veille des fêtes religieuses annuelles, les capitalistes étrangers seulement préoccupés de bénéfices à court terme désinvestissaient massivement [69]; le ministre des Finances envisageait la ruine de l'économie si les troubles persistaient[70]. En effet, le déficit budgétaire pour 1987 s'élevait à 1,04 milliard de dollars et le montant de la dette extérieure à 2,7 milliards de dollars: dans le même temps, le budget de l'armée passait de 0,7% en 1983 à 17% en 1987 [71], et ce déséquilibre devait provoquer par la suite une crise du non-emploi grave en 1990 [72].

Parce que le *centre de Londres* dispose, d'après ses propres statistiques, de dizaines de *chercheurs*, il peut mener de front plusieurs actions humanitaires. A l'époque où une équipe contribue à désorganiser le Sri Lanka une autre garde un oeil sur l'Indonésie, et plus particulièrement sur le Timor oriental.

On a vu comment cette ancienne province portugaise était passée sous le contrôle du Fretilin pro-soviétique (qui avait rompu unilatéralement avec Lisbonne) en novembre 1975 à la suite de la révolution « des Œillets » d'avril 1974; puis comment elle fut annexée à l'Indonésie en juillet 1976. L'Urss refuse d'entériner cette évolution; Amnesty International de même, qui reçoit *d'inquiétantes informations* de cette région *occupée depuis décembre 1975 par les troupes indonésiennes* [73]; dans le seul *Rapport Annuel,* 1982 les termes *troupes d'occupation* et *Timor occupé* reviennent aux pages

---

67 — Lui aussi avait participé au soulèvement de 1971 aux côtés du Flp dont il s'était éloigné; emprisonné alors, il le fut à nouveau en 1975. Libéré sous caution, il « disparut » -pour réapparaître à Londres lors d'un défilé organisé par les Tamouls en juillet 1985 à Londres...

68 — *The Japan Times* , 1er août 1983. Le mot de la fin appartient à la cour de Justice de Berlin-Ouest qui a dénié aux Tamouls le droit de revendiquer l'asile politique en tant que « groupe persécuté »; les juges (allemands, certes) ont estimé que leur minorité, contrairement à leurs affirmations, n'était pas la cible de menace particulière -selon *The Japan Times,* 1er novembre 1987.

69 — *The Far Eastern Economic Review,* 21 février 1985.

70 — Interview d'un responsable du ministère de l'Information, Tokyo 1987.

71 — *Asiaweek,* 17 mai 1987.

72 — *Asiaweek,* 26 avril 1987.

73 — *Rapport Annuel* 1982, p.246; *Rapport Annuel* 1983, p.254.

242 (une fois), 246 (une fois) et 247 (trois fois) -et les rédacteurs veillent à opérer un distinguo entre Indonésiens et Timorais comme ils le feraient pour deux nations distinctes: *les forces d'occupation indonésiennes ont arrêté cinq Timorais*[74]; ou *les militaires indonésiens (sont accusés) d'avoir tué des habitants du Timor*[75]; soulignent-ils. En 1979, le gouvernement australien libéral mou de Malcolm Fraser reconnaît la souveraineté indonésienne sur cette partie de l'île, tout comme il avait entériné l'invasion du Viet Nam du sud en 1975: au nom de la « raison d'Etat ».

Mais en mars 1983, les Travaillistes remportent les élections et Robert Hawke devient premier ministre à Canberra. Leur parti ayant milité, dans son programme, pour « l'autodétermination » de la région, Djakarta s'inquiète des plans que l'on prête au ministre des Affaires Etrangères proche de l'aile gauche de l'appareil (peut-être plus avec l'espoir de succéder avec son soutien à Hawke plutôt que par idéologie), Bill Hayden, de reconsidérer la position australienne et de soulever la question de la légitimité du Fretilin lors de l'assemblée générale de l'Onu à l'automne.

Le président Suharto et le responsable de sa diplomatie Mochtar Kusumaatmadja, prennent les devants. Ils convient une délégation parlementaire bi-partisane, dirigée par le travailliste Bill Morrison, à sillonner, accompagnée ou non d'une escorte légère, le Timor oriental où et quand ils le voudront et sans avertir au préalable les autorités administratives civiles ou militaires de leurs plans ni de leurs déplace-ments: ils acceptent même d'inclure parmi les cinq « enquêteurs » un certain Gordon Mac Intosh qui ne fait pas mystère de ses « sympathies » pour les indépendantistes. Grâce à ces assurances, et à la différence de Soysal qui n'a pas dépassé les limites de Kaboul, la mission sillonne des aires réputées à l'étranger sous le contrôle de la guérilla; au cours de son séjour, en juillet 1983, elle n'entend aucun coup de feu et quand elle rencontre, un jour par hasard, un groupe arborant de vagues insignes Fretilin, elle les confond avec des auto-stoppeurs se rendant s'approvisionner au marché local (ce que tolère le gouverneur Mario Carrescalao, ancien adversaire de Djakarta, rallié et nommé à ce poste en 1983); elle peut écouter des civils, et pas un ne confirme les repor-tages de presse ou amnestiens des massacres qu'aurait perpétrés l'armée. Revenus en Australie, quatre des parlementaires témoignent devant la presse (Mac Intosh a décidé

[74] — *Rapport Annuel* 1982, p.247.
[75] — *Rapport Annuel* 1982, pp.247-248.

de se dissocier d'eux, arguant non des constatations faites sur le terrain mais de ses croyances politiques). Morisson indique que l'administration, solidement implantée, n'est pas remise en cause par la population et qu'il n'a constaté aucun déploiement de forces de l'ordre[76]. Entre temps, Amnesty International contre-attaque. Le 20 juillet, elle porte à la connaissance des journalistes un opuscule de 82 pages qu'elle dit avoir été édité par et pour les militaires indonésiens. L'ouvrage *(autoriserait) l'emploi de la torture (au Timor oriental)*[77] et indiquerait le mode d'emploi de sévices *à l'encontre de suspects afin d'obtenir leur coopération*[78]. Les *chercheurs* expliquent que ce document leur a été communiqué par le Fretilin, qui avait réussi à s'en procurer un exemplaire lors d'une embuscade tendue par ses hommes en décembre 1982; connus et respectés pour leur *impartialité,* il leur a fallu sept mois pour s'assurer de son authenticité, prétendent-ils. Ils sont convaincus de cette authenticité précisément la veille du jour où les parlementaires australiens allaient visiter la partie orientale de l'île...

Cette coïncidence parut énorme. Le général Yoga Sumaga, en charge de l'agence de coordination des renseignements, accusa Amnesty International, le 23, de manipulation[79]. Le gouvernement de Canberra lui-même réagit « froidement » aux accusations du *centre de Londres*, les trouvant « exagérées » [80]. Le premier ministre Hawke discuta avec les parlementaires et décida de ne pas parler du « problème timorais » lors de la 38ème session de l'assemblée générale de l'Onu, qui ne l'inscrivit pas sur son agenda bien *(qu')Amnesty International (exposât) tous ses sujets d'inquiétude (...) depuis l'invasion de 1975, le 2 septembre devant le Comité spécial de la décolonisation aux Nations-Unies* [81]*;* au contraire, le témoignage de (John) Hamilton [très « pro-indonésien »], correspondant du *Herald and Weekly Times* à Timor en 1983 où il (séjourna) pendant plus d'une semaine, (fut) adopté comme document de référence par l'Onu (et fut) jugé très positif par l'ancien premier ministre [très progressiste] australien Gough Whitlam » [82].

---

76 — Agence Plus d'Information novembre 1983, synthétisant un numéro d'août (ou septembre?) de *The Far Eastern Economic Review* ; *The Japan Times*, 25 et 31 juillet 1983.

77 — *Rapport Annuel* 1984, Annexe 2, p.433.

78 — *Rapport Annuel* 1984, p.270.

79 — *The Japan Times,* 25 juillet 1983.

80 — *Indonesia* (périodique publié par l'ambassade indonésienne à Paris), 5 juillet 1985.

81 — *Rapport Annuel* 1984, p.270.

82 — *Indonesia*, 5 juillet 1985.

Ultime coup dur pour Amnesty International: le 22 janvier, le chargé d'affaires Ian Hutchens transmet une lettre au président de l'assemblée générale, le Zambien Paul Lusaka, pour l'avertir du retrait de l'Australie du comité pour la décolonisation auquel elle appartint de 1961 à 1968 et de 1973 à 1985[83]; le 21 août enfin, Hawke, accordant une interview à la télévision indonésienne, affirme pour la première fois que son gouvernement travailliste reconnaît le Timor oriental comme la 27ème province relevant de Djakarta[84]; le coup de grâce vient en septembre, quand Lisbonne, après un moment d'humeur, accepte d'envoyer une délégation sur l'île [85]. Amnesty International en est réduite à livrer un combat d'arrière-garde qu'elle entend d'ailleurs gagner et qui, de ce fait, ne manque pas de pugnacité: en 1985, *elle s'est inquiétée de nouvelles informations faisant état de violations des droits de l'homme au Timor oriental, territoire occupé par l'Indonésie* (ne manque-t-elle pas de glisser). Puis elle s'agite et précise dans sa communication du 20 août -c'est-à-dire à quelques heures de l'interview de Hawke- au comité spécial de la décolonisation de l'Onu *que les forces indonésiennes recouraient constamment à l'exécution arbitraire de civils non-armés* [86].

Pourtant, les salles de rédaction demeurent persuadées que les Timorais, pour beaucoup catholiques, survivent dans la terreur. Amnesty International dit estimer à 200.000 (soit le tiers de la population) le nombre de tués depuis décembre 1975 [87] [88]. Ce qui parait exagéré: « les allégations les plus invraisemblables ont été avancées quant au nombre de vies perdues depuis l'occupation [sic] indonésienne, à savoir de 200.000 à 300.000 morts. De telles estimations ne sont pas, en réalité, fondées: elle sont issues d'une comparaison entre un recensement effectué avant 1975 et un autre fait par l'épiscopat catholique après 1975 quand la plus grande partie de la population s'était enfuie loin des combats dans les collines: elle ne pouvait donc pas être prise en compte dans ces dernières statistiques. La baisse apparente fut utilisée par les propagandistes les moins scrupuleux. Une étude attentive de Peter Rogers, journaliste au *Sunday Morning Herald*, montre que si l'on prend en compte les Timorais de l'est qui s'enfuirent, pour ne pas tomber sous la coupe du Fretilin, au Timor occidental et ensuite en Australie ou au Portugal, il y eut environ 30.000 tués, dont 5.000

---

83 — *The Mainichi Daily News*, 24 janvier 1985.
84 — *The Japan Times*, 21 et 23 août 1985.
85 — *The Far Eastern Economic Review*, 29 septembre 1985.
86 — *Rapport Annuel 1985*, p.271.
87 — *Rapport Annuel 1986*, p.251.
88 — *The Far Eastern Economic Review*, 8 août 1985.

pendant la guerre civile et l'occupation indonésienne, et 25.000 par suite de malnutrition et de maladies » [89]. Certes, les événements de 1974-1977/1979 se soldèrent par des morts nombreuses. Mais il convient d'en attribuer les responsabilités à qui de droit. Xavier De Amaral se confia à un journaliste [90] : « président » de la République proclamée en novembre 1977 par son « premier ministre » (les vieilles pratiques protocolaires subsistaient encore dans la jungle et l'on n'était chiche en titres ni en grades) Nicolas Lobato: le comité central du Fretilin lui reprochait en effet ses analyses humanitaires issues d'un complexe petit-bourgeois mal assumé: il demandait, et ses camarades y discernaient les prémisses d'une trahison inéluctable et impardonnable, que les maquisards renvoyassent les civils déportés avec eux, crevant de faim et de maladie et qui servaient de rempart aux révolutionnaires lors des rencontres avec l'armée. Or, il fallait des victimes innocentes pour qu'Amnesty International pût affirmer que *500 civils timorais ont été exécutés par les forces armées indonésiennes* [91]: De Amaral fut donc condamné à mort par ses frères de combat, et il n'eut la vie sauve que grâce à une attaque surprise des gouvernementaux sur son lieu de détention. Il y eut aussi des famines [92], causées par les combats tant que Djakarta n'eût pas brisé le Fretilin; mais elles ne furent pas organisées comme les détracteurs de l'Indonésie l'affirment: la province du Timor recevait, en 1985, 100.000 roupies par habitant, soit le second budget local juste après celui alloué à la capitale [93]. Enfin, si des mosquées se construisent dans la région et si la communauté chinoise diminue, le nombre de chrétiens a progressé pour former de 30 à 80% de la population selon les districts et le gouverneur de Timor professe lui-même la religion du Christ. Dans le même temps, l'afflux contingenté d'immigrants musulmans ayant dû quitter la capitale surpeuplée (Djakarta abrite quelque 60% des 165 millions d'Indonésiens) n'obéit pas à un plan machiavélique d'ethnocide ou de génocide mais à des impératifs économiques. Le Timor n'est pas seul affecté par ce processus migratoire d'une nation en formation, mais tout le territoire national [94].

Ultime exemple que l'on retiendra: le Népal. Le roi absolu Birendra nomme, en mai 1985, Randhir Subba aux Affaires Etrangères: celui-ci, ancien ambassadeur à Pékin de 1963 à 1971 (c'est-à-dire de l'époque où

---

[89] — *The Daily Yomiuri*, 10 décembre 1991.
[90] — *The Far Eastern Economic Review*, 3 novembre 1983.
[91] — *Rapport Annuel* 1981, p.268.
[92] — *Indonesia*, 9 juillet 1985.
[93] — *The Far Eastern Economic Review*, 8 août 1985.
[94] — *The Japan Times*, 15 mai 1986 et 26 mars 1987.

la Rpc rompt avec Moscou, à celle où elle entre dans la première phase de rapprochement avec Washington) passe pour très anti-soviétique et intransigeant sur la question afghane. La presse communiste au Népal condamne cette nomination et prévient le roi « qu'il aura à payer un prix élevé pour s'être éloigné de la voie du non-alignement ». Le mois suivant, un Front Révolutionnaire prônant l'abolition de la monarchie et l'instauration d'une République Démocratique perpètre des attentats à la bombe dans la capitale, tuant ainsi sept personnes. Parallèlement, Amnesty International publie son *Rapport Annuel* 95 dénonçant les mesures prises par les forces de l'ordre pour assurer la sécurité dans le pays sur 30 lignes, soit un doublement de la pagination de l'année antérieure quand le Népal ne s'était pas encore éloigné « de la voie de non-alignement » ...

UN POMPIER NOMME AMNESTY

Le rôle imparti à Amnesty International n'est pas que d'activer les foyers de troubles; le *centre de Londres* n'a pas une vocation anarchique et on l'a vu protéger, en minimisant leurs forfaits, des gouvernements alliés à l'Urss: par exemple en Corée du nord, au Cambodge, au Viet Nam et en Afghanistan. Le procédé varie peu: on cite les textes constitutionnels officiels ou bien les *chercheurs* se retranchent derrière la difficulté, voire l'impossibilité, d'enquêter. *(A cause de) la poursuite des hostilités, Amnesty International est dans l'impossibilité d'évaluer le nombre de prisonniers politiques en détention (en Afghanistan)* 96; le *centre de Londres* l'estime vaguement *à trois ou quatre mille,* ce qui est assez peu pour un pays ravagé; mais à l'opposé, il prétend avec beaucoup de cette précision qui réconfortera les rares militants capables de lire sa prose que Karmal a fait relâcher en une seule fois *au moins 1.772 prisonniers* 97. Au Viet Nam, la commission d'enquête (sic) n'hésite pas à s'auto-critiquer sans ménagement pour venir en aide aux geôliers de Hanoï: les émissaires se disent, faute d'expérience professionnelle (mais alors sur quels critères les a-t-on désignés, et pourquoi? s'interrogera Candide), inaptes à établir *un bilan d'ensemble des conditions de détention dans les camps* 98; et ils passent à un autre sujet. Lorsque Brejnev lorgne avec une certaine bienveillance sur le Cambodge de Pol Pot en 1976, Amnesty International explique ses silences par le fait *qu'il est encore difficile d'évaluer la situation des droits*

---

95 — *Rapport Annuel* 1986, pp.263-264.
96 — *Rapport Annuel* 1982, p.212.
97 — *Rapport Annuel* 1982, p.213.
98 — *Edition Française d'Amnesty International,* 1980, p.25.

de l'homme **99**. En Corée du nord, le climat de guerre froide **100** empêche les *chercheurs* de *découvrir aucune information, même favorable* **101** bien qu'ils aient *passé au crible toutes* [sic] *les informations dont ils disposaient* **102**.

Le Sri Lanka présente un résumé de ces procédés. En 1971, le régime bolchevisant du premier ministre (Mme) Bandanaraike réprime un soulèvement de l'aile marxiste-léniniste de sa coalition; des milliers **103** de personnes périssent et sont enfermées. Le *centre de Londres* se tait pourtant, puis n'hésite pas à annoncer, sans créer de remous chez les militants ni de surprise chez les journalistes ayant d'habitude la sensibilité à fleur-de-peau, que *considérant que le gouvernement* [ami de l'Urss] *avait traversé une crise grave, Amnesty International a décidé de ne pas agir pendant six mois*: la police politique a ainsi les mains libres! Mais que le pays adopte un régime conservateur, et le même *centre de Londres* qui, cette fois-ci ne trouve pas que le gouvernement traverse une crise politico-ethnique grave depuis dix ans, ordonne sans appel aux autorités de Colombo de faire la lumière sur des cas de disparition et de torture concernant 216 individus **104**, et ce, toute affaire cessante.

L'ingéniosité perverse des *chercheurs* trouve peut-être le mieux à s'employer aux Philippines. A l'origine du marxisme-léninisme aux Philippines était le Parti Communiste fondé en 1930 et connu sous ses initiales indigènes (Pkp -Partido Koministang Philipinas). Il engagea quelques actions terroristes sans grand impact mais destinées à lui conférer un certain prestige facile contre la puissance tutélaire américaine, chargée de l'administration de l'archipel depuis le traité de Paris de 1898 conclu aux termes d'une guerre avec l'Espagne. L'invasion japonaise de janvier 1942 ne le rendit pas beaucoup plus actif. Recevant des armes en quantité non négligeable de la part du lobby libéralo-progressiste du président Franklin Roosevelt, l'aile militaire du Pkp appelée Armée du Peuple Hukbalang et fondée en 1942, préféra renforcer ses structures de prise de pouvoir après le départ des Nippons et des Américains: il n'était pas question d'engager les hostilités et de se faire sans doute étriper. L'armée impériale de Tokyo ayant déposé les armes en août 1945, et le président Harry Truman ayant

---

99 — *Rapport Annuel* 1976, p. non répertoriée.
100 — *Rapport Annuel* 1975, p.102.
101 — *Rapport Annuel* 1978, p.133.
102 — *Rapport Annuel* 1978, p.133.
103 — *The Far Eastern Economic Review*, 21 mai (?) 1987.
104 — *The Far Eastern Economic Review*, 22 (?) juin 1987.

octroyé l'indépendance à Manille en 1946, les maquisards inauguraient une offensive contre le gouvernement. A la suite de quelques engagements, l'Armée de Libération Populaire, restructurée en 1950, opérait un repli stratégique; en 1954, les survivants se regroupaient dans les coins les plus reculés et les plus oubliés, constituant autant de collectivités plus propres à intriguer les ethnologues qu'à inquiéter les militaires.

Ils auraient pu mourir heureux dans leur solitude mais leur lente agonie fut troublée par la rivalité idéologico-stratégique sino-soviétique. En 1967, un groupe pro-maoïste fut expulsé du Pkp. « En décembre 1968, ce groupe forma le soi-disant « Parti Communiste des Philippines - Pensée de Mao Zedong (P.C.P.) » renforcé par une Nouvelle Armée du Peuple qui commença un combat acharné contre le gouvernement »[105]; « à Luzon, la N.A.P., établie à partir d'une scission de gauche au sein du P.K.P. en 1969, se livra à des actes de terrorisme (...) mais elle ne recevait aucun soutien de la part des paysans »[106]. Les pères fondateurs du Pkp ne souhaitaient pas abdiquer leurs responsabilités historiques. Le parti, mal en point et débordé, devait définir une nouvelle tactique en prise directe avec les « conditions objectives » du moment. En 1956, le Pkp avait décidé officiellement d'abandonner la lutte armée; après l'élection de Ferdinand Marcos à la présidence en 1965, les cadres avaient expulsé les gauchistes du Pcp en 1967, tandis que le secrétaire général du Pkp, arrêté avec l'ensemble du secrétariat politique en 1950, négociait laborieusement sa libération. Il était obligé à de nombreuses concessions pour sauver un peu de l'appareil. En effet, « prenant avantage (des actes terroristes de la N.A.P.), les autorités avaient lancé une offensive contre le P.K.P. et les organisations progressistes de masses: la ligne aventureuse du P.C.P. avait infligé un rude coup aux forces anti-impérialistes des Philippines »[107]. Il fallait composer: « le sixième congrès du P.K.P. tenu en février 1973, adopta un nouveau programme ayant pour but le développement pacifique de la révolution aux Philippines. En octobre 1974, le P.K.P. parvenait à un accord avec le gouvernement à propos des activités légales du parti. Ayant émergé de la clandestinité, le P.K.P. cessait son combat armé et étendait son soutien aux « réformes progressives inaugurées par le président Marcos », réforme agraire comprise [108], telle qu'il l'avait définie après avoir déclaré la loi martiale en septembre 1972. Cette évolution intérieure reflétait un

---

105 — *The Great Soviet Encyclopedia*, 1973-1983, t.12, p.271.
106 — *The Great Soviet Encyclopedia*, 1973-1983, t.27, p.416.
107 — *The Great Soviet Encyclopedia*, 1973-1983, t.12, p.271.
108 — *The Great Soviet Encyclopedia*, 1973-1983, t.12, p.271; cf aussi t.27, p.416 sur l'amnistie des dirigeants du Pkp et la légalisation du parti.

changement dans la diplomatie du président Marcos. « Dans les années 1970, les Philippines commencèrent à réexaminer la conduite de leurs Affaires Etrangères qui avait été fortement alignée sur celle des Etats-Unis. En 1970, le président Marcos retirait les unités militaires de Manille installées au Sud Viet Nam et mettait un terme aux limitations portant sur les contacts économiques et culturels avec des pays socialistes »[109]. La visite du président Marcos en Urss (du 31 mai au 7 juin 1976) révélait l'accord ou le presqu'accord entre les Philippines et l'Urss sur de nombreuses questions diplomatiques. Pendant sa visite, des relations bilatérales étaient établies et un accord commercial, dont les bases remontaient à 1972, était signé; « en juillet 1976, les Philippines nouaient avec la République Socialiste du Viet Nam »; en Chine Populaire, Zhou Enlaï ayant promis de cesser son soutien moral (armes, munitions, etc) au Pcp contre la fin des relations entre Manille et Taïpeh, « les Philippines, en 1977, entretenaient des relations diplomatiques avec presque tous les Etats socialistes »[110].

L'objectif prioritaire de Moscou n'est donc pas déstabiliser Marcos, dont il s'accommoderait fort bien, pour le renverser: il s'agit plutôt, pour la Place Rouge, en suscitant une certaine agitation (et pour qu'elle soit crédible, armée), de contraindre Manille à prendre des mesures de maintien de l'ordre: au demeurant normales, elles offusqueront sur commande les libéraux occidentaux en général et américains en particulier, devenus anges furieusement vertueux au coup de sonnette. Ainsi se dessinera un cycle: violence communiste-répression gouverne-mentale-ingérences morales américaines-frictions entre Manille et Washington-desserrement des liens philippino/américains-remise en cause des bases étrangères (et donc rapprochement avec l'Urss pour qu'elle cesse de collaborer avec l'insurrection marxiste)[111].

Brejnev, après avoir condamné le Pcp schismatique pour péchés de volontarisme (et d'indépendance), décida de le prendre en mains lorsque l'occasion s'en présenterait. L'élimination heureuse de José Maria Sison, fondateur du parti, arrêté en novembre 1978, servait à point ses desseins: l'expérience indigène, presque autarcique, allait ainsi prendre fin. En effet, Rodolfo Salas succédait à Sison en 1979 et les Soviétiques ne perdaient pas de temps pour lui soumettre des offres alléchantes, tel qu'en témoigna un transfuge du Kgb déposant devant le sénat à Washington en 1982 et qui avait participé lui-même à des opérations

---

109 — *The Great Soviet Encyclopedia*, 1973-1983, t.27, p.416.
110 — *The Great Soviet Encyclopedia*, 1973-1983, t.27, p.417.
111 — Cf, à ce titre, l'interview de (Mme) Imelda Marcos in *Time Magazine*, 25 novembre 1985.

clandestines. Un diplomate est-allemand appréhendé dans l'île de Davao permit d'établir par ailleurs que le Pcp allait devenir tributaire à 80% de l'Europe de l'est pour son budget, etc... L'Urss livrait aussi quantité d'armes comme l'illustrait l'arraisonnement d'un navire en provenance du Yemen du sud (marxiste) [112].

Lorsque Marcos se rend aux Etats-Unis en 1982, les marxistes fomentent une insurrection qui tourne court [113]; des arrestations ont lieu. L'objectif des agitateurs est largement atteint: les politiciens américains bien-pensants s'interrogent à coups de slogans sur le droit de compter au nombre de leurs alliés une « dictature »; la Maison-Blanche a-t-elle le droit d'utiliser les bases aérienne et navale de Clark et Subic? C'est justement le genre de question que veut susciter Moscou: Marcos, oui -s'il le faut- mais les bases, non. Amnesty International vient à propos à la rescousse des intellectuels du Capitole. Son opuscule *Arrestations illégales, Tortures et Assassinats par les Forces Gouvernementales* paraît juste à point... en septembre 1982. L'émoi d'un Edward Kennedy est à son comble, même si ce politicien sans autre envergure que l'héritage qu'il dilapida de deux frères assassinés se vante assez de cultiver d'aimables relations avec les leaders du Kremlin.

Mais l'évolution politique aux Philippines se précipite en 1983. De 1969 à cette date, l'agitation dans les maquis et dans la rue, les universités et l'Eglise profite aux communistes. Pourtant, les libéraux prennent l'avantage en août 1983, quand, le 21, un de leurs favoris à Boston et à Harvard, Begnino Aquino, est tué d'une balle dans la tête à l'aéroport de Manille; leurs medias se mobilisent. Par exemple, *The Japan Times,* qui sert de source principale aux journalistes étrangers en poste à Tokyo, lesquels en reproduisent sans vergogne des traductions textuelles. L'assassinat de Aquino, politicien parmi d'autres dont les ambitions sont personnelles et non-nationales, occupe environ 63,50% de la surface des premières pages durant les trois premiers jours suivant sa mort. En comparaison lorsque le président Park Chung hee fut abattu en 1979, l'information ne fut couverte que sur 54,50% de la superficie totale des trois premières pages [114] [115]. Prisonniers de leurs dogmes,

112 — *The Yearbook on International Communist Affairs,* Hoover Institute, Stanford 1985, p. non répertoriée.

113 — *Présent*, 10 août, 3, 4, 10, 17 septembre 1982.

114 — Nous prenons pour base des micro-films. La superficie d'une page de taille ainsi réduite pour le cas Aquino est de 917,50 cm^2; l'édition du 22 août 1983 monopolise 615,60 cm^2 en première page (soit 67,10% de la surface imprimée) et 227 cm^2 en quatrième page; celle du 23 août 810,65 cm^2 (soit 89,20 % de la surface); celle du 24 août 314,10 cm^2 en première page (soit 34,20%

s'adaptant difficilement aux situations imprévues, les marxistes perdent la direction des troubles, au profit des libéraux.

En effet, au moment où les libéraux 116 s'indignent et mettent en doute le rôle joué par Marcos pendant l'occupation japonaise, l'ambassadeur soviétique Sholmov le décore, en août 1985, de la Médaille des Héros. Quand le congrès décide un embargo de fait sur certaines importations philippines, l'Urss accroît ses échanges avec Manille. Lorsque Solarz exige des réformes et que la Cia obtient le feu vert au plus haut niveau pour dépêcher des agents en charge de coordonner les efforts de certains opposants, (Mme) Marcos, en déplacement à Moscou en octobre 1983, obtient définitivement la neutralité de la Place Rouge. Il n'y pas que Boris Smirnov, accrédité depuis avril 1984 à la mission de Manille, pour s'activer parmi ses collègues diplomates. Amnesty International joue son rôle: non d'aviver les plaies, mais de « dédramatiser ». Elle ne consacre que 27 lignes sur 229 en 1984 117 à l'affaire Aquino et ce chiffre tombe à 11 en 1985: aucune ne peut être d'ailleurs inscrite au passif du gouvernement et l'ensemble tient plutôt de l'éloge mesuré et caché: *à la suite de l'assassinat, le 21 août 1983, du dirigeant* [sic] *de l'opposition Benigno Aquino, Amnesty International avait communiqué aux autorités, au mois d'octobre, ce qu'elle considérait comme conditions indispensables, pour mener une enquête. Une commission d'enquête officielle présidée par l'ancien juge d'appel, Corazon Agrava* [et composée d'adversaires au régime de Marcos] *a déposé, en octobre 1984, deux rapports* [partiellement contradictoires] *qui ont conduit à l'inculpation de 25 militaires et d'un civil.* Dans une lettre datée du 20 novembre, Amnesty International

---

de la surface) et 48,75 cm^2 en cinqième page. La superficie d'une page pour le cas Park Chung hee est de 980,00 cm^2; l'édition du 28 septembre 1979 lui réserve 890,55 cm^2 en première page (soit 90,80% de la surface), 348,20 cm^2 en seconde page, 87,50 cm^2 en quatrième page et 372,50 cm^2 en onzième page; celle du 29 septembre 476,45 cm^2 en première page (soit 48,60% de la surface) et 75,90 cm^2 en quatrième page; celle du 30 septembre 236,05 cm^2 en première page (soit 24% de la surface) et 158,30 cm^2 en quatrième page.

115 — Pour les responsabilités possibles dans ce meurtre et l'exploitation médiatique qui résulta en un véritable lynchage du président, cf *La Presse Française*, Paris 9 septembre 1983 et 26 avril 1985; *Ecrits de Paris*, Paris juillet-août 1984 et juillet-août 1986; *L'Impact-Suisse*, Genève décembre 1984 et avril 1985; *L'Astrolabe*, Paris juin 1985.

On notera que, bien que si (Mme) Aquino, présidente de fait des Philippines, sut réduire l'appareil judiciaire à sa botte, elle ne réussit pas pour autant à établir la culpabilité du président de droit Marcos ni de ses subalternes qu'elle accusait publiquement dès août 1983.

116 — Ils sont largement majoritaires dans le domaine supposé de « l'information » : d'après un sondage -in *Asian Outlook*, Taipeh août 1984-, les journalistes américains auraient voté à 80% pour le maximaliste Démocrate George Mac Govern et à 20% pour le Républicain (qu'on croyait « de droite ») Nixon lors des présidentielles de 1972.

117 — *Rapport Annuel* 1984, pp.293-294.

se félicitait *que cette enquête, qui semblait satisfaire aux critères d'impartialité* [ce qui était inexact] *et d'efficacité ait été menée à bien et engageait le gouvernement à mener le même type d'enquête à propos d'affaires de moindre notoriété* [118].

Le *centre de Londres* a adopté une position de bienveillante neutralité vis-à-vis de Manille: il en va de même avec l'Urss qui n'a pas oublié que le président philippin avait déclaré en juillet 1983 à une délégation d'élus américains auto-promus justiciers qu'au cas où les Etats-Unis interviendraient de façon trop flagrante dans les affaires domestiques de l'archipel, il envisagerait d'abroger le traité portant sur le maintien des bases de Clark et de Subic, et accepterait un modus vivendi avec les Soviétiques[119]. Après les élections du 7 février 1986 (l'opposition, qui contestera leur validité, ne sera jamais en mesure, même après avoir insurectionnellement pris le pouvoir, de prouver ses allégations de fraude), le nouvel ambassadeur Vadim Chabaline, seul représentant de toutes les puissances, félicitera le président pour son succès; quelques jours plus tard, le porte-parole du ministère des Affaires Etrangères Vladimir Lomoïko annoncera, le 21 février, que le Kremlin resterait neutre tout au long des troubles engendrés par les libéraux; et l'agence Tass, sous la signature de Askold Biryukov, accusera le président Reagan, le secrétaire d'Etat Shultz et le sénat de remettre en cause la légitimité du scrutin [120].

Le 26 février, Marcos, « pressé » par les Américains, s'exile. Il laisse l'Urss et Amnesty International désemparés dans leur tactique.

LA BANALISATION DU MARXISME

De sa création (1961) à l'agonie de l'Urss (1985-1991), Amnesty International ne se contente pas d'avoir un rôle de détonnateur, ni de placer des bombes à retardement commandées à distance par le Kremlin. Elle protège les réseaux pro-soviétiques conscients ou potentiellement manipulables ainsi que les membres qui y émargent: en mettant systématiquement en doute les charges retenues contre eux (elle qualifie les chefs d'inculpation d'*arbitraires*), et en ramenant la démocratie marxiste-léniniste à une simple opinion sans conséquence.

---

118 — *Rapport Annuel* 1985, p.291.
119 — *The Japan Times,* 23 février et 2 mars 1986.
120 — *The Asahi Evening News,* 24(?) et 25 février 1986.

Elle intervient à Séoul pour soutenir le Front National de Libération de la Corée du Sud [121] et le Parti Révolutionnaire du Peuple [122], adopte là trois personnes accusées d'espionnage au profit de la Corée du nord [123] ainsi qu'un certain *Lim Tae-yul, condamné à mort en 1975 pour espionnage mais qui (...) était sans doute* [si les *chercheurs* n'étaient pas convaincus, pourquoi l'ont-ils quand même « adopté » ?] *un prisonnier d'opinion* [124] et qu'un des meneurs du soulèvement « estudiantin » de Kwanju en mai 1980 [125], sans oublier *les membres d'un groupe d'études bibliques (...) accusés de considérer favorablement le communisme* [lequel est, on le sait, une grande vertu chrétienne] *et d'organiser des activités antigouvernementales* [126]. En août 1985, elle adresse *un appel au président Suharto pour qu'il mette fin aux exécutions et commue toutes les peines de mort visant les membres ou organisations du P.K.I. (qui) avaient eu pour objectif la préparation d'un soulèvement armé contre le gouvernement* [127] et elle refuse d'admettre qu'il y eut, en 1965, autre chose qu'*une soi-disant tentative de coup d'Etat* [128], ce qui vaut au régime de Djakarta de recevoir des lettres des *chercheurs* intervenant pour que les *condamnations à mort soient commuées* [129].

En Malaisie, l'*organisation humanitaire* adopte un ancien vice-ministre, suggérant qu'il a été la victime d'une machination sordide au sein du parti au pouvoir et regrettant qu'il n'ait été relâché qu'*après une déclaration publique de sa part, reniant ses sentiments pro-communistes antérieurs* [130] ; elle *est également intervenue pour la libération (d'un employé sur des plantations d'hévéas) soupçonné d'activités pro-communistes et arrêté* [131]. Elle adopte encore un éditeur pakistanais membre du Parti Populaire Pakistanais [132], et *est intervenue en faveur de quatre étudiants (du mouvement du Balouchistan [133]) arrêtés au cours de manifesta-*

121 — *Rapport Annuel* 1982, p.232.
122 — *Rapport Annuel* 1983, p.243.
123 — *Rapport Annuel* 1982, p.231.
124 — *Rapport Annuel* 1983, p.245.
125 — *Rapport Annuel* 1982, p.229.
126 — *Rapport Annuel* 1982, p.229.
127 — *Rapport Annuel* 1986, p.252.
128 — *Rapport Annuel* 1982, p.243.
129 — *Rapport Annuel* 1982, p.244.
130 — *Rapport Annuel* 1982, p.255.
131 — *Rapport Annuel* 1985, p.280.
132 — *Rapport Annuel* 1982, pp.261-262.
133 — Ce mouvement non marxiste était très infiltré par les agents de Moscou et de Kaboul, comme bon nombre d'organisations baloutches hostiles aux réfugiés afghans et au pouvoir central d'Islamabad.

tions [134]*; elle ouvre une enquête parce que parmi des centaines de prétendus membres ou sympathisants d'Al Zulfikar* [dont « l'aile militaire » réside à Kaboul] *arrêtés (...), un certain nombre étaient détenus uniquement* [sic] *pour leurs vues contestataires* [135]*;* elle adopte encore *un dirigeant du Parti démocratique pakistanais, (...) porte-parole du Mouvement pour la Restauration* [sic] *de la Démocratie* [un système politique dont le pays a toujours été heureusement privé] [136] et qui militait sagement pour l'ouverture d'un « dialogue constructif » avec l'Afghanistan marxite-léniniste. Elle a *exprimé ses inquiétudes au sujet de la détention de Cristina Pargas (...), professeur, accusée de connivence (avec la Nouvelle Armée du Peuple)* [137] et arrêtée [138]*;* elle *a lancé un appel pour demander que (l'épouse du fondateur du Parti Communiste Philippin, Sison) reçoive (les) soins médicaux (dont elle aurait manqué)* [139] et *a télégraphié au président Marcos pour lui demander instamment de commuer les peines de mort de Bernarbe Buscayno et de Victor Corpuz, accusés d'être d'anciens commandants de la N.A.P.* [140]*,* tous deux responsables des escadrons communistes de la mort. Ellle *a continué à demander la mise en liberté sans condition (d'un) ancien secrétaire du Front Socialiste et a écrit (...) au ministre de la Santé (de Singapour) demandant des renseignements sur l'état de santé (d'un membre du Fs) et l'application de soins médicaux appropriés* [141]*;* il faudra attendre trois ans pour que le militant de base devine à travers les lignes que ce Front Socialiste est d'obédience marxiste-léniniste abandonné par son protecteur de Pékin en 1979 après que Deng Xiaoping eut visité les pays de l'Ansea lors de l'invasion vietnamienne du Cambodge; *Amnesty International a continué de réclamer la libération (d'un des anciens députés du Front) qu'elle considère comme un prisonnier d'opinion et avance que les liens (entre le Fs et le Parti Communiste de Malaisie) (...) n'avaient jamais été prouvés* [142]. Elle s'inquiète lorsque l'administration du premier ministre japonais très conservateur Fukuda Takeo se prononce en faveur de l'application de la peine de mort pour les terroristes [143] se rendant couramment coupables de détournements d'avions,

---

[134] — *Rapport Annuel* 1982, p.263.

[135] — *Rapport Annuel* 1982, p.264.

[136] — *Rapport Annuel* 1982, p.264.

[137] — Laquelle recevait un soutien « moral » discret en... matériel de guerre de la part des Soviétiques.

[138] — *Rapport Annuel* 1982, p.276.

[139] — *Rapport Annuel* 1982, p.278.

[140] — *Rapport Annuel* 1982, p.280.

[141] — *Rapport Annuel* 1982, p.282.

[142] — *Rapport Annuel* 1985, p.294.

[143] — *Rapport Annuel* 1977 ou 1978, p. non répertoriée.

d'attaques sur les missions diplomatiques, de meurtres parmi les rangs des « social-traîtres », etc.

Parmi les principaux terroristes qu'elle secourt, Amnesty International intervient souvent en faveur des *poètes*, braves gens inoffensifs, sortes de vestales de la Liberté. On a vu combien lui tenait à cœur l'énigmatique Ali Lameda emprisonné en Corée du nord, après avoir été recruté à Alger par Pyongyang. En Corée du sud, elle parraine *le grand poète Kim Chi Ha* [144] qui préoccupe tant le gratin de la gauche pro-soviétique au Japon. Elle lance un *appel urgent* [145] au profit du poète Koh Eun, incarcéré en mai 1980. Elle adopte *le grand romancier indonésien Pramoedya Ananta Toer* [146]. Or, on peut être poète et assassin tout à la fois. Mao Zedong se targuait [comme Néron au temps de l'holocauste physique des chrétiens] de taquiner les muses quand il rêvassait devant son peuple d'esclaves qu'il allait, encensé par les médias bien-pensants, écharper en proclamant que la Chine était une feuille blanche (soit l'équivalent de la table rase) sur laquelle on écrirait le plus beau des poèmes. En France, Aragon publia des odes à Staline et au Gpu qui enchantaient Billancourt et les beaux quartiers décadents. Le Chilien Pablo Neruda lui fit une solide concurrence puisqu'il obtint un Prix Nobel, à son habitude décerné avec complaisance par des élus modérés. « L'opinion publique » mondiale -le premier ministre français démocrate socialiste de l'époque, Laurent Fabius, en tête- s'éleva avec beaucoup de cette dignité chère aux cabots contre l'exécution en Afrique du sud de Benjamin Moloïse, lui aussi poète de profession. L'agence de presse Reuter-Kyodo, pas plus hypocrite que la moyenne planétaire, le qualifiait de « poète noir », forcée cependant d'ajouter qu'il avait été condamné pour sa participation préméditée et active dans le meurtre d'un autre Noir, policier celui-là [147]; l'Associated Press ramenait, dans l'hystérie générale, ses talents à de plus justes proportions en expliquant qu'il était « parfois poète »[148]; la United Press convenait qu'il était « un guérillero nationaliste noir et poète »[149]. Jean-Marie Le Pen résumait donc la situation en le rangeant dans la catégorie des « terroristes »[150], déclaration-sonnette qui fit aboyer les bien-pensants.

---

144 — *Rapport Annuel* 1978, p.164.
145 — *Rapport Annuel* 1982, p.232.
146 — *Rapport Annuel* 1982, pp.242-243.
147 — *The Japan Times,* 22 octobre 1985 (?).
148 — *The Japan Times,* 19 octobre 1985 (?).
149 — *The Japan Times,* 19 octobre 1985 (?).
150 — *Le Matin,* Paris 19 octobre 1985 (?).

L'Asie recèle un autre poète, aux Philippines plus précisément. Ses vers ont été reconnus de valeur par quelques snobs titillés à l'idée de fréquenter en grande sécurité le fameux barde, puisque des intellectuels lui ont décerné un « oscar » lors de la session du Prix des Gens de Plume de l'Asie du Sud-Est à Bangkok en 1986 [151]. Il s'agit de José Maria Sison, le fondateur du Parti Communiste Philippin. Confirmant à la presse « je ne le cache pas, je suis toujours marxiste », il répondit à la question « dans votre combat pour le changement, choisissez-vous la machine à écrire ou le fusil? « que « les deux peuvent être pris simultanément, c'est juste un problème d'emploi du temps ». Remis en liberté, après l'exil (ou le kidnapping auquel procéda peut-être l'administration Reagan et certains secteurs de la Cia) du président Marcos grâce aux bons offices de (Mme) Aquino [152], il est aujourd'hui interdit de séjour aux Philippines pour activités terroristes, mais bien que son passeport ait été abrogé par Manille, il circule sans beaucoup d'entraves en Europe [153]. L'homme obéit aux conseils de Marx et successeurs, d'ailleurs déjà peaufinés par les extrémistes démocrates de 1789.

Il n'y a pas lieu ici de porter un jugement sur la « philosophie » de progrès que promeuvent les dirigeants soviétiques et leurs agents [154] -mais de s'interroger pour savoir si les *chercheurs* d'Amnesty International ne violent pas encore les statuts de l'*organisation* quand ils contraignent des groupes nationaux ou régionaux conditionnés au point d'être consentants à adopter certains *prisonniers d'opinion* très spéciaux. En effet, Amnesty International *s'efforce d'obtenir la libération des personnes détenues (...) à condition qu'elles n'aient pas usé de violence ni préconisé son usage. Ces prisonniers sont dénommés prisonniers d'opinion.*

---

151 — *Asiaweek*, 26 octobre 1986 et 4 janvier 1987.

152 — Ayant assuré que les communistes ne bénéficieraient d'aucune mesure de clémence après qu'elle fut devenue le chef de fait de l'Etat (cf *The Japan Times*, 28 février 1986), (Mme) Aquino ordonnait la mise en liberté de ceux qui étaient détenus, ce qui lui valut une considération accrue des milieux libéraux philippins et américains (cf *The Japan Times*, 2 mars 1986). La décision entrait presqu'immédiatement en vigueur et dans l'enthousiasme général: une photographie montrait Madame le Président-sic au centre, flanquée à sa droite de Buscayno (le fondateur de la Nap) et à sa gauche Sison (le fondateur du Pcp) (cf *The Japan Times*, 6 mars 1986). Le très libéral Joker Arroyo, ami intime de la méchante veuve, se portait garant de la bonne conduite de Sison -tandis que Buscayno, qui avait jadis passé un pacte secret d'entr'aide avec le défunt Aquino, était placé sous la sauvegarde de (Mme) Aurore Aquino, belle-mère de (Mme) Aquino.

153 — *The Daily Yomiuri*, 18 septembre 1988. On notera que Arroyo, la « caution morale • de Sison, n'a pas été inquiété à la suite des frasques de son « filleul ».

154 — Selon ceux-ci, le communisme, « moralité entièrement subordonnée à la lutte des classes menée par le prolétariat », constituerait « la forme la plus élevée de l'humanisme » puiqu'il aurait su s'affranchir de la « moralité féodale chrétienne • -selon *The Great Soviet Encyclopedia*, 1973-1983, t.16, pp.449-451, citant Lénine.

Or le marxisme-léninisme n'est pas qu'une opinion: c'est une idéologie démocratique qui a tué, pour s'imposer et perdurer, 120 à 150 millions de personnes. M. Le Pen rappelait un jour que Krouchtchev avait concédé, dans un discours prononcé lors du XXème Congrès du Parti Communiste d'Union Soviétique, que ce totalitarisme-ci avait coûté 40 millions de morts à la Russie soviétique [155]. Les propos du président du Front National ne furent guère rapportés par la grande presse; pourquoi relever ces exagérations « apocalyptiques » du chef de « l'ex-trême-droite » renaissante? Or, M. Le Pen péchait en fait par optimisme: en reprenant les sources communistes, un certain professeur Bestudev-Lada, publiant un article de deux pages dans le supplément hebdomadaire des *Izvestia*, *Nodelya*, estimait que la seule répression contre les koulaks et assimilés fit, de 1929 à 1933, du huitième au sixième des 150 millions de paysans « des êtres à moitié vivants et à moitié morts »; soit 25 millions de personnes qui ne furent pas nombreuses à survivre. D'autre part, la répression des années 1935-1953 fut « à peine moins meurtrière » ; au total, le chercheur retenait le chiffre de 50 millions de morts pour la seule « ère stalinienne », sans compter la période purement léniniste toujours intouchable [156]. Mao Zedong confia un jour que la révolution en Chine s'était soldée par la perte d'environ 50 millions de personnes, ajoutant finement que cela ne repré-sentait qu'un faible pourcentage de la population -et il continua d'être encensé alors que les journalistes modérés s'indignent quand la police chilienne matraque quelques manifestants agressifs [157]. L'Urss, la Rpc et les disciples ne constituent pas autant de déviations par rapport au Dogme car les marxistes, comme tous les démocrates, ne remuent pas que des idées (en l'occurence de la boue), ils usent largement des fusils, et ceci par principe. Marx écrivait le 22 février 1880 au Hollandais Do-mela Nienwenhuys « qu'un gouvernemet socialiste ne peut se mettre à la tête d'un pays s'il n'existe pas de conditions suffisantes pour qu'il puisse prendre aussitôt les mesures voulues et épouvanter la bour-geoisie ». Friedrich Engels notait que la « révolution est incontes-tablement la chose la plus autoritaire qui soit possible. La révolution est un acte par lequel une partie de la population impose sa volonté à coups de fusils, de baïonnettes, de canons c'est-à-dire des moyens

---

155 — Discours de M. Le Pen rononcé à Saint-Étienne le 23 mars 1987 et citant alors un extrait du rapport lu lors du XXème congrès du Pcus.

156 — *The Asahi Evening News*, 29 avril 1988.

157 — *Cinq continents accusent Amnesty International*, Bouère 1982, pp.17-18. Kéraly, se référant au quotidien socialiste parisien *Le Matin*, du 3 mai 1979, compare les chiffres alignés par les bien-pensants: les heurts et malheurs de dix manifestants chiliens étaient rapportés sur 117 cm2, quand la rédaction consacrait 14 cm2 à 500.000 cubains emprisonnés.

extrêmement autoritaires. Le parti qui a vaincu est dans la nécessité de maintenir sa domination au moyen de la terreur ». Lénine a synthétisé et mis en pratique tout cela: « il faut savoir (...) user de ruse, adopter des procédés illégaux (...) à seule fin (...) d'accomplir (...) la tâche communiste »; il cite en exemple un de ses disciples écossais, un certain Gallacher, qui a rédigé à son intention quelques lignes: « l'auteur de cette lettre déborde de la haine prolétarienne la plus généreuse (... et la plus) sympathique » -un sentiment plutôt malsain qui serait, selon cet agité, « le commencement de la sagesse, la base de tout mouvement socialiste et communiste et de son succès » [158]: lui qui favorisait le non moins malsain système des partis -mais « à condition que l'un, le Parti Communiste, soit au pouvoir et les autres en prison » - vouait un culte fébrile à la violence en laquelle il voyait « la sage-femme de l'Histoire » [159]. Il fit naturellement adopter, le 15 février 1919, un décret autorisant la Tchéka à prendre en otage certains paysans affectés « autoritairement » au déblaiement des voies ferrées enneigées et à les fusiller si les autres ne travaillaient pas assez vite; et lorsque Gorki, cerise dont Staline recracherait le noyau, se plaignait sélectivement qu'on « exécutât » trop souvent -avec les armes que ses amis américains livraient au mouvement révolutionnaire au moins depuis le tout début de ce siècle, Lénine conseillait à ce « père de la littérature soviétique », le 15 septembre 1919, « de ne pas perdre son temps à pleurnicher sur le sort d'intellectuels pourris » [160]. Voilà exposés quelques traits dont se réclamait Mac Bride et la plupart des *prisonniers d'opinion* adoptés par divers comités d'Amnesty International à la requête « autoritaire » des *chercheurs*.

LA CIBLE CHINOISE

Depuis son différend politico-stratégique avec Pékin, l'Urss sut faire le vide autour de la Chine Populaire en Extrême-Orient, seule zone mondiale que pouvait lui disputer la Rpc. On a vu comment Amnesty International participait à ce combat, plus particulièrement en Afghanistan quand il fallut éliminer la faction Khalq de Amin et écarter Karmal avant que Moscou prît ses distances vis-à-vis de Najib(ullah), au

---

158 — Cité par Léon de Poncins *Histoire du communisme de 1917 à la Deuxième Guerre Mondiale*, Diffusion de la Pensée Française, Chiré-en-Montreuil 1973, pp. 80-83.

L'Urss finit par admettre que Lénine inaugura bien en Europe le système concentrationnaire: le quotidien *Octobre* publia, en effet, un article posthume de Vasily Gossman mettant directement en cause le tyran pour son rôle théorique et pratique dans le processus de terreur soviétique -selon *The Daily Yomiuri*, 30 juin 1989.

159 — Christine Ockrent-Alexandre de Marenches *Dans le secret des princes*, Stock, Paris 1986, p.275.

160 — Alexandre Soljenytsine *L'archipel du goulag*, Seuil, Paris 1974, t.1, pp.29-30.

Cambodge dès après le voyage de Pol Pot sur la place Tienanmen et après le réajustement gorbatchévien par rapport à Hanoï et à Pékin, en Corée du nord avec l'affaire Kim Jong il qui fit office de baromètre des relations nord coréo-sino-soviétiques; elle n'est pas en reste avec la Chine Populaire même.

En avril 1969, le IXème congrès du Parti Communiste de Chine proclame une trêve dans la Révolution Culturelle; pour la première fois dans ses analyses, l'appareil qui n'avait de cesse de vitupérer officiellement que contre les Etats-Unis, même si des voix nombreuses s'élevaient à tous les niveaux pour fustiger l'Urss « social-traître », condamne cette fois-ci à égalité le Kremlin et la Maison-Blanche. L'heure du rapprochement avec cette dernière a sonné au lendemain des heurts frontaliers entre l'Armée Populaire de Libération et l'Armée Soviétique de part et d'autre de l'Oussouri. Nixon comprend les signaux que lui fait envoyer le Grand Timonier et qu'avaient guettés -car sollicités- les présidents Truman, Eisenhower, Kennedy et Johnson; en geste d'apaisement, Nixon lance sa politique de « vietnamisation » du conflit indochinois lors de son discours de Guam en juillet suivant: la présence américaine au Viet Nam n'ayant jamais eu d'autres buts, non de préserver Saïgon, Phnom Penh et Vientiane du totalitarisme communiste, que de jouer son retrait de la péninsule en échange d'une étroite collaboration avec Pékin; à la même époque, Washington favorise en sous-main l'éviction de la République de Chine (Taïwan) à l'Onu. Suivant de peu la « diplomatie du ping pong », Henry Kissinger se rend en Rpc pour y préparer la venue du président que conclura, dans un premier temps, la déclaration de Shanghaï de février 1972.

Pour l'Urss, ces développements sont inquiétants puisque le Vietnam, le Cambodge et le Laos menacent de devenir peu ou prou des satellites chinois (ce que calcule Washington, mais que déjouera le « national-communisme » de Hanoï) et que « l'axe » sino-américain la contraint à renforcer ses positions asiatiques en Asie méridionale, orientale et extrême-orientale, au moment où elle entendait jeter tout son poids en direction de l'Europe occidentale. Coïncidence? Amnesty International annonce que, *pour la première fois dans (son) histoire, des recherches* [sic] *ont été entreprises sur la République Populaire de Chine* [161], et elle indique que ce pays (ainsi que le Viet Nam du sud et l'Indonésie réputés « fascistes », le Pakistan et le Bangla Desh traditionnellement « pro-chinois ») nécessite de sa part *un travail*

---

[161] — *Rapport Annuel* 1972-1973, section Asie.

dominant. Comme l'eau contourne le rocher pour l'isoler et le saper, l'*organisation humanitaire* structure ses réseaux en Asie. Alors qu'elle consacrait 407 lignes à l'Afrique en 1971-1972, elle n'en consacre plus que 228 à la région dans le *Rapport Annuel* suivant [162]; mais elle crée *cinq postes d'enquêteurs* [163] en Inde, au Pakistan, au Népal -tous limitrophes de la Rpc- et au Bangla Desh -satellite peu sûr de l'Inde.

A partir de 1969 toujours, la Chine continentale tente de se réorganiser. S'il avait appartenu au représentant de l'aile idéologique, Lin Biao, de lire le rapport du IXème congrès, c'est au pragmatique Zhou Enlaï qu'échoit cette responsabilité lors du Xème congrès d'août 1973. La politique de Lin Biao est enterrée alors que sa carcasse finit de pourrir quelque part entre Pékin et Moscou. Avec Zhou réapparaît un vétéran de l'appareil: Deng Xiaoping, lequel eut à subir dans son amour-propre autant que dans sa chair (un de ses fils eut les deux jambes brisées lorsqu'une foule de Gardes Rouges le défenestra, et sa femme fut emprisonnée) les effets de la Révolution Culturelle. Zhou Enlai décède en janvier 1976, et Deng redevient une cible majeure des journaux muraux d'inspiration « gauchiste » apposés sur les instructions de la terrible Jiang Qing, épouse de Mao. Mais de même que Deng a dû encore s'effacer dès après la mort de son protecteur, Jiang Qing ni sa Bande des Quatre ne survivent politiquement au trépas de Mao en septembre 1976: quatre semaines plus tard, Hua Guofeng, honnête et somme toute très naïf héritier spirituel du Grand Timonier, fait interner la veuve et son clan. Derrière cette manœuvre qu'il a préconisée et soutenue au péril de sa vie, émerge à nouveau Deng Xiaoping. Sa prudence cèle son triomphe -et il poursuit son alliance tactique avec Hua, qui commence à être dépassé par la précipitation et l'ampleur des événements. Une auto-critique nécessaire pour respecter les formes, concédée de très bonne grâce en mars 1977, lui permet de retrouver tout son crédit, tandis que son associé du moment lit le rapport du XIème congrès d'août 1977. Mais en 1982, il a écarté Hua sans ménagements.

Moscou n'apprécie pas cette évolution car le maoïsme, au lieu d'être une force dynamique, neutralisait la Chine et la menait peut-être à la désintégration; or, Deng engage le pays dans la voie de la stabilité et de la modernisation: avec lui, la Chine renoue avec son génie multi-millénaire. Pour Brejnev, il faut déconsidérer internationalement

---

162 — *Rapport Annuel* 1972-1973, pp.34-39.
163 — *Rapport Annuel* 1972-1973, p.34.

ce personnage, avant qu'il n'ait séduit les Occidentaux, toujours prompts à louer, de la droite à la gauche parlementaires, les dirigeants de Pékin, quels qu'ils soient du moment qu'ils se réfèrent au Grands Principes du Progrès. Amnesty International veille sur les « consciences ». Lorsque Deng Xiaoping tombe en disgrâce en 1976, le *centre de Londres* rédige 113 lignes sur les droits-de-l'homme en Chine Populaire; quand il devient le second de Hua Guofeng en 1977 -et nombreux sont ceux qui savent déjà que Hua devra s'effacer, faute de soutien, d'expérience et de projets novateurs-, les *chercheurs* consacrent 213 lignes tout aussi négatives à la Rpc; après « l'invasion » limitée au Viet Nam du nord, allié de l'Urss par des accords politiques, militaires et économiques, Amnesty International écrit 314 lignes pour dénoncer la politique intérieure de Pékin. Le *Rapport Annuel,* 1981 plafonne certes à 245 lignes, mais l'*organisation humanitaire* lance *une campagne pour la libération des prisonniers d'opinion*[164], qui n'ont jamais été si peu nombreux -et elle publie un livre de 235 pages sur *L'Emprisonnement Politique en République Populaire de Chine.* Mais Moscou s'aperçoit de la vanité de ses efforts: touristes et, plus grave peut-être, capitaux occidentaux et japonais affluent. Alors, au début de 1982, Brejnev déclare à Tachkent que l'objectif prioritaire de l'Urss en Extrême-Orient est de normaliser avec Pékin: la pagination d'Amnesty International descend à 195 lignes [165].

Le Kremlin échoue. Le 9 janvier 1984, le premier ministre Zhao Ziyang débarque à Washington pour renouer les liens mis à rude épreuve en 1983 et que symbolisa « l'incident Hu Nan », du nom de cette jeune joueuse de tennis qui, profitant d'un voyage aux Etats-Unis, « passa » à Taïwan après avoir obtenu la protection personnelle du président Reagan. Le 26 avril 1984, le président américain foule à son tour le sol chinois et signe un très significatif accord nucléaire avec ses hôtes. De juin à juillet de la même année, le ministre de la Défense Zhang Aïping visite de nombreux Etats du Monde-Libre, dont les Etats-Unis, pour accroître le potentiel de feu et de rapidité de l'Apl; il s'arrête au Japon, qui avait reçu en novembre précédent le secréaire général du Pcc Hu Yaobang et dont le premier ministre Nakasone Yasuhiro avait participé à des entretiens bilatéraux à Pékin en mars: Zhang préconise alors à Tokyo qu'un récent accord entre les deux capitales portant sur l'échange de missions militaires débouche sur une alliance plus large et peut-être

---

164 — *SF/81/E/ASA 17.*
165 — *Rapport Annuel* 1982, pp.223-227.

plus formelle **166**. Les vieux fantasmes d'un « Axe » Washington-Tokyo-Pékin se reprennent à hanter la Place Rouge. Amnesty International, donc, produit, en septembre 1984, un rapport qui se veut accablant de 132 pages: en feignant de s'intéresser au sort de criminels *exécutés en groupes de 15 à 40 après avoir été promenés en public durant des manifestations de masse,* elle compte donner une fois de plus des arguments à ces libéraux ayant des faiblesses pour les Soviétiques afin d'empêcher Pékin de s'insérer pleinement dans le « concert des nations », de l'isoler et ainsi d'affaiblir indirectement l'Occident et l'Asie anti-soviétique. Elle échouera, du moins jusqu'aux troubles d'avril-juin 1989 sur la place Tienanmen **167**. Il faudra toute la fierté, et l'incroyable dédain des Chinois continentaux pour réduire à presque rien ses efforts.

---

166 — Centre Français d'Etude des Relations Internationales/département Asie-Pacifique *La nouvelle politique de défense chinoise et ses perspectives,* août 1984.

167 — Naguère, les militants d'Amnesty International avaient *en général un a priori favo-rable pour le Petit Livre Rouge* (in *Le Point,* 5 juin 1989); aujourd'hui, ils se mobilisent contre la Rpc (in *The Far Eastern Economic Review,* 21 mars 1996). La volte-face s'est produite lors des troubles suscités par certains étudiants à Pékin et que les forces de l'ordre finirent par mater après plusieurs semaines de conciliabules vains.

Amnesty International l'affirme: la répression a coûté la vie à *au moins 1.000 personnes* (in *Rapport Annuel,* 1990, p.69) -alors qu'en général, on estime le nombre des morts à 200 personnes. Dans l'un comme dans l'autre cas, il convient d'admettre que ces deux estimations ne reposent sur aucune donnée précise; pourtant, les *chercheurs* se permettent, comme si souvent, d'être péremptoires.

Péremptoires, ils le sont aussi quand ils prétendent montrer du doigt le responsable de la répression: ce serait le premier ministre Li Peng. On peut, en fait, penser que la vérité est peut-être plus nuancée, même s'il est sans doute exact que Li fut un de ceux qui osèrent réagir au sein d'un appareil un instant désemparé. Pourtant, la responsabilité immédiate de la tragédie semble largement partagée par certains étudiants les plus maximalistes parmi les plus irresponsables.

Une des leaders du mouvement, Chai Ling, confia à un journaliste américain sur la place Tienanmen le 28 mai 1989 (c'est-à-dire cinq jours avant le « massacre »): « ce que nous espérons, c'est que le sang soit versé. (Il faut) que le gouvernement soit placé dans une situation telle qu'il doive utiliser un couteau de boucher contre les civils ». Cette furieuse dénonça certains de ses condisciples qui, eux, protestaient pour l'obtention de certains avantages surtout matériels (ils récusaient ainsi le slogan maoïste: rouge plutôt qu'ingénieur) et qui proposaient d'être des médiateurs entre les manifestants et les forces de l'ordre: « ils s'efforcent d'aider, les accusait-elle, le gouvernement en l'empêchant de prendre (des mesures répressives) » -or, « (il faut que) le gouvernement se voie contraint de répandre le sang sur la place (Tienanmen) » martelait-elle (in *Libération,* 3 juin 1995). C'est dans ce contexte jusqu'au-boutiste que le Pcc se vit contraint d'intervenir.

Aujourd'hui, Chai Ling vit dorlotée par les libéraux de Boston qui la rémunèrent grassement pour ses excentricités sanglantes. Quant à la situation des droits-de-l'homme, on peut croire qu'elle s'est améliorée de façon assez régulière depuis le retour de Deng Xiaoping aux affaires. C'est, en tout cas, l'avis d'un observateur qui fait justement autorité dans les chancelleries, Frank Ching: « sans aucun doute, il y a matière à condamner (le régime) » écrit-il (in *The Far Eastern Economic Review,* 8 février 1995), mais « la Chine (continentale) tend à devenir un pays de plus en plus normal avec des problèmes de plus en plus normaux » *ibid* . 29 septembre 1994), un pays où les citoyens n'ont plus peur de l'Etat ni du parti (*ibid.* 8 février 1995). C'en est devenu au point que « certes, le Parti Communiste domine toujours la vie politique intérieure, mais il n'est pas monolithique. Les provinces ne partagent pas, souvent, les analyses du gouvernement central; les militaires ne partagent pas, souvent, les analyses du leadership civil; la communauté des milieux d'affaires constitue elle aussi un nouveau pôle. Même l'opinion publique compte désormais » (*ibid.* 25 avril 1996).

On terminera ces remarques sur la Chine en citant un article non politiquement correct publié par *Le Figaro* (mai 1996) et rédigé par Serge Besanger, auteur du « Défi chinois » (Alban, 1996) : « Je lis qu'en Chine, la condition des femmes est peu enviable, que l'Etat est répressif et que certaines personnes (dissidents, minorités) vivent dans une atmosphère de terreur.

Commençons par la condition féminine. Sait-on que la Chine est le seul pays au monde (avec la Corée du Sud) où les femmes ont le droit de poursuivre en Justice un mari adultère ? Dans notre Code Civil, il est écrit que « la femme pourra demander le divorce pour cause d'adultère de son mari ». Les Chinois vont beaucoup plus loin : ils mettent le mari en prison. C'est ce qui vient d'arriver à M. Wong, de Zhongshan, coupable d'adultère avec une soubrette ! Il a écopé d'un an de prison ferme.

La liberté d'expression ; elle n'est pas aussi limitée que l'on pourrait le craindre. Les médias expriment une grande diversité d'opinions.

Le droit de vote : certaines élections locales sont désormais libres. Mais elles ne débouchent pas sur l'élection de « seigneurs de la guerre », comme dans le sud de l'Inde ou des Philippines, pays soi-disant démocratiques.

Sur le sort des minorités, peut-on réellement comparer le Tibet à la Bosnie, au Rwanda ou à la Tchétchénie ?

Certes, les Chinois sont pauvres, dans l'ensemble. Mais ils n'ont jamais eu la sensation d'être aussi riches. La Chine est un pays où les gens ont confiance en l'avenir. Ils savent que demain sera meilleur qu'aujourd'hui ; ils sont pleins d'espoir.

Certes, les Chinois n'ont pas le droit de manifester. Mais ils n'ont jamais été aussi libres de faire part de leurs opinions à un étranger. Et ils ne s'en privent pas ».

CONCLUSION

FAUT-IL DÉTRUIRE
AMNESTY INTERNATIONAL ?

✔ UNE MÉTHODOLOGIE UNIFORME

✔ DES MILITANTS ABSOLUMENT PAS AU DESSUS DE
TOUT SOUPÇON

✔ VERS UNE « PÉRESTROIKA » AMNESTIENNE ?

CONCLUSION

FAUT-IL DETRUIRE AMNESTY ?

Il convient, au terme de cette nouvelle ébauche d'étude introductive sur Amnesty International, de s'interroger sur trois points fondamentaux. Le premier tient à la vocation officielle de l'*organisation humanitaire*: si les *chercheurs*, comme cela semble prouvé, manipulent les faits, voire l'absence de faits, en Asie, leurs collègues des autres départements géographiques agissent-ils de même dans le reste du monde? Si le montage couvre bien à peu près l'ensemble de la planète, agit-il en violation des intentions premières couchées sur la charte de 1961 et à l'insu des militants de base, voire de certains cadres? S'il y a escroquerie morale, les critiques formulées ici ou là peuvent-elles influencer le mouvement par exemple au point de l'amener à se réformer, surtout depuis que la Communauté des Etats Indépendants a remplacé l'Urss?

UNE METHODOLOGIE UNIFORME

Le second *Rapport Annuel* en langue française remonte à l'année 1972-1973. Il commence par une citation censée résumer les objectifs d'Amnesty International et placée en exergue: Amnesty International l'attribue à un Vietnamien détenu dans une prison sudiste à Saïgon puis relâché en décembre 1972. Une unique photo illustre la partie introductive intitulée *Description du Mouvement*: prise à Asuncion, elle représente une manifestation contre le régime « de droite » du Paraguay. Plus loin, les *chercheurs* oublieux des précautions élémentaires de prudence comme cela leur arrive souvent, indiquent que, *tout au long de l'année passée, notre aide est allée systématiquement vers le Brésil, la*

Grèce, l'Indonésie, le Paraguay, le Portugal, la Rhodésie [1], *l'Afrique du sud et le Sri Lanka* : soit, sur huit pays, sept systématiquement classés à « l'extrême-droite » de « l'échiquier politique », le Sri Lanka s'essayant à un marxisme indigène non pro-soviétique et menaçant même de tomber dans la sphère pro-chinoise. Amnesty International, totalement muette sur la question en 1971-1972, consacre cette fois six lignes à l'Algérie toujours étroitement liée à l'Urss: afin d'y saluer des commutations de toutes les peines de mort et d'autres sanctions plus douces; en revanche, le Maroc du roi Hassan II, apparaissant parfois très instable, suscite les préoccupations des *chercheurs* sur 31 lignes critiques : le royaume en « pesait » déjà 16 un an auparavant. Alger: six positives, Rabat: 47 négatives [2]. La même disparité sépare l'Espagne catholique et franquiste de son ancienne colonie, Cuba, émancipée par les francs-maçons américains au terme du traité de Paris de 1898 et devenue castriste à l'époque d'Eisenhower; Madrid s'attire 65 lignes de critiques en 1971-1972 et 58 en 1972-1973; mais la question des droits-de-l'homme à Cuba n'intéresse que médiocrement l'*organisation humanitaire* qui ne lui consacre que 17 et 16 lignes respectivement, d'ailleurs pleines de ces nuances qui évitent les pièges dressés par les forcenés de l'anti-communisme. Amnesty International est une *organisation* responsable et entend le démontrer. Marc de Montalembert, « président de la section française (de l'*organisation*) de septembre 1984 à mai 1989 », s'en explique a posteriori dans une interview fuyante dans *Le Point* en 1989 [3] : la faible pagination s'explique par le sempiternel manque

---

1 — Où les guérilleros communistes ont reçu 17.000 livres sterling du *centre de Londres.*

2 — Pour en rester à l'Afrique... Quand le président guinéen Sékou Touré visita Paris en 1982, nous écrivions: « (le saigneur de Guinée) lorgne vers les Etats-Unis. Le pragmatisme (comme on dit) de M. Reagan et les progrès du dollar l'incitent dans cette voie. Comme par hasard, simultanément, publicité est donnée aux violations des « droits de l'homme », cachés depuis toujours par une pudeur étrange. Le *Rapport Annuel* (1978) publié par Amnesty International était catégorique: « *le rapprochement entre la Guinée et les pays occidentaux (...) intervient à un moment où la situation difficile de l'économie nationale provoque une agitation croissante* ». Aujourd'hui, on écoute avec attention les doléances des familles de certains disparus » (in *Présent*, 15 septembre 1982). Nous ajoutions peu après: « (Sékou Touré) s'éloigne de plus en plus de Moscou et s'est réconcilié avec la Côte d'Ivoire et les pays modérés d'Afrique. Ses relations avec Washington sont plutôt bonnes. Il (envisage) ainsi les présidences de l'OUA et des Pays non-alignés (...). Un sale coup pour l'U.R.S.S. » (in *Présent,* 17 septembre 1982).

Le phénomène que nous notions (avant d'écrire le chapitre « Dans la poudrière asiatique » de *Cinq continents accusent Amnesty International*) ne passa pas inaperçu aux yeux d'un Jean-François Lambert qui en finissait avec ses engagements passés: « Amnesty a (...) lancé une vaste campagne de dénonciation contre le régime de Sékou Touré juste au moment où la Guinée se rapprochait de la France » (in *Itinéraire d'un chrétien progressiste*, Dominique Martin Morin, Bouère 1988, p.133).

Comme le note Montalembert, la lecture des *Rapports* amnestiens nécessite *une éducation à la lecture pour être pleinement compris...*

3 — *Le Point*, Paris 5 juin 1989, pp.82-84. « Interview fuyante »... Dans sa deuxième question à Montalembert, Jean-François Revel s'inquiète de la notion amnestienne de détenus politiques au

d'informations concernant *probablement, très certainement, des violations massives des droits de l'homme.* Comme quoi, tel Mac Bride, Montalembert récuse à Cuba, comme le centre-de-Londres en Afghanistan, au Cambodge et en Corée du nord, les témoignages des réfugiés, famille du chef de l'Etat comprise.

La même logique de mensonge systématique se retrouve sans surprise dans les *Rapports de Mission*, fruits supposés de soi-disant enquêtes sur le terrain. Selon un document incomplet émanant du centre-de-Londres, obtenu par l'intermédiaire d'une ancienne interprète britannique d'origine japonaise de Mac Bride, intitulé *News Reports from Amnesty International,* et sans doute daté de la fin 1986 ou du tout début de 1987, les *chercheurs* auraient publié à l'époque six opuscules: sur l'Afrique du sud, le Nicaragua, la Bulgarie, le Mexique, le Zaïre et le Timor oriental -soit trois pays dits « pro-occidentaux » (Afrique du sud, Zaïre et « Timor Oriental »), un inexplicablement (?) réputé non-aligné (Mexique) et deux classés dans la mouvance soviétique (Bulgarie, Nicaragua); le score est donc de trois contre deux en (dé)faveur du Monde-Libre contre les Pays-de-l'est. La pagination la plus faible concerne l'Afrique du sud (17 pages), suivie du Zaïre (24 pages) et du Nicaragua (36 pages), pour culminer avec le « Timor Oriental » (92 pages); soit quelque 133 pages consacrées à trois pays anti-soviétiques contre 36 pour le Nicaragua largement tributaire de l'Urss [4]. Mais il serait erroné de s'attarder, ici encore, sur le volume de la pagination: une lecture « quantitative » ne saurait qu'induire en erreur; car contrairement

---

Cambodge (11 lignes sur les 11 lignes de son discours); Montalembert « répond » sur 1,5 ligne (sur les 12 de son intervention): il évoque alors Cuba (sur 1,5 ligne). Revel enchaîne, sans penser à mal, sur ce pays que son interlocuteur semble vouloir privilégier (2,5 lignes sur 2,5 en deux remarques) et Montalembert, esquivant le sujet (1,5 ligne sur 18) exige d'en revenir au Cambodge (6,5 lignes sur 18) apparemment moins sensible. Revel, conciliant, aborde à nouveau le sujet comme il est discrètement, croit-il, invité à le faire (5,5 lignes sur 5,5): Montalembert ne cite alors pas une seule fois le problème cambodgien et se borne à des considérations des plus vagues et des plus générales (11 lignes sur 11). Dans sa dixième intervention, Revel souhaite s'attarder sur la Corée du sud (0,5 ligne sur 0,5): Montalembert ne la mentionne aucune fois en 16 lignes... mais passe au contraire immédiatement au Brésil (dont le nom revient 3 fois en 6 lignes) et à la Turquie (9,5 lignes). Puisque son invité semble préférer parler de l'Europe (la Turquie appartient à l'Otan), Revel soulève la question espagnole dans une onzième (6,5 lignes sur 6,5) et une douzième interventions (1 ligne sur 1): Montalembert décroche au bout de 7 lignes toujours assez vagues et se replie sur *l'exemple des Moudjahidin du peuple (iranien) qui ont été expédiés au Gabon.* Dès lors, Revel, pourtant respectueux d'un « adversaire » qui n'en vaut pas la peine mais qu'il connaît peut-être, prend l'avantage: se faisant plus incisif sur Cuba, le Cambodge et l'Afghanistan (interventions 14, 15 et 16 respectivement sur 2,5, 5,5 et 5 lignes), il n'obtient que des bredouillements plutôt pitoyables (1, 1,5 et 0,5 lignes).

4 — Le détail de la pagination totale nous est impossible à établir, le résumé des *Rapports* sur la Bulgarie et le Mexique manquant.

à l'idée généralement reçue et acceptée, Amnesty International n'est pas un mouvement défendant « l'Homme » contre un Etat l'oppressant de par sa nature même [5]: les Etats ne sont non seulement pas fustigés de façon similaire mais certains bénéficient en outre d'une certaine protection.

Certes, l'opuscule consacré au pays-de-l'apartheid est court de 17 pages; elles sont toutefois denses et même *illustrées de graphiques*, toujours hostiles: les *chercheurs* se réfèrent constamment *aux détentions sans jugement, à la torture (et aux) mauvais traitements endurés par les prisonniers, aux meurtres d'opposants politiques, aux morts en détention et à la peine de mort.* Aucune ligne, même favorable, donc; et rien non plus sur les assassinats perpétrés par des groupes révolutionnaires afin d'intimider leurs adversaires et de purger leurs propres rangs.

Le texte portant sur le Zaïre, intitulé *Rapport sur les Meurtres et la Torture commis par les Forces Armées (nationales) dans la Région*, ne laisse place à aucune nuance: les *chercheurs* condamnent *les arrestations, les exécutions et parfois les « disparitions » de centaines de personnes dans le sud sur la base de témoignages non récusés* [et non partiaux] *de quatre anciens prisonniers (...) torturés par les troupes gouvernementales.*

Vient le cas du *Timor oriental* (et non, par exemple, *Indonésie: Rapport sur la Région du Timor Oriental*); l'hypothétique lecteur du rapport sera confronté à la logorrée habituelle, photographies à l'appui: ce texte intitulé *Violations des Droits de l'Homme*, égrène (« impression de vertige », geindrait, « fayot », Lucbert) une kyrielle *(d')exécutions extra-judiciaire, de « disparitions », de tortures (etc).*

Heureusement, il reste le Nicaragua. Dans *Bilan des Droits de l'Homme*, l'*organisation-humanitaire* présente modestement *Une Histoire des Droits de l'Homme Depuis (...) 1979*; elle prétend énumérer de façon exhaustive, et sans concession bien sûr, les cas *d'emprisonnement de courte durée à l'encontre des prisonniers de*

---

5 — L'idée d'une Amnesty International, sinon anarchisante du moins hostile aux gouvernements et à leurs polices, a été véhiculée dès la présidence de Sean Mac Bride et perpétuée régulièrement par des documents ultérieurs. Dans la préface du *Rapport Annuel* 1971-1972, Mac Bride écrit que *la caractéristique la plus horrible de notre époque est certainement l'aggravation constante de la violence et de la brutalité dans le monde ayant pour cause première la responsabilité indirecte, et parfois même directe des gouvernements;* d'autres ouvrages portant l'estampille du *centre de Londres* mettent au banc des accusés les institutions légales: *Les Disparus: Rapport sur une nouvelle technique de répression* (minutes d'un colloque qui se tint dans le Wisconsin en juin 1980, publiées au Seuil en 1982), *Les Assassinats politiques: rapport sur la responsabilité des Etats*, publié au Seuil en 1983, *La Torture: instrument de pouvoir, fléau à combattre*, publié au Seuil en 1984, etc.

conscience, censurer dans les mêmes conditions *les procédures inadéquates* entâchant certains procès politiques: donc, suggère-t-elle, les sandinistes ne se rendent coupables, organiquement, d'*aucune disparition*, d'aucune violation de la liberté de penser, d'aucune condamnation à mort, d'aucun assassinat ni n'entretiennent le moindre camp de *rééducation*; un régime exemplaire à bien des égards, comme tient à le souligner Montalembert apologétique et d'autant plus neutre qu'il n'a jamais été *ni stalinien, ni maoïste*; et de louer lui aussi les bourreaux: *le Nicaragua fait partie des pays, et cela est à son honneur, qui acceptent les missions d'Amnesty* [6]. C'en est au point que Managua n'hésite pas à punir les membres des forces armées déviant du chemin de la Loi -et si Botha, Mobutu et Suharto couvrent leurs tueurs, le président Daniel Ortega se fait un devoir de livrer à la justice impartiale du Système les zélateurs dudit Système. L'exigence de la liberté soutendant l'action d'Amnesty International a, pour corollaire, l'*impartialité d'Amnesty International*, et comme il existe une opposition dans le pays, les *chercheurs* ne peuvent pas ne pas en parler dans une proportion quantitative que nous ignorons, mais en des termes peu nuancés. Les « Contras » deviennent ainsi porteurs de mort et non d'espérance; la critique du gouvernement Reagan et accessoirement de ceux du Honduras, du Salvador, voire du Costa-Rica, est transparente et il n'est pas besoin d'une quelconque *éducation à la lecture* [7] pour comprendre que c'est à ces gouvernements qu'incombent vraiment les quelques problèmes des droits-de-l'homme au Nicaragua -même si, en agissant ainsi, Amnesty International sort de son cadre de compétence puisque son rôle, statutairement, n'est pas d'intervenir dans un conflit armé [8]. Et Montalembert de conclure qu'au vu de l'action des *chercheurs*: *je ne suis pas sûr que les sandinistes soient très satisfaits du résultat du rapport lorsque nous allons le publier* [9]...

Mais le ventre fécond du *centre de Londres* abrite un rapport bien plus sensationnel, appelé à faire date dans les annales. La presse bien-pensante s'émerveille sans attendre: « dans ce qui promet d'être l'une des conséquences les plus étonnantes jusqu'à présent de la glasnost, les autorités de Moscou ont invité une équipe (d'Amnesty International) pour lui parler des droits de l'homme en Union Soviétique »[10]: humblement, la Place Rouge se dit prête à recevoir des leçons pour rectifier les erreurs du passé. Des critiques accueillirent la nouvelle: *on*

---

6 — *Le Point,* 5 juin 1989 (7ème intervention).
7 — Cité par Montalembert in *Le Point*, 5 juin 1989 (8ème intervention).
8 — Cité par Montalembert in *Le Point,* 5 juin 1989 (11ème intervention).
9 — *Le Point,* 5 juin 1989 (7ème intervention).
10 — *The Daily Yomiuri,* Tokyo 5 février 1989.

nous reproche d'avoir accepté une invitation récente à nous rendre en Union Soviétique, mais il y a des années que nous demandions l'autorisation d'y aller! Et, d'autre part, le cardinal-archevêque de Paris Lustiger ou le président Valéry Giscard d'Estaing ont également accepté de semblables invitations. Les accuse-t-on pour autant de complicité avec les violations des droits de l'homme en U.R.S.S.? s'insurge Montalembert à qui Revel apporte sa caution de « démocrate musclé » : « là, je suis d'accord avec vous. C'est de la chasse aux sorcières pure et simple »[11]. Montalembert, homme libre *(se sentant) bien à Amnesty* [12], prend des libertés avec la vérité: s'il est après tout possible que l'*organisation humanitaire* ait envisagé le voyage à Moscou « depuis sa création en 1960 [sic] » répercutent docilement certains journaux [13], la présomption de complicité ne saurait être rejetée pour autant sans examen pour la seule raison que Giscard d'Estaing, bien faible avec la Révolution, fleurit la tombe à Lénine; et il n'est pas besoin de recourir à des procédés ténébreux pour se méfier. En effet, selon un certain M... P... P..., ancien secrétaire d'un parlementaire anglais « de gauche » et ancien étudiant du professeur Richard Abraham, personnage très important dans les relations bilatérales soviéto-amnestiennes et qu'il qualifie de « stalinien total », c'est Abraham qui aurait joué un rôle moteur dans la préparation, et peut-être dans l'exploitation médiatique, de cette visite. On peut supposer que celle-ci devait atteindre trois objectifs: déjà redorer le blason passablerment délabré d'Amnesty International suspectée par « des gens qui ne sont pas réactionnaires [donc, dont l'avis autorisé compte] (de...) montrer une bizarre indulgence pour les régimes communistes et les dictatures dites progressistes [elles sont en effet progressistes, à défaut d'être des dictatures au sens noble du terme] ou tiers-mondistes »[14]; ensuite, reconnue vierge de toute souillure, l'*organisation* aurait compétence pour délivrer un certificat de bonne conduite à l'ami Gorby; enfin, captant la confiance des opposants (appelés « dissidents ») au communisme qui se ferait connaître d'elle et utiliseraient ses canaux, les *chercheurs* faciliteraient le travail de surveillance, voire de répression ou d'intoxication, des organes de la sécurité de l'Etat soviétique.

Trois délégués débarquent donc à Moscou « à l'invitation de l'Institut d'Etat et de Droit » le 22 mars 1989 [15]. Quelques jours plus tard, le 31, Marie Staunton, « directeur de la section britannique du groupe »,

---

11 — *Le Point*, 5 juin 1989 (17ème et 18ème interventions de Montalembert et de Revel).
12 — *Le Point,* 5 juin 1989 (18ème intervention).
13 — *The Daily Yomiuri*, 5 février 1989.
14 — Cité par Revel in *Le Point*, 5 juin 1989 (1ère intervention).
15 — *The Asahi Evening News,* Tokyo 23 mars 1989.

et Mick Venables, « coordinateur pour les affaires soviétiques », reçoivent la presse. Ces personnages considérables -leurs titres respectifs l'indiquent assez- font connaître leurs (?) conclusions, et rien ne saurait froisser là Gorbatchev. Ils déclarent *qu'il n'y a pas eu (ces dernières années) d'améliorations majeures en ce qui concerne les conditions de vie des détenus (et que) les traitements cruels et dégradants persistent toujours*: c'est ce qu'affirmait, au printemps 1987, la très officielle *Gazette Littéraire* imprimant « une lettre d'un ancien détenu qui avait amèrement critiqué le système pénitentiaire, lui reprochant de générer des criminels endurcis » [16]; un débat avait suivi sur cette question quand l'agence Tass, ayant reçu l'autorisation (ou l'ordre -une question qui pourrait se poser notamment quant à la visite des missionnaires laïcs à Moscou) de dépêcher Nikita Demidov dans un camp dans les environs de la capitale soviétique, publia son compte-rendu « détaillé » mais élogieux vis-à-vis du pouvoir central (Gorbatchev) sinon des cadres (opposés à la glasnost) parfois trop rudes: (Mme?) Stauton et Venables louent aussi discrètement Gorbatchev quand ils notent que *300 prisonniers de conscience, avérés ou supposés, (auraient été relâchés) depuis 1987 au cours d'une mesure sans précédent depuis les années 50* et quand ils considèrent qu'il ne reste plus qu'une centaine de « dissidents » toujours internés, dont 25 dans des hôpitaux psychiatriques [17].

Un constat froid, sans passion: de quoi séduire ces gens perplexes qui ne sont pas des réactionnaires et qui, tel Revel, ne sont pas intellectuellement prêts à se coltiner avec Amnesty International. Après Karmal et Pham Van Dong qui eux aussi vidaient les prisons encombrées par leurs prédécesseurs, Gorby, promoteur de la débrejnévisation, reçoit une mention honorable: après les huit années noires du reaganisme, l'imbeciligentzia « occidentale » trouvera de bon ton de frayer à nouveau avec l'Urss.

La diplomatie et l'économie soviétiques bénéficieront du verdict impartial. La sécurité intérieure aussi. Si Gorbatchev semble sincère, par tactique ou par stratégie, attaché à certaines idées de réformes, il a trop la notion d'Etat pour accepter le risque de se faire déborder et il entend être - qui le lui reprocherait, d'ailleurs ? - le seul à décider des cours des événements. Le risque, pour lui, ne vient pas, du moins le pense-t-il sans doute du fait de son « complexe grand-russien », des rivalités ethniques d'Asie que ni la Chine continentale ni l'Iran (pour ne pas parler de la Turquie intégrée à l'Otan) ne veulent ni ne peuvent « récupérer » ; le

---

16 — *Korea Herald*, Séoul 22 mai 1987.
17 — *Korea Herald*, 22 mai 1987.

danger émane des Blancs des Etats baltes, de l'Ukraine, de la Biélorussie, de la Russie, et là, la menace première est moins physique (démographique) qu'intellectuelle (politique). Or les intellectuels intéressent Amnesty International qui les inclut prioritairement dans son domaine de compétence. Au moment où Brejnev parvenait au zénith de son pouvoir et où la répression battait son plein depuis l'éviction de Krouchtchev, *presque tous les membres (du groupe d'Amnesty International de Moscou) (étaient) emprisonnés* [18]; certains y verront encore une coïncidence, d'autres se souviendront que Montalembert a fièrement résumé l'action de *l'organisation: nous sommes très efficaces dans un domaine très précis* [19]... et c'est vrai: Amnesty International semble être une très efficace « donneuse ». Les « dissidents » neutralisés, une surveillance suffit pour ficher les récalcitrants. Le *centre de Londres*, qui se vante d'avoir imprimé son plus volumineux dossier spécial sur l'Urss [20], revendique en même temps de publier *régulièrement depuis des années, à ses frais, des samizdats soviétiques, et ce bien que l'opération soit lourdement déficitaire* [21]; nul doute que si les auteurs de ces textes, dont Amnesty International ne semble pas faire grand-chose pour leur promotion alors que nombre de maisons d'édition se montrent désireuses de les commercialiser à grande échelle [22], demeurent dans l'obscurité, la police, elle, sait où les trouver avant de les envoyer, si nécessaire, à l'ombre. Ces martyrs crédules [23], certainement pleins d'illusions sur Amnesty International, n'ont, pour la plupart, rien à attendre de l'organisation-humanitaire-et-indépendante: *(certaines sections) seront dans l'impossibilité d'écrire à des prisonniers de conscience en U.R.S.S. pour des raisons de politique intérieure* [24] a

---

18 — *Rapport Annuel* 1971-1972, p. non répertoriée.
19 — Montalembert in *Le Point*, 5 juin 1989 (5ème intervention). Il s'était targué juste avant d'appartenir à cette élite (?) « performante » *(visant) d'abord l'utilité* (4ème intervention).
20 — Amnesty International aurait ainsi édité, sinon largement diffusé, *un important Rapport sur les prisonniers d'opinion en U.R.S.S.*, Rapport actualisé en 1980 (*Les prisonniers d'opinion en U.R.S.S.*, Ed. Mazarine, 306 p.) - du moins est-ce dit dans la *Note interne SF/81/071/E/POL 03 du 6 mai 1981*, rédigée par Jean-François Lambert qui avait mission de réfuter le premier ouvrage de Hugues Kéraly sur Amnesty International - cité in *Itinéraire d'un chrétien progressiste*, 1988, p. non répertoriée.
21 — *Note Interne SF 83 E 94*.
22 — Entretien avec M. S... Y... de la maison d'édition Chuokoron (Tokyo) en 1985.
23 — Quand « une commission officielle (soviétique) chargée des droits de l'homme et l'organisation humanitaire Amnesty International » tinrent une réunion à Paris les 12 et 13 mai 1989, à l'initiative (?) d'Amnesty International, des « dissidents » russes critiquèrent la commission officielle (et elle seule) pour avoir ignoré certaines de leurs remarques sur les « abus » commis en Urss.
24 — Plus de quinze ans après, la mise en garde n'avait rien perdu de son actualité: « un récent document (...) affirme (...) que *la priorité sera réduite pour un prisonnier s'il n'y a pas d'espoir de modifier la politique et les pratiques des gouvernants* ». Cela signifie en clair qu'un prisonnier en situation vraiment désespérée [ce qui était ou est encore souvent le cas dans un pays communiste] (...) n'a plus aucune chance d'être pris en charge » -selon *Itinéraire d'un chrétien progressiste*, 1988, p.139.

prévenu Ennals, plus sirupeux que jamais, avant d'ajouter avec désinvolture et cynisme: *mais elles pourront écrire à d'autres usant de ce large cadre politique auquel se réfère notre concept de neutralité politique* [25]. En bref, les militants mis au chômage technique, pourront ainsi concentrer leurs efforts au Viet Nam du sud, en Afrique du sud, en Corée du sud, etc.

DES MILITANTS ABSOLUMENT PAS AU-DESSUS DE TOUT SOUPÇON

Il est une règle, semble-t-il impérative, d'éprouver ou de feindre des sentiments de considération envers les militants d'Amnesty International: ainsi, manipulés - selon les analyses des détracteurs de l'*organisation* - ou non - selon les déclarations officielles de leurs cadres -, le fondement de leur action reposerait toujours ou sur une charité dévoyée ou sur une philanthropie à toute épreuve. Les dirigeants du *centre de Londres*, et c'est de bonne politique, répètent à l'envi que ces militants sont des *humanistes* [26] appartenant à *une série de gens extrêmement généreux* [27]. Ainsi comblés dans leurs certitudes, ils auraient tort de douter du contraire, puisque les adversaires du mouvement surenchérissent sur de tels compliments (?) pour des raisons obscures: Hugues Kéraly entend rendre hommage à « la générosité active des militants d'Amnesty » [28] et pousse (la démagogie?) jusqu'à les inviter à se joindre à lui en s'écriant: « les militants avec nous » [29]; Francis Bergeron paraît concéder que « parmi les adhérents d'Amnesty, (...) il y a des dizaines de milliers de braves gens » ; Savinien de Savigny, rendant compte de sa lecture de Cinq continents accusent Amnesty International, conclut que les auteurs du livre, « précis (et) nuancés » ne s'en prennent pas « aux membres généreux (...) de l'organisation » [30].

Pour notre part, nous ne disons pas que nous doutons un instant de cette soi-disante générosité: nous n'y croyons simplement pas. Nous prétendons, en revanche -parce que peut-être nous ne sommes ni précis ni nuancé-, que les militants, tels naguère les « porteurs de valises », sont recrutés le plus souvent parmi les progressistes intellectuels et les chrétiens de gauche (sic) portés par un mélange de culpabilité, d'espoir,

---

25 — *Rapport Annuel* 1971-1972.

26 — Marie-José Portais, « membre du comité exécutif international (d'Amnesty) » in *Confidentiel*, Paris 1979, pp.22-23, citant une déclaration du *Nouvel Observateur*.

27 — Montalembert in *Le Point*, 5 juin 1989 (18ème intervention).

28 — *Cinq continents accusent Amnesty International*, 1982, p.28.

29 — *Présent*, Paris 3 décembre 1982.

30 — *Lectures Françaises*, Chiré-en-Montreuil mars 1983, p.40.

de rédemption, de romantisme révolutionnaire et de « haine christique ». Généreux, ces gens *en général issus de ce qu'on appelle le christianisme de gauche, qui (ont) un a priori favorable pour le « Petit Livre Rouge »*, etc [31] et qui lancent la Section Française d'Amnesty International à l'époque où Mao Zedong explique sans état d'âme que sa révolution a coûté 50 millions de morts -soit l'équivalent approximatif de la population « française » ? Généreux et ingénus, ces militants qui se désintéressent du Viet Nam du sud en 1975 et du Cambodge jusqu'en 1978? Généreux, ces atomes de la Conscience Universelle, quand ils restent muets alors que quelque 100.000 à 150.000 Coréens du nord périssent dans des camps de concentration?

VERS UNE PERESTROIKA AMNESTIENNE?

Alors, les militants, certains cadres compris, sont-ils trompés? Jean-François Lambert, avant de franchir le Rubicon intellectuel, fulminait contre *un certain Kéraly nous (accusant) tout bonnement d'être manipulés par le K.G.B.* [32]; mais, démissionnant de ses fonctions, il reconnaissait qu'on l'avait trompé, qu'il s'était trompé et, surtout, qu'il avait trompé [33]. Le ci-devant Kéraly, pourchassé comme une sorcière, essaie, contre toute évidence, de trouver des circonstances atténuantes aux adhérents: « les militants d'Amnesty International restent (...) la proie d'un mensonge à peu près constant » [34] -et il tient à souligner: « un mot encore sur l'esprit des accusations que nous portons contre Amnesty. Il faut bien distinguer appareil et militants »[35]; Savigny, pour sa part, comprend que ces derniers sont « souvent dupés des buts réels de l'organisation » [36].

En fait, la culpabilité desdits militants paraît dépourvue d'équivoque. C'est un mouvement d'hommes *(et de femmes,* précise Montalembert [37]), d'intellectuels, volontaires pour servir de piétaille consentante dans des opérations tactiques; et puisque le mouvement subit peu de transfuges, de défections ou de rebellions, il semble que ces hommes (et ces femmes) approuvent une stratégie dont ils ne connaissent pas plus les enjeux qu'un troufion sur le champ de bataille,

---

31 — Montalembert in *Le Point,* 5 juin 1989 (18ème intervention).
32 — *Cinq continents accusent Amnesty International* 1982, p.26.
33 — Conversation téléphonique avec M. Lambert -Tokyo/Paris fin 1988.
34 — *Cinq continents accusent Amnesty International,* 1982, p.12.
35 — *Cinq continents accusent Amnesty International,* 1982, p.30.
36 — *Lectures Françaises,* mars 1983, p.40.
37 — *Le Point,* 5 juin 1989 (18ème intervention).

et que peaufine, replié à Londres, un état-major « (d') experts (agissant) en conjugaison » [38], lui-même recevant des ordres dont il ne connaît pas forcément les tenants et les aboutissants mais qu'il exécute scrupuleusement parce que la désinformation est son métier et qu'il aime cela.

Amnesty International symbolise donc le prototype de l'organisation subversive au service de la Révolution: les responsables utilisent à peu près constamment et sans trop de bavures un scénario identique afin d'influencer les passions de « l'opinion publique » autant que les raisons d'Etat les moins folles; dans la confusion des communiqués de presse, des brochures, des *Rapports de Missions*, des *Rapports Annuels*, un même fil conducteur se dégage ainsi que la trame reliant les faits, leurs causes et leurs conséquences. Et si, comme le remarquait en son temps Disraeli, « une main secrète dirige tout », cela ne signifie pas qu'il faille dissocier les différents échelons de l'*organisation*: quelque fut la puissance réelle (ou les puissances) dissimulée(s) derrière les patriotes de l'assemblée nationale, aucun Bleu passant au fil de son sabre libre les Vendéens n'en était pas moins coupable; l'adhérent de n'importe quelle section d'Amnesty International, pareillement, se doit de répondre des crimes et des petites saletés imprimés à Londres, et ceci par solidarité.

Bergeron espère à tort quand il assigne à *Cinq continents accusent Amnesty International* « non de porter préjudice à Amnesty en tant que structure humanitaire, mais à l'obliger, progressivement ou non, à changer ceux de ses permanents qui (...) dévoient son action »[39]. En effet, il n'y a jamais eu récupération ou détournement [40], car au commencement était l'intrinsèquement Pervers [41] à deux têtes, libéral et marxiste, corrupteur et totalitaire. Le *centre de Londres*, qui remplit parfaitement sa mission depuis 1961, ne se déjugera pas, même s'il paraît, aujourd'hui désorienté: il est *pragmatique* [42], non dans ses buts mais dans les moyens de les atteindre. Si son vocabulaire actuel est

---

[38] — *Lectures Françaises*, mars 1983, p.40.

[39] — *Rivarol*, Paris 7 janvier 1983.

[40] — Nous ne croyons donc pas, à l'opposé de MM. Bergeron et Lambert, que l'*organisation* ait été emportée « d'une dérive à l'autre » -selon le titre d'une sous-partie (pp.52-54) in *Itinéraire d'un chrétien progressiste*, 1988.

[41] — L'adjectif « pervers » revient de nombreuses fois chez MM. Lambert et Follenfant. Ainsi affirment-ils, entre autres exemples, que « la prétention amnestienne au neutralisme est non seulement exaspérante, mais perverse » -selon une interview des deux hommes parue en janvier 1987 dans *Le Bulletin de la société internationale des Droits de l'homme*, cité in *Itinéraire d'un chrétien progressiste*, 1988, p.136.

[42] — Montalembert in *Le Point*, 5 juin 1989 (18ème intervention).

inspiré par la social-démocratie, c'est parce que l'*organisation* est en sommeil, faute de directives et peut-être de dirigeants. Montalembert tente encore de flouer son monde quand il déclare, visionnaire et modeste: *je sens qu'on peut faire évoluer le mouvement (...). On peut le modifier, et c'est pour cela que j'y reste* [43].

Face à tant de mensonges, quand bien même Amnesty International, opium des intellectuels démocrates déçus, regrouperait-elle, par hasard ou par précaution, seulement dix justes [44] dans ses entrailles que pourtant, telle Carthage, il faudrait la détruire.

---

[43] — *Le Point*, 5 juin 1989 (18ème intervention).

[44] — M. Lambert estime, pour sa part, que « même si l'organisation fait du bien à 1.500 personnes chaque année dans le monde, il faut dénoncer ce qu'il y a derrière » in *Itinéraire d'un chrétien progressiste*, 1988, p.127.

TABLE DES MATIERES

CONCLUSION

Cet ouvrage réalisé pour le compte des **Éditions Ulysse**, à Bordeaux,
et achevé d'imprimer sur les presses de l'Imprimerie Graphique de l'Ouest,
au Poiré-sur-Vie,
en la fête de Saint Louis.

N.I.B.I./I.S.B.N. 2.86558.048-5
N° d'éditeur : 44
N° d'imprimeur : 668